關於財神的100個故事

100 Stories of Cai Shen

彭友智◎著

原書名:那些最有錢的神仙

【編輯序】

財神，是世上最多的神

中國有個習俗，每年的新春佳節各地都會請財神。其實說來，祈福求財乃是人之常情，許多人辛苦工作也是為了這個目標。

正因為如此，財神成了國人最為崇拜的神祇之一。

迎財神的風俗盛行於明、清和民國，至今仍流傳不息。

既然要請財神，首先就應該認識一下財神——

如果你研究中國傳統文化中的財神信仰和財神年畫，就會發現一個有趣的現象：財神，竟然是世上最多的神！換句話說，幾乎所有大大小小的神都具有財神的功能，並可兼職擔任財神的職責。

那麼，最主要的財神都有哪些呢？

比干可能是中國最早的財神，他是商朝末期的忠臣，被紂王迫害致死，卻贏得了人們的尊敬，成為一位德高望重的文財神。

但如果用「財寶利市」的標準衡量，比干只能算「名譽文財神」，范蠡才是名副其實的文財神。他辭官經商，累資鉅萬，成為中國有史以來第一個「富行其德」的大商人。

在中國民間，文財神所指甚多，除了比干、范蠡，還有白圭、石崇、沈萬三、財帛星君、福祿壽三星中的祿星等等，他們或是生前鉅富，或是升仙後奉命管理人間財帛。

文財神的形象大多是白面長鬚，頭戴官帽，身穿紅袍，手捧如意或元寶。

既然有文財神，與之對應的就會有武財神。

當今道觀中的財神像，大多黑面濃鬚，騎黑虎，一手執銀鞭，一手持元寶，全副戎裝。

該財神就是趙公明，被稱為正財神。

趙公明口黑面黑，有玄壇之說，只要有祂在，群魔懾服，小人橫事不敢來犯，商家生意興隆，財源廣進。中國北方許多生意人都供奉他。

另一個著名的武財神是關聖帝君，祂神威凜凜，一臉正氣，奸邪妖怪一見即心寒，可保家宅平安，還會招來財運亨通。中國南方的生意人多有供奉。

供奉文武財神是有講究的，文財神臉朝屋內，武財神臉對大門。請財神最好在廟中請，並且是開過光的，俗話說，「三分成本，七分功德」，請財神是不能講價的。

此外，財神還包括送子觀音、地藏王菩薩、五路神、利市仙官，「準財神」劉海蟾等等，就連以奸臣面目出現在史書上的蔡京、嚴嵩，因其生前鉅富，死後也能享受到人間的香火。

雖然財神的身分眾說不一，但農曆正月初五是財神的生日，卻是沒有爭議的。

這一天，人們除了到財神廟進香，各家各戶特別是商家富戶，還會在家中備上供品、焚香燭、放鞭炮，迎接財神。商店則在農曆初五接財神後，燃放爆竹，開門營業。

放眼寰宇，不但中國有財神，外國也有財神，只不過那些財神少了一分莊嚴，多了幾分俏皮和神祕。

日本的財神大多從他國「進口」，因而涵蓋了道教、佛教、印度教等多個領域。不過，日本也有土著財神，那便是招財貓，而今招財貓已經漂洋過海來到亞洲，成為亞洲人的喜慶吉祥物。

在印度和東南亞等國，有很多奇異的財神，祂們或從海中出生，或在海底修練，或長有奇怪的容貌，但人們無比崇拜祂們。因為祂們超級能招財，能給人們帶來希望。

至於古老的埃及和印第安部落，祂們的財神隨著古文明一同誕生。這些以農業為主的國家，財神基本上都是豐產之神。祂們為人們帶來和風雨露，幫助作物生長，以確保民眾能夠豐衣足食。

歐洲的聖誕老人原是一位樂善好施的主教，祂因為給窮人們送金幣而變成財神。另外，歐洲的精靈也是財神之一，祂們天生具備強大的魔法，喜歡幫助人們實現發財的願望。

……

財富人人愛——如果想瞭解中外財神，本書即是你最佳的選擇。

故事超精彩——當你讀完書中的財神故事，一定會對這些財神有全新的認識。

其實，心誠則靈，那些財富和好運，該來的則來。

【自序】

我的財神「緣」

臘月的夜空中瀰漫著絲絲涼意，我匆匆走在回家的路上，看見人們充滿喜悅的笑臉，心裡卻是暖暖的。

時光就是如此匆匆，新的一年即將來臨。

從懂事起到現在，一家人過除夕的情景年年都在重複，如同在品味一段古色古香的歷史，有一種厚重的踏實感。

每一年除夕，全家都要拜財神，然後聚在一起吃一頓熱騰騰的年夜飯。

在供桌上，手托元寶的財神笑瞇瞇地看著我們，彷彿全家人一年的吉祥，祂在心底已有了打算。

財神對於小時候的我來說，是一個神奇的存在，因為家人對祂的尊敬，令幼小的我也心生敬畏。

十歲那年，父親特地請來的一尊開過光的財神像，用紅布包著，母親看到後，一臉幸福，似乎此生得到了依靠。

從此之後，我常站在神龕下，仰望珠玉纏身的財神，暗問這個神仙能否知曉我的心願。

我的鄉親大多以經營小本生意過活，所以家鄉對於財神的崇拜可想而知。勤勞而又純樸的人們每天早上起床的第一件事，就是給財神上炷香，在心底傾訴這一天的心願。

年年歲歲，人們辛勤地經營生意，虔誠地供奉財神，而財富竟真的如願到來。

小的時候，我以為天下財神僅此一位，也不知其姓什名誰，長大了才知道，原來財神是一個群體的統稱。而家鄉所供奉的財神，大多是頭戴襆頭，手托金元寶和喜聯的財帛星君李詭祖。

財帛星君面帶微笑，膝下環繞著招財的童男童女，身邊還有貔貅、麒麟等瑞獸，難怪人們喜歡祂。

誰都希望財神幫助自己實現致富的夢想，我們家當然也不例外，除夕最重要的一件事就是拜財神。

父母會先將香爐內積存了一年的香灰倒掉一半，然後恭敬地點上三炷香，插入香爐中。據說財神愛喝酒，也是個美食愛好者，所以美酒與供品必不可少。一般而言，供品要擺上四大盤，以示對財神的尊重。

在母親點上兩根祈求長明的紅燭後，全家人就輪流給財神磕頭，表達自己一年的美好訴求。

生意人總講究「利市」，所以要在財神的神龕內附一個紅包，包裡裝幾枚硬幣讓財神高興，財神一開心，自然財源滾滾來。

另外，還有一些習俗講究，比如守歲，在屋外點一根可以一直燃燒到天明的長香，叫做「長富久安」；年初五的凌晨放爆竹，叫做「迎財神討頭彩」。很多人按捺不住，從初四晚上一直放到初五清晨，早上開市時，薄霧中混雜著爆竹微辣的火藥味，也有一種喜慶感。

直到現在，我的家鄉仍保留著過年迎財神的風俗，家家戶戶如此傳承，已成為人們心中不變的信仰。

今天，我有幸寫這本關於財神的故事書，不覺又勾起了對往昔的回憶。

除此之外，我還增長了很多知識，得知中國道教裡有很多財神，而佛教裡的很多菩薩也是財神，甚至國外也有很多能給人們帶來財富的神仙。

我將這本書分成兩卷，第一卷介紹中國的財神，第二卷則描述國外的財神，每一卷裡又有不同的分章，比如道教、佛教、法器、神獸等。若細分起來，則很有講究，就算是佛教財神，也分漢傳和藏傳，因太過複雜，就不一一分類了。

有時候，在深夜寫財神的故事，會不自覺地哼唱從小聽到大的《財神到》，覺得和財神頗為親近。

古往今來，人們渴求財富的願望是不變的，都相信財神能看到、也能聽到，幫助大家順利實現那些發財致富的夢想。

目錄

第一卷　紫氣東來財神駕到

第一章　道教裡的財神爺

從惡神到善神——正財神趙公明 16
剜心示忠貞——沒有偏心的比干 20
三聚財三散財——儒商之祖范蠡 24
火龍的化身——備受愛戴的關老爺 28
戲金蟾釣金錢——下八仙劉海蟾 31
三受皇帝賜封——財帛星君李詭祖 35
皇帝夢裡走出的神仙——鎮宅福星鍾馗 39
天尊吐三子護百姓——三官大帝 43
會挖草藥的胖娃娃——和合二仙 46
總是吃不到飯的倒楣神仙——土地公 50
轉世悽慘的財神妹妹——廁神紫姑 54
戲弄財神的散仙——招寶天尊和納珍天尊 58
被財神連累的徒弟——招財使者和利市仙官 62
人間財富掠奪者——掠刷神 66
夢中顯靈的祿神——張亞子 69
惡鬼的剋星——兩大門神 73
貪玩的三眼火神——五顯大帝馬王爺 77
指點財富的勾魂使者——白無常 81
地獄裡的善良執法者——五道將軍 85
落魄方才悔過的財神——灶神 89

第二章　佛教裡的財神菩薩

捨生救世的奇女子——千手觀音 94
以渡化濁世為己任——虛空藏菩薩 98
三救生母的孝子——地藏菩薩 102
改邪歸正的送子觀音——訶利帝母 106
兩個朝代的開國守護神——大黑天 110
自願南海居——南海觀音 114

如來的獎賞——龍五爺的三件招財法器 118
人間第一財神——康熙與龍五爺的故事 122
寶塔裡的渴望——多寶如來 126
恆河之女——財源天母 130
如願以償的願望寶石——蓮花生大士 133
滿足眾生所需——寶生佛 138
五十三次參訪終成大器——善財童子 142
被迫降臨凡間的財神——多聞天王 146
報恩的白馬——八馬財神 150
如來化夜叉——黃財神 154
觀世音菩薩的眼淚——白財神 158
黑娃娃與藏金屋——黑財神 162
觀世音巧治暴脾氣——紅財神 166
智勝魔王恰巴——綠財神 170
大笑世間可笑之事——布袋和尚 174

第三章　中國民間的財神和傳說

孔子最該感謝的人——端木賜 180
齊國皇位爭奪戰——管仲 184
商人的良心典範——白圭 187
皇帝也羨慕「聚寶盆」——沈萬三 191
魂繫父母的孝子——梁舍人 195
鬥富成功遭嫉恨——石崇 198
壯大漕運的傳奇人物——金元七總管 202
神奇古井庇佑家族興旺——蔡京 205
仕途上的保佑者——嚴嵩 209
福州人心目中的女財神——田螺姑娘 212

「白富美」和窮郎中的愛情神話——白娘子 216
財神也有啟蒙老師——點石成金術的起源 220
財神休妻——心地善良的財神婆 223
海中撈銀——財神樹威信 227
財神託夢過生日——財神節的由來 231
金元寶與癩蛤蟆——命中註定的財富 235
財神隱居——神仙也想過凡人的生活 239
尋找金庫大門——財神蟲的故事 243
勇闖蛇穴——財神斬蛇救蒼生 247
天降福星——仁義村送財 250
會下金蛋的鵝——武當山的傳說 253
投胎討債——財神也「摳門」 256

第四章 財神的神獸與法器

被感化的坐騎——玄壇黑虎 260
鎮宅之神——貔貅 263
改邪歸正的金鼠——吐寶鼠 267
夢中的緣分——伏地白獅子 270
千年降龍之寶——縛龍索 274
生財的寶器——混元金斗 277
剪財沒商量——金蛟剪 280
使用不當反招災禍——聚寶盆 284
觀音賞賜的防小人武器——量天寶尺 288
財神鬥閻王——靈華明鏡 292
羨煞世人的聚財寶物——如意金鉤 296
秦始皇趕山填海的工具——鎮海神鞭 300

第二卷　放眼寰宇話財神

第一章　印度、日本、埃及等國以及印第安的財神

眾神創造的美麗天女——拉克什米　308
命途多舛的嬰兒——象鼻財神　312
困惡龍造佛塔——水中生財佛烏巴庫　315
一隻能銜來金幣的貓——招財貓　319
財神也愛玩東渡——日本七福神　323
照出財富的神器——阿拉丁的神燈　327
披著羊皮的財神——故作神祕的阿蒙　331
千里尋夫的魔女——伊西斯與奧西里斯　334
沙漠中的公正執法者——敏　338
貪戀美酒的豐饒女神——哈托爾　342
雅利安人的守護神——阿納希塔　345
農夫和紡織女的奇遇——雨神恰克　349
人神之戰——玉米神　353
受迷惑而自責的天神——羽蛇神　357

第二章　風靡全球的歐洲財神

聖誕老人的原型——聖人尼古拉　362
站在巨人的肩膀上——歐洲的精靈和侏儒　365
點亮灰姑娘的公主夢——小仙子　369
點石成金——瓶裡的精靈　373
營救伊娥仙子——宙斯的寵兒赫爾墨斯　377
用頭腦擊敗太陽神——阿波羅的神牛　380
讓大地荒蕪的肇事者——地獄財神哈得斯　384
遭眾神詛咒的財神——普路托斯　388
擁有點金術的豐饒女神——德墨特爾　392
蘇傑克的兩位債主——克拉克諾斯山上的財神　396
人質帶來的繁榮——豐饒之神弗雷　399

第一卷
紫氣東來財神駕到

第一章 道教裡的財神爺

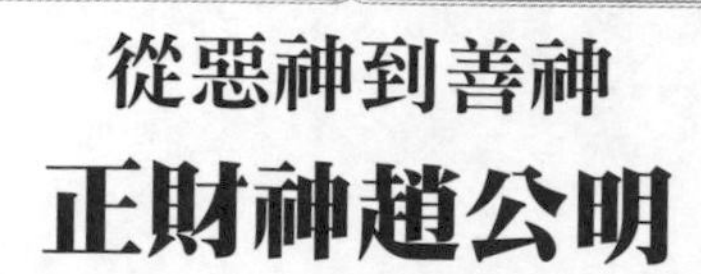

從惡神到善神
正財神趙公明

趙公明是中國古代的第一位財神，也是最受人敬仰的正牌財神。

可是你知道嗎？最開始，趙公明並非樂善好施的善神，而是一個專取人性命的死神哦！

話說趙公明原本在峨眉山羅浮洞修行，是一個得道的大羅神仙，祂創建了截教派，在當地風光一時。祂的坐騎是一隻威猛無比的黑虎，武器是一個鎮海神鞭，手下還擁有億萬冥兵，勢力非常大。

老百姓一提起祂，都會露出畏懼的神情，因為祂還是五位瘟神之一，每年都會給人間降下瘟疫，大家怕祂還來不及，又怎麼會拜祂呢？

不過，做神仙做得太久也是一件無聊的事情，趙公明覺得羅浮洞的日子像一潭死水，就想出去找點事做。

正巧，姜子牙正在率軍征伐紂王，這極大激發了趙公明的鬥志，祂也想插上一腳，來揚眉吐氣。

可惜，祂選錯了方向，站在了姜子牙的對立面。

趙公明神力蓋世，祂迅如閃電，每次和其祂仙人決戰時都能搶先一步發動法寶，而且祂熟練掌握各種格鬥技巧，打得好多神仙都沒有招架之力。哪吒被打下風火輪、黃龍真人被縛龍索捆住、赤精子和廣

趙公明和燃燈道人。

成子等五位神仙被定海珠打倒，姜子牙實在沒有辦法，只好請燃燈道人來助戰。

燃燈道人乘著神鹿降臨戰場，趙公明見狀，將二十四顆定海珠拋出。一瞬間，定海珠放出奪目的五色毫光，燃燈道人定睛細看，始終看不清是何寶物，只好把袖子一揮，轉身離開。

趙公明怎麼肯放過這個強勁的對手？祂心急火燎地收起定海珠，想跟燃燈道人拼個你死我活。

燃燈道人看了趙公明一眼，知道祂有慧根，就沒有和祂再打下去。

這時，有個叫陸壓的仙人向姜子牙獻策，提出用釘頭七箭書殺死趙公明。姜子牙依計，用稻草仿照趙公明的樣子紮了個小人，然後對小人放毒氣、扎劍、火烤，小人最終化為灰燼，而趙公明的生命也走到了盡頭。

隨後，姜子牙的軍隊節節勝利，終於推翻了商朝，而參與戰爭的諸位將領也都在封神壇被姜子牙封為了神仙。

姜子牙對趙公明懷恨在心，不想封祂為神仙，可是趙公明的四位徒弟——招寶天尊曹寶、納珍天尊蕭升、招財使者陳九公、利市仙官姚少司都獲封了，最後姜子牙只好封趙公明為「金龍如意正——龍虎玄壇真君」，讓祂專管人間財富。

從此，趙公明與祂的四位徒弟一起，被民間稱為五路財神，受到萬千百姓的頂禮膜拜，從一個惡神變成了一個招財納福的善神。

正說財神

在民間，趙公明的形象是一個穿著盔甲、手執神鞭、黑面濃鬚的武將，祂是武財神的代表，有史可考的紀錄最早來自於晉朝的《搜神記》。

據《搜神記》記載，趙公明是地獄中的五位瘟神之一，祂身披白色長袍，手執鐵錘，將瘟疫降臨到人間。

後來，隋文帝為免世人受瘟疫之害，封趙公明等五位鬼神為五方力士將軍。

到元朝以後，趙公明逐漸成為人們口中的財神，明初寧波知府王璡在其所著的《琅琊金石輯注》中寫道，財神趙公明是太陽神的十個兒子之一，后羿受天帝的指示射落九個太陽，其中的八個太陽墜入大海，成為八仙，第九個太陽則隕落到天臺山，化為石頭。後來，這塊石頭吸取天地精華，便化為人形，成為趙公明。趙公明修成仙術，在商周對戰中，被姜子牙所殺。

武財神趙公明。

戰爭結束後，姜子牙岐山封神，趙公明的真陽回歸天臺山，修成仙體，專司人間迎祥納福之職，而天臺山也成為人們眼中的財山。

過年拜財神

除夕夜，當晚吃餃子，象徵吃元寶；徹底不眠，喻意為接財神。大年初一，人們還會爭燒頭炷香獻給趙公明，據說第一炷香能給全家帶來一年的好運。另外，農曆每個月的初一、十五，也是敬奉財神的好日子。

五路財神。

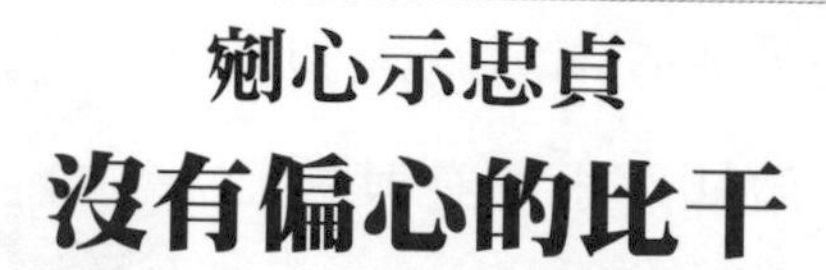

剜心示忠貞

沒有偏心的比干

比干被百姓尊為文財神，源於他的正直和忠貞。

商朝末年，紂王即位。剛開始，紂王還算賢明，帶著軍隊打了很多場勝仗，深受人民愛戴，丞相比干總會親自帶領群臣，不惜趕幾十

比干。

里路前去迎接凱旋回朝的紂王。

可惜，紂王很快就貪戀起了奢靡腐朽的生活，他不理朝政，在酒池肉林裡夜夜笙歌，還發明了炮烙之刑，對不同政見者進行殘酷的壓迫，百姓們對他的態度逐漸從讚頌轉變為仇恨。

後來，紂王娶了美女妲己，更加無法無天。妲己說自己能請來天上的仙子，紂王信以為真，就命人造了一座高高的摘星樓。

其實，妲己是一隻千年狐妖，她根本就不認識什麼仙人，但她自有辦法。她將軒轅墳裡的狐子狐孫都變成神仙的模樣，讓牠們去迷惑紂王。

紂王見妲己真的請到了「仙人」，龍顏大悅，擺下宴席款待諸位「神仙」，結果那些狐狸修行不夠，在酒醉之後竟露出了尾巴。一起參加慶祝的比干大吃一驚，這才知道妲己的來歷。

比干是一個有智慧的人，他不動聲色地找來武成王黃飛虎，帶人火燒軒轅墳，不僅燒死了那些害人的狐狸，還將沒有燒焦的狐狸皮製成皮衣，獻給紂王。

妲己見自己的子孫被比干害死了，恨不得咬碎一口銀牙，她謊稱千年雉雞精胡喜媚是自己的義妹，讓她入宮博取紂王信任，接著兩個人開始針對比干，演了一場雙簧戲。

妲己先是在吃飯的時候口吐鮮血，繼而又假裝昏迷不醒。胡喜媚對紂王哭訴，說妲己是舊疾發作，恐有性命之憂，要趕緊找到一片七竅玲瓏心煎湯，妲己喝下去才能痊癒。

紂王心急如焚，聽胡喜媚說比干有七竅玲瓏心，就十萬火急地傳比干進宮。

比干早已得知紂王召自己前去的意圖，自然很生氣，好在姜子牙神機妙算，知道比干日後必有大難，就在離開朝歌前給了他一張神符，吩咐比干遇到危急時刻將神符化成灰加水服下去，方能避過災禍。

這次，比干趕緊按照姜子牙的說法喝下符水，才神色嚴峻地去上朝。

朝堂之上，紂王厚顏無恥地向比干借七竅玲瓏心。比干氣得大罵紂王：「臣不怕死，怕的就是江山不保！你這個昏君，真是糊塗至極！」

接著，他含淚向太廟的方向跪拜，然後執匕首剖腹，將心取出，擲於朝堂之上，拂袖離去。

原本比干是不會死的，可是妲己怎能放過他呢？她變成一個老婦人，在比干的必經之路叫賣空心菜。

比干心情抑鬱，問婦人：「菜可以沒有心，人若沒有心會如何？」

只見婦人陰沉地一笑，目光如箭般射向比干，口中吐出兩個字：「必死！」

剎那間，比干大叫一聲，胸口血如泉湧，沒多久即停止了呼吸。

儘管比干被害死，可是人們始終惦念著這位忠臣，商朝被推翻後，姜子牙在封神壇上封比干為文曲星君。

正說財神

因為比干無心，也就意味著他不會偏心，人們篤信他在帶來財富的同時不會偏袒任何人，就將他奉為文財神。

文財神比干畫像。

比干的神像為文官打扮，頭戴宰相紗帽，五綹長鬚，手捧如意，身著蟒袍，足蹬元寶。

文財神的打扮與天官相似，其區別是：天官神志慈祥，笑容滿面；而文財神比干的神像面目嚴肅，臉龐清臞。

七竅玲瓏心

在神話故事中，比干有一顆七竅玲瓏心，也就是心臟上面有七個孔，所以他天賦異稟，能與萬物交流。

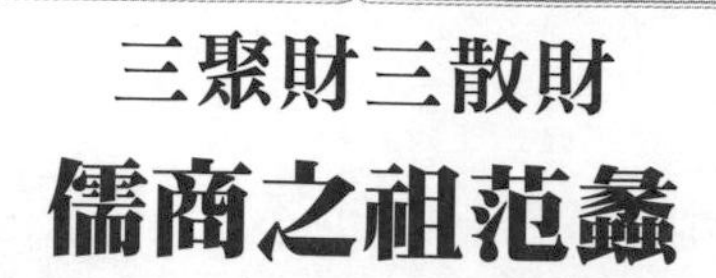

三聚財三散財

儒商之祖范蠡

在中國古代，民間還有一位財神經常被人們拜祭，祂就是最會賺錢的范蠡。

春秋時期，范蠡輔佐越王勾踐，臥薪嚐膽二十多年，終於將吳王夫差打敗。

戰爭結束後，勾踐封范蠡為上將軍，賞賜給他很多珠寶美玉。范蠡深知勾踐這個人只能共患難不能同富貴，於是辭去官職，對外宣稱自己叫鴟夷子皮，和美女西施一起坐船來到了齊國。

這是他第一次聚財和散財。

范蠡有超強的經商頭腦，在短短數年內賺存下了萬金，成為齊國人心目中的在世財神。

齊王聽說有個大能人在此地，請他出來做國相，范蠡推辭不過，再次回到了政界。

范蠡做了三年國相，成績斐然，但他銘記「福兮禍所伏」的古訓，向齊王請辭，臨走之前，把家產全部散發給親友族人。

這是他第二次聚財和散財。

後來，范蠡到了一個叫「陶」的地方，改名朱公，才算安定下來。

他與兒子們一起發展商業，在短期內再度成為鉅富。

然而，正如范蠡所擔心的那樣，上天不會一直賜福同一個人，某年，他的二兒子在楚國殺了人，被判為死刑。

范家決定用錢來救人，可是該委派誰去楚國呢？一開始，范蠡決定派小兒子去，誰知大兒子也想去，在遭到父親的拒絕後，他紅著眼眶，憤恨地說：「家中出了這麼大的事，也不讓我出面，擺明了說我沒用！」說著，拿出匕首想要自殺。

范蠡嘆了一口氣，語重心長地教導大兒子：「你去也可以，但要謹記，一切聽從莊生的安排，萬萬不可與他發生衝突！」

就這樣，大兒子來到了楚國。

他找到了莊生，獻上重金，然後說明來意。

莊生答應了下來，讓他趕緊離開楚國，接著去求見楚王，說天有不祥之兆，只有行善才能消除災禍，楚王聽後決定赦免罪犯。

實際上，范蠡的大兒子並未離開，他聽到楚王要赦免罪犯的消息，心想，弟弟被放出來已成定局，為什麼還要把黃金送給莊生呢！於是，他竟然厚著臉皮來到莊生家裡。

莊生見到他，不由得大吃一驚，問：「我不是讓你離開楚國嗎？」范蠡的大兒子假裝恭敬地回答：「我聽說弟弟被楚王赦免了，所以來向你辭行。」莊生知道他葫蘆裡賣的是什麼藥，就讓他拿回金子。

原本，這些黃金莊生是想還給范蠡的，但范蠡大兒子的行為激怒了他，遂決定給范家一個教訓。

莊生再次去見楚王，說：「民間謠傳您大赦天下只是為了照顧朱公（范蠡）的兒子，不然朱家也不會用重金收買您身邊的人。」

楚王聽罷暴怒，下令殺掉范蠡的二兒子。

范家的人都傻了眼，唯獨范蠡一臉淡然，他長嘆一聲說道：「大兒子從小和我在一起吃苦，養成了勤儉持家的性格，在需要花錢的時候放不開手腳；小兒子含著金湯匙長大，不知創業艱難，自然能捨棄金錢。大兒子執意要去，我知道二兒子必死無疑，只能等著噩耗的傳來啊！」

這是他的第三次聚財和散財。

范蠡每一次的聚財和散財都留下了盛名，後人對他十分崇拜，尊他為財神。

中國儒商之鼻祖——范蠡。

正說財神

范蠡不僅能夠自己發財致富，還能夠散財鄉里，在當時百姓眼中活脫脫是一個現世財神。

《列仙傳》記載：晚年的范蠡大徹大悟，想要把自己人生的智慧傳給後人，就命人拉了兩車金子給鐵匠，讓他按照自己的草圖打造一個器物出來。

這個器皿出爐之時，渾身都散發著獨特的光芒，流光溢彩，燦爛奪目。范蠡把自己一生的智慧和賺取的寶物都凝結在這個器皿之內，並取名叫做「聚寶天下」。這個秉承古人天圓地方的哲學思維所打造而成器物，就是後世所傳的聚寶盆。

范蠡得到這個器皿之後，就把倉庫中的財物全部分給周圍的鄉親，「懷其重寶、升仙而去」。

從那以後，天下就有了財神。

後來，秦始皇想統一貨幣，無意之中看到了「聚寶天下」的樣圖，就按照天圓地方的樣子設計了古代的銅錢。這個樣式一直沿用到封建王朝的結束。因此，也有人把范蠡當作是銀錢行業的祖師爺來拜祭。

狡兔死、走狗烹

這句話的意思是：既然兔子死了，獵狗也就沒用了，比喻一個人被利用完之後遭到拋棄。這是范蠡說過的話，他在逃離越國時，曾用這句話勸過越國宰相文種。可是文種自恃功高，不聽規勸，結果最後被勾踐賜死。

火龍的化身
備受愛戴的關老爺

據說，關公的前世是一條紅色的火龍，奉玉皇大帝之命去人間製造旱災。可是，火龍生性善良，見凡人並非十惡不赦之輩，便不忍加害他們。

桃園三結義。

玉帝見火龍抗旨，不禁雷霆震怒，下令將火龍斬首。

臨死之前，火龍託夢給一個老和尚，讓他在第二天中午用陶缽接滿龍血然後封住，一百天後再打開缽蓋。老和尚醒來後不敢閉眼，恭恭敬敬地等到正午，果然看見天上下起了紅色的雨。

老和尚接滿龍血後就封上了蓋子，可是他沒有告知其他人不能輕易打開這個陶缽。結果，在第八十八天時，老和尚有事外出，廟裡的小沙彌因為好奇，就打開了缽蓋。缽裡的火龍還沒修練成形，只好嘆息一聲，變成一個周身通紅的男嬰，這就是關公。

關公成人後認識了劉備和張飛，開始隨劉皇叔一起打天下，他英勇過人，但驕傲的個性卻使他失去了荊州，丟掉了性命。

吳國割下關公的首級獻給曹操，好在曹操愛惜關公的才幹，厚葬了他的首級。可是，關公的陰魂仍舊覺得冤屈，不願投胎，而是化為厲鬼在荊州大地盤桓。

後來，一個法號叫智者的和尚，打算在埋葬關公屍身的玉泉山建造一座寺廟。

沒想到玉泉山的山頂是一片深潭，廟根本就建不起來。智者聽說關公的靈魂經常顯靈，就去求它幫忙。可是關公心中充滿了仇恨，覺得世人惡貫滿盈，不願出手相助。

智者唸了一聲阿彌陀佛，微笑著對它說：「施主，你連年征戰，斷送了那麼多人的性命，他們的仇就不該報嗎？」

關公聽了之後不由得紅了臉，頓時開悟，皈依佛門，並率領鬼兵填滿深潭，用七天七夜的時間蓋好了玉泉寺。

正說財神

唐朝以後，關公做為姜子牙的陪祀，被全國拜祭。

北宋初期，因為三國故事的流傳，他受到了民間百姓的普遍歡迎。

在宋徽宗時期，關公的老家解州鹽池突然乾涸，讓徽宗心急如焚，

關帝聖君。

這可是佔據了全國稅收收入六分之一的鹽池啊！還好，天師道掌門人張繼先算出是妖魔作怪，就請來關公幫忙，成功讓鹽池重新產鹽。

宋徽宗大喜過望，封關公為「崇寧真君」，此後，他又連續三次對關公進行加封。

到了明朝末年，關公正式取代姜太公的地位，成為與文聖孔子平起平坐的武聖。

在清朝，皇帝認為多虧關公的庇佑，滿清才能入主中原，因而對關公崇拜至極。

在民間，關公又成為眾多行業，特別是晉商的保護神。

至今，關羽已成為赫赫有名的武財神，祂的神像不僅常現於道觀之中，在佛門淨地也時常能被看到，而海外華僑也多供奉關公，視其為財富的保護神。

普天宮關公神像

臺灣新竹普天宮興建於民國五十六年，這座寺廟矗立在知名風景區古奇峰上，站在寺廟之上，可將整個新竹市盡收眼底。普天宮主要供奉玉皇大帝和關公，廟裡的一尊高一百二十公尺的巨大關公像，是古奇峰的地標。

戲金蟾釣金錢

下八仙劉海蟾

在中國的傳統文化裡，有一個特別的「小孩」，他的前額留著一小撮頭髮，拿著一串金錢，逗弄著自己腳下的三足金蟾，這個小孩就是福神劉海蟾。

不過，劉海蟾的正身並不是孩子，而是一個英俊的青年，關於他和金蟾還有一個動人的故事呢！

劉海蟾在修道之前名叫劉海，有一天，他在桃花溪中的白龍潭邊砍柴時，救下了一隻正遭受蟒蛇攻擊的金色小蟾蜍。

劉海見小金蟾楚楚可憐，就把牠帶到安全的地方，然後才離開。

這隻小金蟾其實是南海龍王的女兒巧姑，自從被劉海救下後，她就愛上了這位救命恩人。

後來，巧姑難忍相思之苦，悄悄溜出龍宮，來到白龍潭，再度變成一隻三足金蟾，翹首企盼恩人的到來。

正所謂，有緣千里來相會，那天劉海因為要砍柴，竟然也來到白龍潭。巧姑一陣害羞，趕緊跳入水潭中，卻留下一串銅錢在荷葉上，故意讓劉海發現。

劉海以為有人遺失了錢財，就大聲呼喊，可是始終無人應答，他就想把銅錢拿回家。可是，心裡有一個正直的聲音在對他說：「這不是你的錢，你憑什麼要拿呢？」

劉海為自己的貪心感到慚愧，他背起木柴，打算回家，然而，正當他轉身之時，銅錢突然「叮叮噹噹」響了起來。

劉海有點好奇，走到銅錢旁邊，仔細觀察，可是銅錢又不響了。他轉身欲走，銅錢再度發出響聲，令他驚奇不已。

原來，巧姑在銅錢上拴了一根透明的線，將線的另一頭繞在脖子上，只要她輕輕一拉，銅錢自然就會響了。

正當劉海全神貫注盯著銅錢之時，上次被他趕走的那條大蟒蛇突然出現在他背後。蟒蛇吐著通紅的信子，三角眼中射出寒光，欲將仇人置於死地。

危急之時，金蟾從水中一躍而起，從劉海的面前跳到他的背後。劉海吃了一驚，趕緊轉身，才發現巨蟒已經近在咫尺，他奮力揮舞柴刀，將蟒蛇劈成兩半，這才逃過一劫。

劉海十分感激小金蟾的救命之恩，他見金蟾通體發出金黃色的光芒，十分可愛，就輕輕地捧在手中，半開玩笑地說：「金蟾啊金蟾，如果你是位姑娘該多好！我一定與你做一對恩愛夫妻！」

這時，他無意間發現繞在金蟾脖子上的絲線，就拿起銅錢，逗弄起小金蟾來。玩著玩著，劉海忽覺手中的絲線一沉，忙抬頭一看，見到了一幕令他目瞪口呆的情景。

一位美麗的姑娘正笑吟吟地看著他，羞澀地說：「我是龍女，變

劉海戲金蟾。

成小金蟾出來玩耍，結果遭遇蟒蛇，還好被你救下。剛才你說要跟我做恩愛夫妻，為報答你的恩情，我願意從此替你洗衣做飯，可以嗎？」

劉海這才回過神來，他喜不自勝，牽起巧姑的手，與她一起回到村莊，過著幸福的生活。

這就是劉海蟾戲金錢釣金蟾的故事，因為他在修道後取了一個叫「海蟾」的道名，後來人們就叫他劉海蟾。

由於金蟾喜食金錢，戲金蟾可以釣金錢，從此便有了「劉海戲金蟾，步步釣金錢」的說法。

財神劉海蟾。

正說財神

北宋建立後，百廢待興，政府大力提倡發展商業經濟。在人們都想著賺錢的時候，財神肯定是最吃香的神仙。所以北宋時期，出現了很多的財神，其中就包括全真教五祖之一的劉海蟾。在被人們供奉為財神之後，劉海蟾所攜帶的蟾蜍也就搖身一變成為了金錢財富的象徵。

到了元朝，元世祖忽必烈封劉海蟾為「明悟弘道真君」，元武宗又加封劉海蟾為「明悟弘道純佑帝君」。直到這時，劉海蟾才成為了一位有名分的神仙。

劉海蟾悟道

劉海蟾曾做過五代桀燕國國主劉守光的宰相，後來巧遇正陽子。正陽子以金錢和雞蛋間隔疊加，當疊加到第十顆雞蛋時，劉海蟾高呼：「危哉！」正陽子笑道：「相公生命俱危更甚！」劉海蟾大徹大悟，辭去相位，從此潛心道術。

三受皇帝賜封

財帛星君李詭祖

李詭祖是文財神，在民間被百姓們尊稱為增福相公。祂還有一個被皇帝御賜的封號，叫「財帛星君」，關於這個封號由來，還有一個故事。

唐朝初年，太祖李淵的夫人患病，久治不癒，太宗李世民就徵集全國的醫生為太后看病。可惜來了很多名醫，竟無一人能看好太后的病。

唐太宗李世民。

正當李世民著急之時，皇城裡突然來了一位雲遊四方的道士。他揭了告示文，說自己能治病。李世民大喜，立即請道士入宮。

奇的是，道士進宮後，並沒有去看病，而是直接對唐太宗說，李家為建立王朝，已經殺伐無數，那些在戰爭中冤屈致死的遊魂因為找不到歸宿，就附到太后的身上作怪。

隨後，道士提出解決方法：在太后宮裡設一個李詭祖的牌位，就能使太后痊癒。因為在五松山得道成仙的李詭祖諧音是「鬼祖」，所以在陰陽兩界都有發言權，最適合驅趕惡鬼。

李世民儘管半信半疑，還是照著道士的話擺上了牌位，令他驚喜的是，太后果然不藥而癒。

李世民大喜，封李詭祖為「財帛星君」。

經過此次賜封，李詭祖一下子從普通的仙人晉升為財神之列。

那麼，李世民為什麼要賜封李詭祖呢？道理很簡單，李詭祖是唐朝皇室的本家，唐朝剛剛建立，不搬出幾個神仙祖宗，怎麼能鞏固統治呢？

到了唐朝末年，後唐皇帝——明宗李嗣源為穩定民心，也學著太宗那一套，封李詭祖為「神君增福相公」，妄圖提升自己的名氣和威望。後唐是一個短命的王朝，且因為戰亂連年，朝政一直動盪不安，但明宗的賜封卻給李詭祖帶來了深遠的影響。從此，民間多了一個增福財神的稱謂。不過，南北方有些差別，北方開始信仰「增福財神」，而南方則依舊偏愛稱李詭祖為「財帛星君」。

後世又有一位皇帝，一登基就賜封李詭祖為「福善平施公」，他就是元世祖忽必烈。這一次，李詭祖的影響力波及到中國北方的草原地區，成為全國流行的神仙人物。

平白無故就接二連三受到冊封，有這等好事，大概李詭祖沒事也要偷著樂了。

正說財神

最初，李詭祖只是個稍有名氣的小官。他在北魏時期幫助百姓休養生息，抵禦了一些天災，人民為感激他，就建立寺廟來拜謝他。

到了唐朝，唐太宗將管理天下財富的太白金星直接與李詭祖畫上等號，奠定了李詭祖的財神地位。

至宋朝，百姓已對李詭祖頂禮膜拜，木刻紙馬在民間廣泛流傳，而遼金時期的《增幅相公》畫像，畫中的紙馬是目前已知最早的財神紙馬。

財帛星君。

明清時代，李詭祖已經成為民間最受歡迎的財神，人們經常把祂和福、祿、壽三星放在一起，希望能為自己帶來財富和幸運。

在百姓們的木板年畫上，財帛星君留著長長的鬍鬚，頭戴鑲滿了金銀珠寶的朝冠，身披繡著金絲的紅袍，祂笑容滿面，心寬體胖，一手執玉如意，一手拿金元寶，腳下是聚寶盆，身邊還有兩位白淨可愛的道童為祂撐傘，神獸青龍與白虎也紛紛吐出銅錢和元寶，更彰顯出財神的吉祥如意與法力無邊。

初五接財神

大年初五流行接財神，這裡的財神指的就是財帛星君李詭祖。清朝有詩云：「五日財源五日求，一年心願一時酬；提防別處迎神早，隔夜匆匆抱路頭」，這裡的「抱路頭」就是接財神的意思。

從皇帝夢裡走出的神仙

鎮宅福星鍾馗

鍾馗在出生之前，他的母親譚氏夢到一輪紅日在面前不停地晃動。正巧，她此刻飢腸轆轆，想找點東西吃，誰知剛張開嘴，這輪紅日就飛到了口中。醒來後，譚氏把夢中的情形告訴了相公鍾惠，鍾惠聽後大喜，認為這個吉兆。十個月後，譚氏生下了一個兒子，粗通文墨的鍾惠就為兒子取名為鍾馗，因為「馗」與「魁」同音，希望兒子日後能有所作為。

鍾馗巡行圖。

到了上學的年齡，鍾馗被送到了學堂讀書。他很聰明，每天都被老師誇讚，成了遠近聞名的小神童。

長大後，鍾馗去京城參加科舉考試，當時有很多父老鄉親都來為他送行，大家覺得這麼聰明的孩子肯定能拿個狀元回來。

可是天不遂人願，這次考試鍾馗

鍾馗是中國傳統道教諸神中唯一的萬應之神。

落榜了。鍾馗覺得沒臉見人，就帶著書童躲到終南山去苦讀，等待下一次考試。

第二次考試時，鍾馗將文章寫得十分精彩，被主考官看中，有了參加殿試的機會。在殿試過程中，皇帝也覺得鍾馗的文章寫得很好，只是一見到鍾馗本人，就覺得很不滿意，因為這個人長得實在是太醜了。皇帝覺得讓如此醜陋的人做本朝的狀元，實在是有辱顏面，就罷了鍾馗的狀元頭銜。鍾馗覺得很不公平，由於年輕氣盛，很難嚥下這口氣，走到宮門口的時候，撞牆而死。

鍾馗死後，冤魂來到天庭之後。玉帝對鍾馗說:「我知道你的冤屈，但是在人間，不是只有你有冤屈，很多無辜的百姓整日被那些散落孤魂野鬼騷擾，不得安寧。你不如忘記自己的仇恨，到人間捉鬼去吧！」在玉帝的開導之下，鍾馗承擔起了在人間捉鬼的重任。

有一天，鍾馗算出當朝皇帝有難，就立刻趕到皇宮中，於是就有了鍾馗捉鬼的故事。

這個故事的主角是唐玄宗，這個風流皇帝迷戀女色，不理朝政，長年和楊貴妃廝混在驪山溫泉宮中。有一次從驪山回來之後，唐玄宗就病倒了，所有的太醫都束手無策。晚上，唐玄宗在夢中看到有一個小鬼在偷自己的玉笛和貴妃的香囊，便大喝一聲，叫武士前來抓鬼。可是還沒等唐玄宗開口，又出現了一個相貌醜陋的大鬼，這個大鬼一把抓住小鬼，將其一撕兩半，吞到自己的肚子中。

唐玄宗趕緊問它是何方神聖，只見大鬼說道:「我是捉鬼師鍾馗。」醒來之後，唐玄宗的病一下子就好了。他十分感激在夢中驅鬼的鍾馗，就叫來畫師吳道子，讓他按照自己的描述把這位恩人的畫像畫出來。吳道子不愧是當朝第一大畫家，畫出來的畫像和唐玄宗夢中所見一模一樣。

唐玄宗很高興，重重獎賞了吳道子，命人把鍾馗的畫像黏貼在宮門之上，以保平安。

正說財神

在皇權的推動下，鍾馗很快就成了全民的偶像，幾乎家家戶戶都會在門上張貼鍾馗的畫像。慢慢地，鍾馗就成了一位全民信仰的神仙。

鍾馗。

由於鍾馗的很多故事都是圍繞著捉鬼來展開的，所以在江淮地區，基本上家家懸掛鍾馗像，用以鎮宅避邪。

後來，人們覺得偶像不應該長得那麼醜，就開始美化鍾馗的形象，祂逐漸變成一個身穿紅袍、面目平和的神仙。不僅如此，人們還在鍾馗畫像的上端，畫上蝙蝠和蜘蛛。在古時候，蝙蝠是「福氣」之意，而蜘蛛又被稱為「喜蛛」，意為喜從天降。所以，明朝之後的鍾馗除了具有保家護宅的功能之外，還有賜福、保財的吉祥之意。

身兼數職的鍾馗

春節時鍾馗是門神，端午時鍾馗是斬五毒的天師，不僅如此，祂還是中國傳統道教諸神中唯一的萬應之神，要福得福，要財得財，有求必應。

天尊吐三子護百姓
三官大帝

中國道教裡的神仙也有先後之分，級別高的都是元老級人物，比如道教始祖元始天尊，又比如早期道教敬奉的三位天神——三官大帝。

三官大帝是元始天尊的三個兒子，說起這三位神仙的出生還頗有一段由來。

話說元始天尊化身盤古開天闢地後，人世間雖然逐漸擺脫了混沌之氣，但還未徹底恢復光明。當時，各方妖魔時常擾亂人間，甚至勾結起來，欲與天庭對抗；地府中也有不少惡鬼溜了出來，專門禍害百姓；而黃河中的水妖也跟著興風作浪，動輒讓黃河氾濫成災，害得百姓離鄉背井。

這些妖魔鬼怪將好好一個人間折騰得不成樣子，讓元始天尊頗為頭痛。祂本想親手收拾妖魔，奈何那些惡勢力太多，祂實在分身乏術，便想多找幾位神仙來幫助受苦受難的老百姓。

於是，祂飛身來到太虛極處取來始陽九氣，在九土洞中取來清虛七氣，在洞陽風澤中取來晨浩五氣，將這些元氣全部吸到自己的肚子裡，與三焦合於一處，然後潛心打坐，醞釀生命。

九九八十一天後，祂忽然覺得腹中仙氣匯成人形，便張嘴一吐，

元始天尊。

吐出一個容貌秀氣的嬰兒來。時值正月十五，天尊給孩子取名為堯。堯長得很快，才半年時間就已長大成人，堯看到天庭有妖魔作亂，就召集一幫神將，將妖魔們打得落花流水，從此，妖怪不敢再輕易出來為害人間。於是，這一天便成為人間的上元節，人們以吃元宵、放花燈的形式，紀念做出了傑出貢獻的堯。

數個月後，天尊再次感到腹痛，便又吐出一個嬰孩，這便是後來人間的舜帝。舜帶領人民與惡鬼展開了激烈的抗爭，最終將這些鬼怪打回了地獄。此時是農曆七月十五，鬼怪們被舜重新驅趕進地府，所以人們將這一天視為中元節，以紀念舜。

隔了三個月，天尊再次張嘴，吐出最後一個嬰孩，也就是日後來三過家門而不入的禹。禹帶領民眾治理黃河，終於平了水患，人們為紀念他，將他的生日十月十五稱為下元節。

正說財神

天官賜福。

自唐宋以來，三官大帝的生日就被成為「三元節」，被人們隆重慶祝，皇帝還封天官大帝為「賜福紫薇大帝」，所以百姓們開始將三官大帝當作福神，與祿、壽二神平起平坐。

宋朝時，三官大帝的職能範圍有所縮小，但仍受到人民的愛戴。明朝以後，人們對三官大帝的崇拜達到極致：不僅要在三元節祭拜三官，還要吃素。

在年畫中，三官大帝主要以身著大紅官服、手執如意的形象示人，有時還會配以五位各捧仙桃、石榴、佛手、春梅和鯉魚的招財童子，象徵五穀豐登。如今臺灣人喜歡稱三官大帝為三界公，建了很多廟宇來供奉，據說特別靈驗。

三官大帝職能

天官大帝：賜福。天官大帝名為一品賜福紫薇大帝，由黃、白、青三氣孕育而成，正月十五降臨人間，審判人間運氣與罪過。

地官大帝：赦罪。地官大帝名為二品赦罪地官，由元洞混靈之氣和極黃之精孕育而成，總主五帝五嶽諸地神仙。農曆七月十五降臨人間，赦免人之罪過。

水官大帝：解厄。水官大帝名為三品解厄水官，由風澤之氣和晨浩之精孕育而成，總主水中諸神。農曆十月十五降臨人間，為人消災解難。

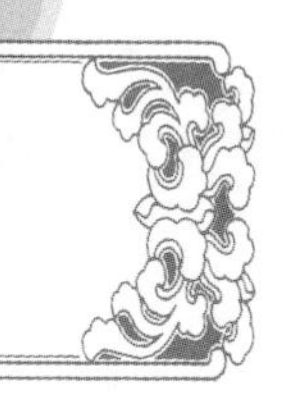

會挖草藥的胖娃娃
和合二仙

和合二仙是中國民間主婚姻的神仙，因為祂們喻意吉祥，後來逐漸成為象徵家庭和睦的吉神。

在神話故事裡，和合二仙是師兄弟，祂們本是凡人，因機緣巧合成為仙人，不過這過程可不是那麼光彩哦！

相傳在華山的雲臺峰上，有一位修為很高的老道士，老道士一心想修仙，便帶著兩個徒弟日夜煉製丹藥。

煉丹術講究藥材和火候，可是華山雖大，藥材卻不好找，老道士每天背著藥簍子早出晚歸，常累得腰痠背痛。即便如此，他也不能找到合適的藥材。

也許是上天可憐他，某天正午，正當老道士在揮汗如雨地尋找草藥時，他的面前突然出現了兩個身穿紅色肚兜的娃娃。這兩個娃娃胖嘟嘟的，用紅頭繩紮著兩個髮髻，臉蛋和嘴唇紅豔豔的，非常活潑可愛。

老道士以為這是附近來玩耍的孩子，也沒有在意，可是當日暮西沉時，那兩個胖娃娃居然將一大把草藥放進老道士的藥簍裡，然後手牽著手一蹦一跳地離開了。

老道士十分驚奇。

第二天，他再次來到原地採藥，那兩個小娃娃又牽著手過來了。

老道士忍不住問：「你們是從哪裡來的呀？父母在什麼地方呀？」

胖娃娃笑嘻嘻地說：「我們就是這裡的孩子！這座山就是我們的父母！」這回答令老道士糊塗了，回到道觀裡，他把這兩天的奇遇告訴給自己的兩個徒弟，三人均嘖嘖稱奇，並對兩個娃娃的來歷百思不得其解。

後來，老道士想出一個歪招。

翌日，他找來針線，趁其中一個娃娃不注意的時候，將白色的線縫在對方的背上。小娃娃不明就裡，還揮手向老道士道別。老道士懷著激動的心情回到道觀，一晚上沒睡，次日晨曦微露，就拿著藥鋤出了門。

不過這一次，他不是去採藥，而是循著兩個娃娃平時離去的方向，四下搜尋。最終，他在一株小而茁壯的草葉上發現了線頭，不由得又驚又疑，小心翼翼地向下挖。

挖呀挖，他居然挖出了一隻又白又胖的大黃芩！

更令老道士驚喜的是，黃芩竟然指著身邊一株草藥說起話來：「還有它呢！」老道士聞訊，趕緊又挖起來，這一次的收穫更大，他挖到了一根胖呼呼的大人參！

老道士喜上眉梢，回到道觀後，將黃芩和人參洗淨，放到鍋裡，用清澈的山泉水進行燉煮。

因為隔天還要去採藥，老道士就讓兩個徒弟看管煮黃芩和人參的鍋。他吩咐：「不到第七日，這口鍋不能揭開！你們只要用文火燉煮即可。」

可是以往製藥，老道士都會一邊做，一邊教，這次卻神祕莫測，連鍋裡是什麼藥材都不告訴徒弟，難免引得兩個徒弟生疑。

他們熬到第五天，終於忍不住將鍋蓋揭開。

當鍋蓋開啟的一剎那，一股奇香飄散到空中，迅速填滿屋內的每個角落，饞得兩個徒弟口水直流。他們分別嚐了一小塊人參，驚喜地叫起來：「再也沒有比這更好吃的美味了！」

兩人難忍美食的誘惑，將黃芩和人參吃得乾乾淨淨，事後怕被師父責罵，將鍋蓋蓋好，又空燒了兩日。

到了第七日，老道士一到中午就趕了回來，他喜孜孜地說：「太好了！這下一定能製成絕世靈藥，來救濟世人！」

可是，當他搬開鍋蓋後，發現鍋裡竟然什麼都沒有，而兩個徒弟則面紅耳赤地悶頭站在一旁。老道士頓時火冒三丈，拿起木棍來打徒弟。

兩個徒弟見勢不妙，趕緊向外逃去。

老道士追著追著，有些後悔，心想，草藥沒了還可以再找，徒弟沒了怎麼辦！於是他大喊：「快給我回來！」

誰知他的話起了反作用，徒弟們以為師父要重罰自己，跑得更快了，忽聽「轟隆」一聲，兩徒弟撞到一塊大石壁上，都化成了石頭。

從此，華山西峰的「水簾洞」旁，便有了兩塊站立的人形石頭，這就是「和合二仙」的來由。

正說財神

後來，人們逐漸將胖娃娃的形象和兩徒弟結合起來，讓和合二仙演化成兩個可愛的仙童：一個穿紅緞衣服，高舉粉紅色荷花；另一個則穿綠緞衣服，捧圓形食盒，喻意荷（和）盒（合）美滿。祂們並不經常被單獨供奉，而是做為配祀的神仙，與財神、福祿壽星一起現身，象徵和氣生財。

和合二仙。

和合二仙的其他典故

唐朝貞觀年間，高僧寒山、拾得親如兄弟，共同主持寒山寺。所以舊時民間的年畫中，和合二仙就有蓬頭笑面的僧人形象，但依舊手持荷花、手捧食盒。後來，百姓常將二聖的畫像掛於婚禮之上，以祝福新人白頭偕老、永結同心。

寒山拾得圖。

總是吃不到飯的倒楣神仙
土地公

在很多神話傳說裡，都有土地公的身影，由此可知人們對這位地仙的喜愛程度。在民間，土地公是財富的守護神，為人們做了不少好事，可是祂自己卻因為過於忠厚老實，常常忍飢挨餓，實在是一位很倒楣的神仙。

話說土地公看到村裡的王二雖然好吃懶做，卻不愁吃、不愁穿，感到十分奇怪，就想來討教一些生存之道。

王二看著土地公，嘴角扯出一絲奸笑，說道：「因為我有個頭箍，箍到誰頭上，誰就會頭痛難忍，然後就會乖乖地請我吃飯啦！」

土地公覺得王二的做法屬於邪門歪道，可是祂實在難忍飢餓的煎熬，只好求王二把頭箍借給自己，熬過最艱苦的時節。

王二大笑道：「做神仙又怎麼樣？還不是一樣沒飯吃。看祢可憐，我就借給祢吧！不過祢要記住，這頭箍只能箍到那些騎馬坐轎的人頭上。」

土地公激動地接過那個神奇的頭箍。沒過幾天，祂家裡的米袋子空了，祂就想試驗一下頭箍的威力。

正巧，村裡來了一個騎著高頭大馬的人。土地公看準機會，就將頭箍箍到馬的頭上。

馬兒頓時頭痛欲裂，長嘶一聲向前狂奔。土地公一看不好，頭箍還在馬的頭上呢！祂便鑽進土裡，作法去追馬。

誰知那匹馬可日行千里，加之疼痛的刺激，一口氣奔出好遠路程。土地公追得氣喘吁吁，當祂追上馬的時候差點累得暈過去。

土地公又餓又累，將頭箍取下來後，去找王二訴苦：「你的頭箍根本就沒用，我箍了，照樣什麼都沒得到。」

王二眼珠一轉，告訴土地公：「這樣吧！祢把頭箍箍到不會動的人的頭上，這樣就能輕鬆地坐享其成了！」

土地公半信半疑，祂在經過農田的時候，看到了一個一動也不動的「人」，就把頭箍箍到那個人的頭上。

實際上，那是個穿著衣服的稻草人，怎麼可能給土地公食物呢？土地公等了好半天，既不見稻草人有所行動，也不見稻草人送吃的過來不由得大感失望。

松山慈祐宮土地公。

福德正神。

王二不明就裡，他還以為是土地公沒有找對人，就再度指導對方：「祢這樣是不行的，要箍在走路緩慢的人的頭上才行！」

土地公決定再試一次。幾天後，村裡來了一個得了腿疾的乞丐，走路非常緩慢艱難。土地公以為這次沒錯了，就猛地把頭箍箍在乞丐的頭上。

乞丐自己都沒飯吃，哪還有多食物給土地公？土地公左等右等，就是不見乞丐送食物過來。

土地公氣惱不已，將頭箍甩還王二，說：「你這什麼法寶，根本不靈，還是還給你吧！」

儘管土地公神通廣大，卻始終餓肚子，還好百姓們憐惜祂，把每年的農曆二月初二訂為土地公的生日，並在這一天敬奉荷包蛋等食物給土地公吃。

正說財神

據記載，最早的土地公是周朝一位叫張福德官員。

他生於周武王二年二月二日，自小聰穎孝順，三十六歲時任朝廷總稅官，到周穆王三年才去世，享年一零二歲。

張福德死後，百姓合資建廟並塑金身膜拜，將他尊為「福德正神」。

人們相信，「有土斯有財」，便把土地公當作財神看待，商人們更將土地公當作自己的財富守護神。

除了農曆二月初二，人們一般會在每月的初一和十五對土地公進行祭拜。

農曆二月初二的祭祀風俗

二月初二是土地公的生日，這一天，人們做「土地公粿」，即春冬米粿，並將粿捏成圓餅模樣，在粿面上印上蔬果圖案，象徵富貴吉祥。這種祭拜活動被稱為「牙」，其中二月初二為「頭牙」，七月初二為「中牙」，臘月十六為「尾牙」。

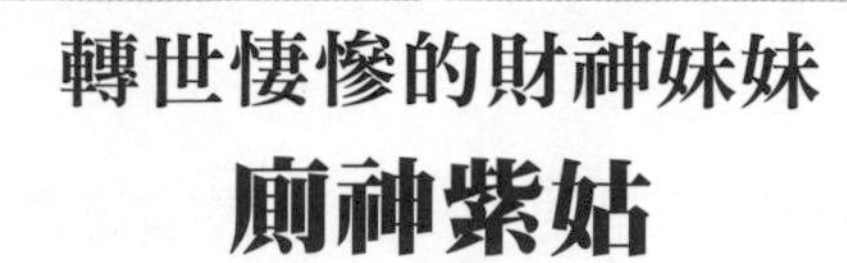

轉世悽慘的財神妹妹

廁神紫姑

當年正財神趙公明在羅浮洞修行時，結拜了三個義妹——雲霄、瓊霄和碧霄，三姐妹被世人稱為「三霄娘娘」。

三霄娘娘有兩樣寶物：一件是金蛟剪，此剪威力極大，能剪斷人間一切事物;另一件寶貝則是混元金斗，金斗轉動則人、神出生。所以，三霄娘娘被人們尊為求子娘娘，每日受到香火的供奉。

三霄娘娘。

本來三霄修行得好好的，奈何義兄趙公明前來求助。原來，趙公明與姜子牙作戰時，自己的法器定海珠和縛龍索都被收走了，趙公明不服氣，要找三霄借武器。

大姐雲霄堅決不借，最小的妹妹碧霄卻因為心疼義兄，就私自偷了寶物給趙公明。誰知，這樣也沒能救回趙公明的性命。三姐妹既傷心又生氣，決定要給姜子牙一個教訓。

她們來到戰場，祭出金蛟剪，頓時天地變色、日月無光，眾神為之動容。燃燈道人欲降服三霄，也被金蛟剪鬥敗，連坐騎神鹿都被剪成兩截。迫不得已，姜子牙只好請來元始天尊助戰。

天尊將金蛟剪和混元金斗統統收走，又將雲霄壓在麒麟崖下，將瓊霄和碧霄打到魂飛魄散。因碧霄將寶物借出引發這一場軒然大波，玉帝就沒直接讓碧霄封神，而讓她轉世做凡人，歷經劫難。

碧霄經多世投胎後，在唐朝出生在一個普通人家，名喚紫姑。

紫姑自幼溫文爾雅，詩書禮儀無不精通，家裡的門檻都快被媒婆踏平了，但她卻只喜歡一個唱歌的伶人劉韻。劉韻也很喜歡她，兩人很快就結了婚。

壽陽刺史李景垂涎紫姑的美貌，為了得到她，李景設計請劉韻唱戲，然後暗中動手腳，將戲臺故意造得不牢固。當劉韻唱戲時，戲臺忽然坍塌，木樑正好砸在他的天靈蓋上，可憐年紀輕輕的劉韻，當場殞命了。

紫姑接到噩耗後哭得梨花帶雨。這時，李景假惺惺充好人地跑到紫姑家裡，說不忍心讓紫姑剛結婚就成寡婦，要納紫姑為妾。紫姑的父母很感激李景，不顧紫姑的反對，就把女兒嫁了出去。

劉景得償所願，自然對紫姑寵愛有加。可是，紫姑依然想念逝去的前夫，心中一點也不快樂，更讓她難受的是，李景的原配非常嫉妒她，事事針對她，總是露出一臉兇相，讓她十分不安。

正月十五那天，李景外出，大老婆在紫姑的飯裡下了瀉藥，紫姑吃完飯後感覺小腹難受，便跑進了茅房。

大老婆早就持刀等候在一旁，她將紫姑刺死在茅房裡，然後將屍體扔到荒郊野外，製造出失蹤的假象。

李景聽說紫姑失蹤，氣得吹鬍子瞪眼，大罵紫姑沒良心。可是，怪事緊接著發生了。每當李景去茅房時，總能聽見女人的抽泣聲，嚇得他不敢在家上廁所。一個月後，正巧又是農曆十五，李景晚上喝酒喝多了，在酒精的刺激下，他忘了鬧鬼的事，便醉醺醺地跑去茅房解手。

只見一個披頭散髮的女人拿著一把尖刀，一邊哭，一邊向李景刺來。李景被這麼一嚇，酒也醒了，不由得驚聲尖叫起來。

此時此刻，女人憤怒地責罵起來：「你這個十惡不赦的李景！你先殺我夫婿，現在又奪我性命，我要將你碎屍萬段！」說罷，紫姑的冤魂刺死了李景。

李景的大老婆聽說有鬼來索命，知道是紫姑前來討債，嚇得瘋掉了。

此事在民間廣為流傳，後來武則天聽說了這件事情，很同情紫姑的遭遇，就封紫姑為「廁神」。

正說財神

廁神並非專司廁所的神，而是主占卜、預測吉凶，帶來財富的神。關於廁神紫姑的傳說，六朝就有，唐宋時極盛，此後就一直在流傳。

另有人將劉邦的寵妃戚夫人稱為廁神。當年劉邦死後，呂后因嫉妒戚夫人奪寵，就將戚夫人砍去四肢、挖掉雙眼、薰聾耳朵、藥啞嘴巴，然後將其扔在廁所裡供人們取樂，並譏笑其為「人彘」。後人對戚夫人非常同情，就將其做為神來供奉。

拜廁神的儀式

過去，人們多在正月初一祭拜廁神，也有的在上元節的前一天迎請廁神，方法為：取一個簸箕，在上面插簪釵和花朵，然後放在廁所裡，再擺上供案，點上蠟燭並焚香，行跪拜之禮，請廁神出來占卜一年中的吉凶大事。

戲弄財神的散仙

招寶天尊和納珍天尊

在中國古代，有「五路財神」之說，五個財神即為趙公明和祂的四位徒弟，祂們分別掌管東、西、南、北、中五個方位的財運，直到近代，五路財神才逐漸合而為一，變成趙公明一個人。

在五路財神裡，招寶天尊蕭升和納珍天尊曹寶，兩人之前並非趙公明的徒弟，與趙公明結緣完全是不打不相識。

金山財神廟招寶天尊。

話說當年蕭升和曹寶是武夷山的散仙，每日品茗下棋，看破世間百態，日子過得悠閒自得。祂們本和趙公明毫無瓜葛，可是機緣巧合，趙公明追趕燃燈道人至武夷山二仙嶺，與蕭升和曹寶不期而遇。

也許是平日裡太過悠閒，蕭升和曹寶想活動一下筋骨，就把趙公明當成了比武對象。

二仙截住趙公明的去路，不讓祂繼續前行。趙公明平白無故被耽擱進程，自然怒髮衝冠，驅著坐騎黑虎，高高揚起手中的神鞭，向二仙撲來。

二仙不知趙公明是個厲害人物，還以為對方不過如此，也態度強硬地拿出寶劍來迎敵。

趙公明眼見燃燈道人越走越遠，心中焦急，忽地抽出縛龍索，想立刻將二仙捆住。

蕭升做為神仙，手中也有看家法寶。只見祂嘿嘿一笑，從懷中取出一枚金錢。奇妙地是，這枚金錢還長有翅膀，不用蕭升揮手，就自動升到天空。

金山財神廟納珍天尊。

原來，這枚金錢叫「落寶金錢」，最喜歡遇見寶物，且能無一例外地將寶物落到地面上。趙公明的縛龍索剛扔到半空，一見落寶金錢的璀璨光芒，就「刷」地掉在了地上。而站在一旁的曹寶趕緊將縛龍索撿起來。

趙公明氣得肺都要炸了，祂又祭出定海神珠，這珠子可是連燃燈道人都束手無策的寶物。定海珠被趙公明祭在空中後，一瞬間放出萬丈光芒。蕭升面無懼色，再次祭出落寶金錢，在落寶金錢的召喚下，

五路財神。

定海珠也失去了威力，乖乖地落到地面上。曹寶又撿到定海神珠。

趙公明見自己連失兩樣法寶，怒不可遏，抽出鎮海神鞭，就要打蕭升。

蕭升見那鞭子金光閃閃，知道也是個寶物，就沒當回事，還調侃道：「如果這次我能落下祢的鞭子，祢就當我的徒弟，如何？」

趙公明氣得鼻子都歪了，祂還是第一次被別人這麼要求，祂咬牙切齒地說：「如果祢落不下來，祢們就喊我為師父，如何？」

蕭升和曹寶都覺得有趣，笑著答應道：「當然可以！」蕭升以為自己贏定了，便第三次祭出落寶金錢。

可是鎮海神鞭不只是寶物，還是兵器，怎麼能落得下來呢？結果，趙公明一鞭子打在蕭升的腦門上，將蕭升打得魂飛魄散。

曹寶嚇得瑟瑟發抖，只好拜趙公明為師。但曹寶心裡有氣，當趙公明走後，祂就下山去幫助姜子牙，最終死在「十絕陣」中的「紅水陣」。

正說財神

蕭升和曹寶都是中國神話小說《封神演義》中的人物，二人出場筆墨不多，但與趙公明打鬥的橋段非常搞笑，因而令人印象深刻。姜子牙在戰後封蕭升為招寶天尊、曹寶為納珍天尊。

從此，蕭升出現在年畫裡的形象就是一個左手執如意，右手捧落寶金錢的財神，而曹寶因為無法器，便以左手捧珊瑚，右手捧珍珠，喻意吉祥如意。

五路財神

中路財神指：武財神趙公明、東路財神招寶天尊蕭升、西路財神納珍天尊曹寶、南路財神招財使者陳九公、北路財神利市仙官姚少司，拜五路財神，就是收盡東、南、西、北、中五方之財的意思。

被財神連累的徒弟

招財使者和利市仙官

在趙公明的四個徒弟裡，有兩個是從一開始就對趙公明忠心耿耿的，祂們便是招財使者陳九公和利市仙官姚少司。

陳九公和姚少司同為峨眉山羅浮洞截教派人，他們都是窮苦人家的孩子，被趙公明收留後心生感激，拜趙公明為師，願意為師父做任何事情。

金山財神廟招財使者。

趙公明想下山找點事情做，陳九公和姚少司不捨師父，也跟著一起下山。三人來到中原，本來心情很愉快，可是一路上只見百姓愁眉苦臉、餓殍叢生，不由得很壓抑，情緒也逐漸敗壞起來。

後來，師徒三人來到商周交戰的地方，但見方圓百里硝煙四起，四方鼓聲雷動，廝殺之聲不絕於耳。趙公明頓時來了興致，想去參戰。陳九公和姚少司以為師父要去伐商，不由得熱血沸騰，摩拳擦掌想大幹一場。

孰料，趙公明說他想幫助紂王，這讓兩位徒弟很難想通，紂王荒淫無度，給百姓帶來無盡苦難，為何師父要幫助惡勢力呢？

趙公明見兩徒弟反對，就捋著鬍鬚，笑瞇瞇地說：「這場戰爭雙方實力懸殊太大，若沒有我參加，武王必定會得勝，其實為師一直很想和那些仙人一比高下，只是苦尋不到機會，如今正是好時機啊！」

利市仙官。

陳九公和姚少司大吃一驚，他們沒想到師父參戰的理由居然是這樣，儘管如此，他們仍想勸師父收回心意。無奈趙公明利令智昏，執意想要去挑戰姜子牙，哪裡還管什麼仁義道德？

二位徒弟實在沒有辦法，只好跟著師父一起打仗。在戰場上，陳九公和姚少司手使雙劍，立下了很多戰功。

趙公明更是英勇無比，打得姜子牙節節敗退。可是有一天，他卻突然痛苦地叫起來，皮膚變得通紅，似被火烤一般。繼而，他又慘叫連連，身上莫名其妙地多出很多刀口，似被人用劍砍了一樣。

陳九公和姚少司見師父遭人暗算，擔心不已，他們聽說師父之所以會這樣，是因為釘頭七箭書搞的鬼，就想去周營搶書。

五路財神廟。

姜子牙早就料到有人會來，派了楊戩和哪吒守衛。陳九公和姚少司只是散仙而已，根本打不過天庭的神將。結果，陳九公被楊戩所殺，姚少司則被哪吒殺死。

後來，姜子牙封陳九公為招財使者、姚少司為利市仙官，連同招寶天尊蕭升、納珍天尊曹寶一起，成為武財神趙公明的下屬，共同管理人間的財富。

正說財神

在民間的年畫裡，招財使者陳九公手執招財旗，利市仙官姚少司因為是商業保護神，則手拿算盤，展現出商業特點。

在趙公明的四個徒弟中，北路財神姚少司最受人們歡迎，祂不僅陪伴在趙公明的左右，還經常做為關公、比干、陶朱公的陪祀，甚至單獨出現。

每到新年，人們都會將姚少司的畫像貼於門上，希望新的一年生意興隆、「利市」大發。

因利市仙官是偏財神，所以祂也最受生意人歡迎，尤其得到一些需要獲得偏財的商戶所喜愛。

中國古代對利市仙官的崇拜可追溯到宋朝，據夏文彥的《圖繪寶鑑》中說：「宋嘉禾好為利市仙官，骨骼態度，俗工莫及。」到了元朝，人們還喜歡給利市仙官配一個「利市仙婆」，就像給土地公配「土地婆」一樣。

在中國北方，人們對利市仙官的信仰更強烈，在農曆二月初二也要燒利市，擺上蔬果和熟食供奉利市仙官，希望一年充滿祥瑞之氣，迎吉納福。

何謂「利市」？

每逢過年，人們總要「燒利市」，何為「利市」呢？其包含三層意思：一指做生意賺到的收益；二指吉祥和好運；三指喜錢，例如壓歲錢等。由此衍生出過年時長輩給晚輩壓歲錢的習俗，人們希望用這種方法來壓住邪祟，保佑晚輩一整年都平平安安，吉利美滿。

人間財富掠奪者
掠刷神

在中國民間，有這樣一位特殊的財神，祂不送財，反而要掠奪財富。你也許會問，這也算財神嗎？是的，祂確實是個財神，名字叫掠刷神。

相傳在很早以前，玉帝見人間充滿慾望與邪念，商人唯利是圖，完全沒有職業道德，就命掠刷神下凡讓所有的商人破產。

掠刷神雖也痛恨財富分配不均，可是祂比較懶，祂想，凡間有那麼多人，我要一家一家地辨認商戶，怎麼忙得過來呀！不如趁正月初五商戶開市的時候，我一路「刷」過去，這樣就能完成任務了！

掠刷神對自己的想法很滿意，就去找祂的好友利市仙官喝酒。當利市仙官和利市仙婆聽說這件事後，均驚訝地叫起來：「人間經商的也不都是壞人吧？怎麼能不分青紅皂白全部懲罰呢？」

掠刷神覺得有理，就對利市仙官夫婦說：「煩勞祢們去凡間走一趟，若真有善心商人，就做個記號貼他們的門上，我不『刷』他們便是了。」

利市仙官夫婦來到人間，一開始，祂們的確遇到不少坑蒙拐騙的商人，氣得直跺腳。後來，二仙走得有些累了，就想坐下來吃點東西。

正巧，有個賣包子的青年正站在店門口，見利市仙官夫婦一臉倦容，立刻熱情招呼祂們：「兩位老人家想吃包子嗎？請裡面坐，我先給你們泡壺茶。」

二仙露出喜悅之色，覺得自己總算遇到了一個好人。

很快地，一籠熱氣騰騰的包子出爐了，利市仙官見包子很大，就問道：「你這包子一個多少錢？」青年老老實實回答：「五文錢一個，你是要買兩個，只收你九文錢！」

利市仙婆有點驚訝，因為她在別處見到的包子都沒這家的大，她問：「別的地方賣的包子起碼要七文錢，你怎麼賣得這麼便宜？」

這個青年有些羞澀地搓著手，笑道:「不瞞您說，我就算賣得便宜，一個包子還能賺兩文錢呢！」

正當他們談話的時候，一個六、七歲的小姑娘過來買包子，青年給了她兩個包子，卻只收了六文錢。

利市仙婆一看，更加驚奇，問道：「為什麼你要少收她四文錢？」

年憨厚地笑道：「她的娘親是個寡婦，日子過得艱難，我怎麼好意思賺她錢呢？」

二仙聽罷，連聲叫好，於是小聲議論道：「這種仁義之人絕對不能讓他有難！」

商量完畢，利市仙官向青年要了一張紅紙，畫上自己和仙婆的模樣，遞給青年說：「我送你一個利市，你在正月初四的早上把它貼在店門上，可免災禍。」

青年不解其意，還是低頭收下了。當青年抬起頭來，發現兩位老人家不見了，才知道自己遇到了神仙。

這個青年非常善良，他希望別的商家也能避過災禍，就挨家挨戶去通知。

有些良心未泯的商人立刻予以重視，模仿著畫了一張利市，從此誠信經營；有些根本就不相信；還有少部分的商人完全沒有羞恥心，依舊見利忘義，將青年的勸告當成耳邊風。

正月初五來臨了，掠剛神一早就來到凡間，準備掠奪財富。因為利市仙官之前打過招呼，凡門上有利市的人家，掠剛神並未動其分毫。

結果，一年下來，凡貼利市的商戶，均賺得盆滿缽滿，而那些反其道而行之的商戶，則都虧損嚴重。

有了這個教訓，大家才知道正月初五貼利市的重要性，也明白了做生意誠信為本是最該遵循的法則。

正說財神

掠剛神並不像正財神趙公明那樣專給人送財，而是反其道而行之，專以掠財為職。不過，掠剛神掠的都是不義之財，而且祂會將掠奪來的財富分配給窮苦的百姓，所以他也是財神，並且是一位善良的財神。

掠剛神的信條

掠剛神又被稱為掠剩神、掠剩大夫、掠剩相公，祂的信條是：財富自有天註定，不可強求，更不可強取豪奪，做人要誠信，安身立命才是正道。

夢中顯靈的祿神

張亞子

古人喜歡當官，追求仕途上的平步青雲，所以司管人間事業前途的祿神在古代很受歡迎，不僅平民子弟崇拜祿神，連達官顯貴都是祿神的擁躉。

祿神名叫張亞子，喜歡在夢中顯靈。

十六國時期，前秦大將姚萇夢到一位仙風道骨的老人，他微笑著對姚萇說道：「我與你有緣，九年後，你去梓潼七曲山，會再次遇見我。」

一開始，姚萇並沒有在意，後來他起兵謀反，殺害了有恩於自己的前秦君王苻堅，就開始被各種噩夢纏身。

姚萇一心想攻克前秦，卻屢戰屢敗，加之晚上噩夢的驚擾，整個人顯得委靡不振。他本想稱帝，可是隨著戰事的節節敗退，他越發堅信苻堅的冤魂在詛咒自己，便逐漸喪失了信心，整日愁眉苦臉。

正當絕望之際，某一天，他突然想起九年前的約定，也許是病急亂投醫，他半信半疑地去了梓潼七曲山。在那裡，他果然遇到了夢中的老人。

老人見姚萇一臉愁容，不由得搖頭笑道：「請你早回秦國吧！現

《明皇幸蜀圖》，描繪了唐朝天寶年間安祿山造反，兵陷長安，明皇（玄宗）幸蜀避亂。

在秦國無主，不是你，還會是誰呢？」

姚萇一聽，又驚又喜，簡直不敢相信自己的耳朵，他趕緊問道：「請問祢是哪路神仙？」

老神仙捋著長長的白鬍鬚，哈哈大笑：「我是祿神張亞子！」

姚萇目瞪口呆，還想再多問一些關於未來的事情，祿神卻瞬間消失無蹤，再也沒有出現。

儘管心有不甘，姚萇還是帶著一顆忐忑的心回到秦地，開始籌備登基事宜。果如祿神所料，他稱帝的過程十分順利，即便有反對之聲，也被他迅速壓了下去。這下，姚萇對張亞子頂禮膜拜，特地建立了一座張相公廟來拜祭張亞子。

到了唐朝安史之亂時期，安祿山兵臨長安，唐玄宗攜楊貴妃倉皇出逃，禁軍行至蜀中時，軍人憤怒抗議，殺死了奸臣楊國忠，並要求玄宗賜死楊貴妃。

玄宗見敵軍馬上就要追來，而自己的軍隊又不肯前進，實在沒有辦法，只好含著眼淚縊死了心愛的貴妃。風波過後，玄宗備受失去貴妃的打擊，又憂心皇室的前途，整日垂淚不已。

當軍隊走到七曲山時，玄宗舉行盛大的祭拜儀式，封張亞子為唐朝的左丞相，希望這位祿神能給風雨飄搖的朝廷帶來光明的未來。當天晚上，玄宗作了一個夢，夢見一位老神仙對他說：「你不要著急，你馬上就要做太上皇了！」

玄宗醒來後，方知自己夢中的神仙是張亞子。不久以後，唐肅宗在寧夏靈州即位，玄宗果然做了太上皇。後來，玄宗的後人唐僖宗為躲避黃巢起義，再度入蜀，為表達對祿神的感激之情，又追封張亞子為濟順王，還親自給祿神獻上自己的佩劍。

由於唐朝帝王對張亞子推崇備至，祿神的名氣逐漸響徹全國，時至今日，成為頗受人們喜愛的一位吉祥之神。

正說財神

祿神掌管人間的文運，是一位文神，祂的原型是東晉蜀王張育。

張育因抵禦前秦君主苻堅的入侵而戰死，從而被狡黠的姚萇加以利用，變成「祿神」，而川蜀之人則稱祂為雷澤龍神。

當時，在張育的故里梓潼七曲山，還有一個本土神仙——梓潼神亞子。於是，當地人就將張育和亞子結合，變成了祿神張亞子。

最早的時候，祿神只是天上的星神，是北斗七星中的第六顆星，因其最大最亮，自隋朝後，人們就將其當作升官發財的福星。有趣的是，在年畫中，祿神的身邊往往還伴隨著兩個小童，一個叫天聾，一個叫地啞。據說，科舉考試的試卷是祿神創立的，唯有這兩個仙童在側，才能讓試題得以保持隱密。

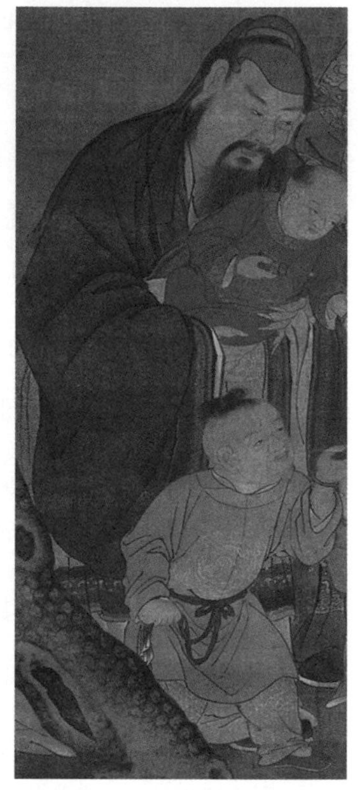

祿神。

祿神的鹿

鹿，諧音「祿」，在國畫中，人們往往用鹿來象徵祿神。古時鹿被當成一種神獸，相傳如果君王賢明，五色鹿就會現身，而當鹿的壽命達到五百歲時，就會通體雪白，因此是長壽的象徵。科舉考試興起後，鹿成為祿神的代名詞。人們常將鹿與蝙蝠、蟠桃畫在一起，比喻福、祿、壽三喜臨門。

惡鬼的剋星
兩大門神

眾所周知，鍾馗是有名的鎮宅鬼仙，經常被人們貼在門上做避邪之用，不過，舊時的百姓經常貼在門上的兩大門神並非鍾馗，而是唐朝兩個大將秦瓊和尉遲恭。

話說唐太宗在位期間，長安連年乾旱，百姓痛苦不堪。民眾想盡一切辦法求雨，卻始終不能如願。後來，有一個叫鬼谷子的人神機妙算，說在夏至這天的午時三刻必降大雨。

鬼谷子的預言恰好被喬裝成路人的東海龍王聽到，龍王不服氣，心想，我一個司雨水的神仙都不知道明天有雨，你一個凡人如何知曉？

於是，龍王和鬼谷子打賭：若明日降雨，龍王就要向鬼谷子磕三個響頭；若明日無雨，鬼谷子要砸爛自己的攤子，離開長安，不得再回來。

鬼谷子毫無懼色，反而胸有成竹地答應了。龍王心知不妙，立刻回到龍宮，打開風雨簿一看，立刻驚得目瞪口呆。

原來明日真的有雨，鬼谷子說的一點也不錯。龍王好面子，不想向一個凡人認錯，就私自改動風雨簿，取消了本該降臨長安的雨水。

第二天，龍王得意洋洋地去找鬼谷子算帳，鬼谷子看了龍王一眼，笑道：「你還是好自為之吧！」說完，他背著行囊，雲遊四方去了。

龍王被鬼谷子的話嚇得心驚膽顫，知道自己即將大禍臨頭。果然，玉帝對龍王擅改風雨簿的事情極為震怒，下令次日午時三刻讓唐太宗的丞相魏徵斬殺龍王。

龍王驚恐萬狀，趕緊溜進宮向李世民求情。唐太宗拗不過龍王，只好答應幫忙。

到了第二天，太宗一早就召魏徵入宮，還拿出一盤棋，要和魏徵一決高下。魏徵從早上一直下到中午，眼見行刑時刻即將來臨，自己卻始終脫不了身，不由得暗暗著急。

午時三刻馬上到了，太宗依舊興致勃勃地催魏徵下棋，魏徵靈機一動，趴在桌子上睡著了。太宗以為只要留住魏徵，就能平安無事，沒想到，魏徵在夢中斬了龍王的頭。

夜裡，太宗夢到龍王那血淋淋的頭，骨碌碌滾到自己的腳邊，雙目怒睜地開口罵道：「皇帝老兒！你言而無信，我做鬼也不放過你！」

太宗嚇得魂飛魄散，再也不敢睡覺了，只要他一閉上眼睛，龍王的冤魂就會來索他性命。魏徵聽說太宗整日被鬼魂騷擾，就勸太宗讓秦瓊和尉遲恭這兩員猛將看守宮門。太宗抱著試試看的心理請兩位將領來為自己守房門，二將盡職盡責，果然讓太宗睡上了一個安穩覺。

太宗大喜，命二將每晚為自己守門。

可是秦瓊和尉遲恭畢竟是凡人，長期熬夜，身體怎麼受得了呢？太宗轉念一想，命畫匠照秦瓊和尉遲恭的模樣畫了兩幅畫像，貼在自

秦瓊和尉遲恭。

己的房門上。

晚上，龍王的魂魄見太宗的房門無人把守，頓時欣喜萬分，它正想闖進屋，發現秦瓊和尉遲恭手執玉斧和雙鞭赫然站在門上，正憤怒地瞪視著它。

龍王不由得驚叫一聲，落荒而逃，從此再也不敢來找過太宗。

自此，民間也紛紛效仿，畫秦瓊和尉遲恭的畫像貼在門上，希望能驅走惡鬼，讓自家宅院永保安寧。

正說財神

最早的門神是神荼和鬱壘。

據《山海經》描述，神荼和鬱壘喜歡站在桃樹下，手拿蘆葦結成的繩索，一旦發現有禍害人間的惡鬼，就立刻將其捕殺。

雖然秦瓊和尉遲恭後來成了流傳最廣的門神，但在不同時期，因風俗習慣的不同，各地的人們信仰的門神也很不一樣。不過，門神做為鎮宅保平安、不讓財富外流的象徵，一直都以左右對稱的形象出現。比如，三國的趙雲和馬超、春秋時期的孫臏和龐涓、北宋的孟良和焦贊等都曾當過門神，而更有意思的是，抗金名將楊宗保和穆桂英夫婦，也曾經是人們敬奉的門神之一。

神荼和鬱壘。

反貼門神左右難

古語有云：反貼門神左右難，意思是兩大門神分左右位置，不可貼反，否則鎮宅不成，反生壞事。按照風俗，秦瓊的畫像應貼在左邊，而尉遲恭的畫像應貼於右邊。若將左右門神貼錯，則這一年就會破財招災，無法事事圓滿。

貪玩的三眼火神

五顯大帝馬王爺

佛教裡有一位有求必應的觀世音菩薩，而在道教中，也有一位萬能的神仙，祂就是五顯大帝——三眼馬王爺。

最開始，馬王爺並沒有三隻眼，且一度被玉帝貶下凡間。那麼，馬王爺究竟犯了什麼錯呢？

這還得從馬王爺在天庭當火神說起，當時祂名叫華光，有三隻眼睛，第三隻眼長在額頭中央，可以噴出三昧真火，因此又被稱為三眼華光。

華光喜歡玩火，可是天庭教規森嚴，根本不容許祂貪玩。華光不服氣，就偷偷地在天界釋放火焰，今天燒點仙草，明天烤條仙魚，小打小鬧也無傷大雅，天官們就睜一隻眼、閉一隻眼，縱容這個貪玩的小仙。

直到農曆八月初一那一天，天庭舉行宴會，華光喝得酩酊大醉，開始胡鬧起來。祂放火燒毀了玉帝的九龍墩，惹得玉帝大怒，將祂貶下凡間，投胎到一戶姓馬的人家。

在降生的那一刻，天空忽然出現一團紫光，緊接著一個三眼嬰孩呱呱落地。馬家人大為驚異，替嬰孩取名為馬靈光。因為有三隻眼，靈光又被母親稱為「三眼靈光」。

小靈光因前世是神仙，所以天生神力，出生才三天就會舞槍弄棒，三歲時十八般武藝樣樣精通，十歲時，他那不安分的性格再次讓他惹出禍端。

他在海邊撿到一條十尺長的大魚，想將魚拖回去給爹娘看，誰知這條魚是東海龍王變的。龍王怒髮衝冠，立刻現出原形，要懲治靈光。

靈光毫不畏懼，飛身一躍，跳到龍王背上，掄起拳頭就是一頓暴打。龍王很快被打得嚥了氣，靈光還是不解恨，抽下龍王的脊樑骨，想給父親做一條腰帶。

龍王遇害的消息傳來，龍宮上下無比震驚，龍母、龍女飛上天庭去告狀。玉帝震怒，派天將捉拿靈光。這時，靈光的父母才得知兒子闖禍，二人痛哭流涕，想代替兒子承擔罪行。

靈光聽說紫微大帝的金槍所向披靡，就盜走金槍，想跟天將一決高下。如此一來，紫微大帝也大發雷霆，祂降下一道霹靂，將靈光劈得神魂出竅。就這樣，靈光不得不二次投胎，成為火魔公主的兒子。

他出生時，左手刻著一個「靈」

紫微大帝。

字，右手刻著一個「耀」字，因此被喚為靈耀。靈耀還在嬰兒時期，就得到妙樂天尊的賞識，學到很多法術。當時，揚子江有條烏龍危害百姓，靈耀小試牛刀，剷除了這一禍患。

玉帝以為靈耀終於悔悟，就讓祂守護南天門。可是，靈耀玩火的性格還是改不了，祂在一次酒醉後火燒南天門，又將追捕祂的天兵殺得片甲不留。妙樂天尊心疼徒弟，趁玉帝還未發現南天門被燒之前讓靈耀趕緊投胎。

靈耀也知自身難保，只得第三次投胎，成為鬼母的兒子靈華。鬼母喜歡吃人間的小孩，被閻王抓捕，墮入地獄受刑。靈華儘管貪玩，卻是個孝子，他不顧一切去地獄救回母親，但鬼母回到人間後，因魂魄被打散始終昏迷不醒。

靈華很著急，他聽說王母娘娘蟠桃園裡的蟠桃可以還魂，就去偷蟠桃給鬼母吃。

看守蟠桃園的是齊天大聖孫悟空，大聖當然不允許有人私偷蟠桃，跟靈華打鬥了起來。二人的爭鬥很激烈，最後連西天如來都被驚動了。佛祖勸玉帝網開一面，讓靈華救母。

其實玉帝一直很欣賞靈華的才能，此次被如來一勸，也就順水推舟，答應賜蟠桃給鬼母，同時封靈華為真武帝的部將。

正說財神

馬王爺。

因為馬王爺在農曆八月初一下凡，所以民間流傳著「八月初一雨，當年免火災」的古話。

馬王爺的誕辰是農曆九月二十八日，在這一天，人們會舉行隆重的祝壽儀式。由於人們相信馬王爺能實現各種願望，所以將祂視為財神，對其十分虔誠。

除了馬王爺的誕辰外，農曆每個月的初一和十五，人們都會去「五顯廟」上香；而在每年的正月十五至正月十八期間，人們還會在東、西、南、北四個方位請馬王爺，請完後再捧著雞、鴨、魚、肉和香燭去廟裡祭拜。

何謂鬼母？

鬼母是一位創世神，她面容兇惡，每天早晨生出十個鬼子，晚上又會將這十個鬼子給吃下去。她還能造出人和神，有類似女媧的能力。但是，因其食子的行徑太過惡劣，人們並不奉鬼母為神，而將其視為兇殘的惡鬼。

鬼母。

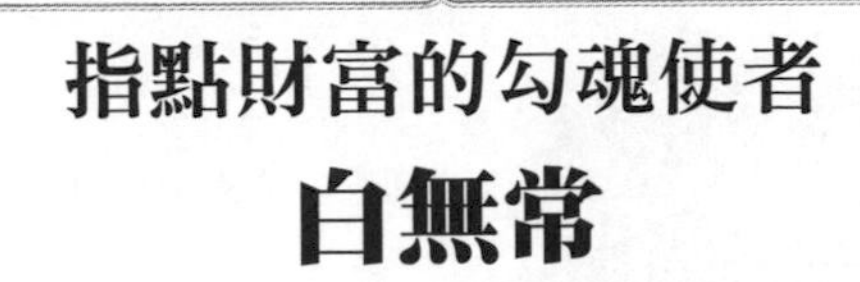
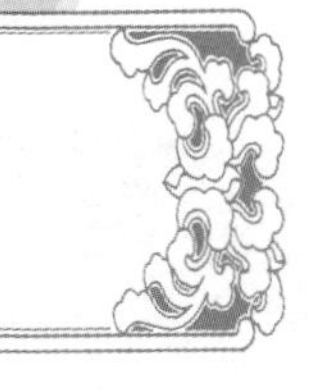

指點財富的勾魂使者
白無常

黑白無常是地府聞名的陰帥，祂們經常戴著高帽子，舌頭拖至胸前，以一副淒厲的面目出現，專門負責帶走人間的靈魂。

相傳，在很早以前，地獄裡只有一位黑無常，因為鬼魂太多，黑無常就向閻王訴苦道：「人間的鬼太多，我一個人怎麼忙得過來？」

閻王哈哈大笑，說：「那祢就去人世間找一位將死之人，讓他死後和祢分管勾魂之職吧！」

於是，黑無常就開始在人間尋找起來。找了一段時間，陽間一個名叫陳和的男子引起了黑無常的注意。

陳和因為愛上了一個財主的女兒，而到財主家打工。

某天，一夥強盜突然闖進財主家裡，想侮辱財主的女兒。陳和一見心上人被欺負，頓時火冒三丈，和強盜打了起來。可惜雙拳難敵四掌，最後陳和還是被抓住了。

強盜頭目想出一個惡毒的主意：讓陳和殺死財主的女兒，否則就要將財主家滅門。

陳和不肯動手，這時，一個喜歡陳和的丫鬟站了出來。她搶走陳和手中的尖刀，猛地刺進小姐的胸口，小姐瞬間倒地身亡。陳和盯著

白無常。

地上的血泊，萬念俱灰，仰天長嘆一聲，一頭撞死在牆上。

黑無常見狀，帶著陳和的魂魄來到地府，對閻王說讓陳和當無常。從此，陰間又多出一位無常。黑無常抓惡鬼，白無常則負責牽引一般的鬼魂，兩位鬼帥相得益彰，便有了「黑白無常」的說法。

有一年清明，白無常見一女子帶著兩個孩子在一座墳前痛哭流涕，就去瞭解情況。

原來，那個女子叫陳三小姐，是當地一個富商的女兒。陳三小姐因染天花，從小就是個痲子，始終未能嫁出去。這時，陳家一位夥計敖大動起了歪腦筋。

敖大心想，如果我娶了陳三小姐，那陳家的萬貫家財豈不是全歸我所有？於是，他就去勾引陳三小姐。

陳三小姐長這麼大，還第一次遇到對自己獻殷勤的男人，不由得歡喜得心花怒放，很快就和敖大好上了。不久，陳三小姐有了身孕，富商只好讓敖大做了上門女婿。

敖大見目的已經達到，就逐漸露出本性，整日吃喝嫖賭，還打罵陳三小姐，後來竟活活將岳父給氣死了。

白無常一聽，氣得咬牙切齒，決定給敖大一個教訓，就跟著陳三小姐回到陳家。

陳三小姐剛回家，就遇到一個賭徒來要錢。她沒有辦法，只好替敖大還了錢。誰知那賭徒還不肯甘休，竟妄圖非禮陳三小姐。

白無常在暗中相助，打了那賭徒兩個耳光。莫名其妙被打，賭徒一時間沒回過神來，陳三小姐趁機推開賭徒，逃進閨房。

她見自己平白受辱，加之現實生活的困苦，就產生了輕生的念頭，找來繩索，試圖上吊。可是令她驚奇的是，繩子竟然斷成兩截。正當陳三小姐疑惑不解時，白無常飄進屋來。

陳三小姐見白無常笑嘻嘻地看著她，也沒有感到害怕，反而和白無常搭起話來。白無常嘆了口氣，恨鐵不成鋼地說：「妳有兩個孩子，手上還有一些錢，為什麼要自盡？總該為孩子想一想啊！」陳三小姐一聽，頓時羞愧起來。

白無常又說：「妳何不收拾好財產離開這個地方，為妳的孩子闢一方安靜之所？」

陳三小姐覺得很有道理，就按照白無常的話遠走他鄉。她前腳剛走，後腳陳家的所有店鋪都燃起了熊熊大火。

正在青樓喝花酒的敖大接到消息，趕緊跑回家，發現一切都化為灰燼，氣得臉都白了。敖大重新成為窮人，又因為欠下鉅額賭債，不久便在飢寒交迫中死去。

黑白無常。

正說財神

民間流傳一種說法——遇黑者為凶，遇白者則喜，原來，白無常並非只負責攝魂，還負責分配人間的財富，這從祂那頂寫著「一見生財」的帽子就能看出來。

因為白無常能為人們引導財富，所以被百姓們奉為陰間的財神。在無常殿中，白無常通常有無常婆陪伴，而黑無常卻孤身一人，或許能反映出人們這種喜愛善鬼和財神心理。

道教中黑與白的意義

在道教中，黑與白代表一陰一陽，與八卦中的黑白兩色意義相同。黑無常即表示陰性體，白無常表示陽性體，陰陽融合乃是道教的基本理論。所以，只有黑白無常，而沒有其他顏色的無常之說。

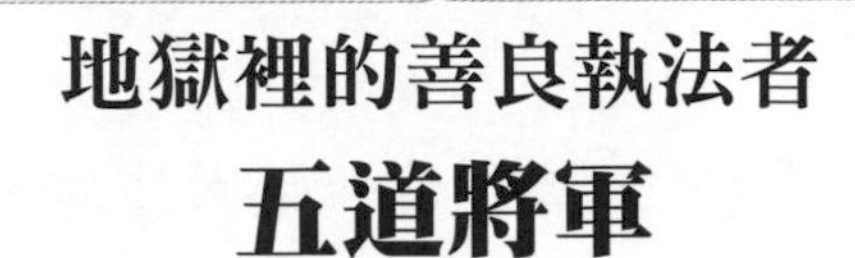

地獄裡的善良執法者
五道將軍

財神不只天界有，冥府也有能助人發財的冥神，譬如東嶽大帝的隨從五道將軍。祂可是冥府的大神，地位比十八層閻王殿裡的判官都高。

五道將軍到底是怎麼來的呢？

據說，民間曾有一位鶴髮童顏的老人，他和四位兄弟一起懸壺濟世，救治了無數百姓的性命。可是有一天，五位老人忽然消失得無影無蹤，彷彿從未出現過。眾人擔心不已，到處找尋。

天快黑時，有一個村民站出來說，他看見五位老人化作五道白光，鑽進附近的山洞裡去了。百姓們聞訊大吃一驚，知道遇到了神仙，就日日在洞口燒香祈福，奉五位老人為五道將軍，懇請祂們能幫自己祛病消災、招財生福。

此後，五道神仙的故事就開始在人世間流傳。

到了清朝，秦淮河邊住著一位姓張的秀才，他才情雙絕，還有一個漂亮老婆，可惜太窮，日子過得十分艱難。

張秀才的老婆愛好刺繡，她給丈夫繡了一個荷包。雖說荷包不是很好看，但張秀才珍愛有加，將荷包整日放在身上。街坊鄰居取笑他，叫他「張荷包」。

在除夕之夜，張秀才家裡斷了糧，眼看著連團圓飯都吃不上，張秀才無奈，就冒著寒風，深夜敲了當舖的門。

當舖老闆打開門，張秀才見全身上下沒什麼值錢的東西，就一咬牙，將荷包放在櫃檯上，說要交易。

老闆從牙縫裡擠出輕蔑的聲音，譏諷道：「張荷包，你還真把一個破荷包當回事啊！」

張秀才很生氣，但他實在沒辦法，只好忍氣吞聲地說：「求你看在同住一條街的份上行行好，給我幾文錢過年吧！」

大過年的，當舖老闆也不便趕人家走，最後總算給了張秀才十文錢。

張秀才心裡有氣，又捨不得荷包，就發下毒誓：「以後我如果開了當舖，什麼都能當！連死人都當！」他氣呼呼地拿了錢，買了點米，準備生火做飯。

他的老婆看廚房沒有木柴了，就拿著菜刀去劈牆上的木板。

剛劈了兩下，發現一個罈子露了出來，秀才夫妻打開一看，竟然全是

五道將軍。

金元寶！夫妻二人當即下跪叩頭，感謝上天送來這筆意外之財。

有了錢後，張秀才想開當舖的願望得以實現，開了一家「永安當舖」，做起生意來。

兩年後的除夕夜，永安當舖即將打烊時，店舖裡忽然闖進四個抬著一張破門板的大漢。當舖裡的夥計一看，不由得嚇得連吐舌頭，原來在門板上，竟然躺著一個死人！

四個大漢粗聲粗氣地說要當死人，還伸手就要一百文錢。夥計們以為這些人是故意來找晦氣的，就想趕他們走，卻被張秀才攔住。

秀才心想，當年自己確實說過連死人都當的話，不能出爾反爾，就真的給了大漢們一百文錢，然後讓夥計們買了口棺材，將死人裝了進去。

隨後，奇怪的事情發生了，一連幾個晚上，棺材裡都有亮光在閃爍，讓永安當舖上上下下的人驚疑不已。

初五接財神那天，永安當舖開始營業，那幾個大漢卻沒來贖回死人，張秀才實在好奇，就讓夥計們撬開了棺材。

當棺材蓋打開的一剎那，耀眼的光芒照得人們眼睛都睜不開。原來，棺材裡竟然躺了個金人，金人的金冠上還刻著四個字——五道將軍。

一時間，張秀才除夕夜接到五道將軍的故事成為美談，在街頭巷尾流傳開來。

正說財神

五道將軍雖是掌管凡人生死的冥官，也安排著人世間的榮祿。祂比專司人壽命的閻王有正義感和同情心，是百姓的保護神。

此外，民間還將五道將軍視為盜神，在中國的一些地方，五道將軍成了五個盜賊，據說他們生前作亂，死後還繼續為非作歹。百姓們為免失竊，就祭拜他們，以求得一年的平安。

東嶽大帝

東嶽大帝是創世神盤古的第五代孫，傳說祂住在泰山，而泰山是管轄鬼魂之地，所以東嶽大帝在民間傳說中是陰間的統治者，人們死後就得去東嶽廟報到。因泰山有東嶽大帝，所以自戰國以來，人間帝王就將泰山做為封禪和祭天的聖地。

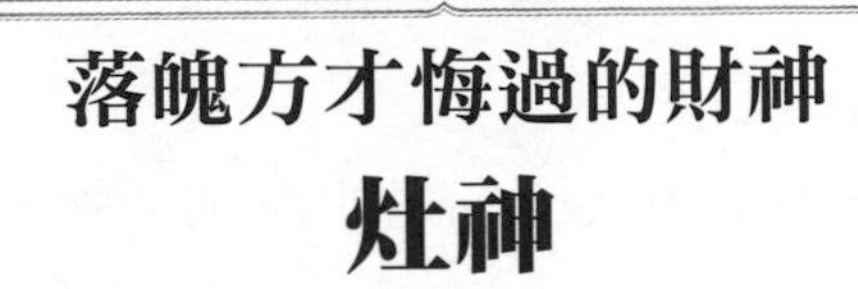

落魄方才悔過的財神
灶神

早些年，當人們還在用大灶生火做飯時，經常會在灶上貼一對灶神夫婦的畫像，由此可知，灶神必定與灶有著千絲萬縷的關聯。

在民間傳說裡，灶神原名叫張單，是一個非常俊美的男子，方圓數十里的女子都渴望一睹他的容貌。除此之外，張單還飽讀詩書、滿腹經綸。可惜人無完人，張單擁有如此多的優點後就有些自負起來，變得驕傲自私、貪圖享逸，年紀輕輕就喜歡去青樓消遣。

張單在十八歲那年，父母為他訂了一門親事。女方是一戶殷實之家的女兒，名叫丁香。丁香十分能幹，將張家上下打點得妥妥貼貼，很讓公婆滿意。

剛結婚的時候，張單對丁香還十分喜愛，夫妻二人琴瑟和鳴，恩愛有加。半年以後，張單逐漸失去了對丁香的興趣，他覺得丁香成天只會做家事，一點情調都沒有，又故態復萌，整天在外面花天酒地。

丁香幾乎每天都獨守空房，她忍不住向公婆訴苦，結果張單在被父母狠狠訓斥了一頓後，將滿腔怒火化為拳腳，全施加到柔弱的丁香身上。

從此以後，張單變本加厲，加倍在外面胡鬧。丁香有苦難言，只能暗自垂淚。

青樓裡新來了一名絕色女子，名叫海棠。張單被海棠迷得神魂顛倒，覺得海棠比丁香要美麗千萬倍，就帶著海棠回家，揚言要休掉丁香。

丁香大吃一驚，她念及往日夫妻情份，流淚懇求張單不要如此決絕。可是張單已鬼迷心竅，不顧一切要休妻，丁香心如死灰，含淚向公公婆婆道別，後來改嫁給一個清貧的樵夫。

自丁香走後，好吃懶做的海棠將家裡搞得烏煙瘴氣，還經常跟張單吵架。張單逐漸感到後悔，他懶得再跟海棠爭執，乾脆出門做生意，以圖清靜。

張單畫得一手好畫，所以經營了一家畫室。他的字畫賣得很好，尤其是玉帝的畫像，更是唯妙唯肖，引得人們爭相購買。

時間久了，連天上的玉帝也知道了此事。正巧張單姓張，是玉帝的本家，玉帝便決定下凡去會一會張單。

某天傍晚，張單正準備要關門，店內突然來了一位玉樹臨風的中年男子，說要買玉帝畫像，張單就遞了幾幅讓他挑選。

男子看著畫像，突然笑起來，說：「這些是你憑空想像的嗎？真是畫得一點也不像！」

張單有些生氣，質問對方：「你怎麼知道我畫得不像？」

男子微微一笑，看著張單，說：「因為我不是這副模樣。」

張單的心中陡然一驚，待他正想仔細辨識對方容貌時，男子竟奇蹟般地消失了。

張單不敢耽擱，連夜畫出玉帝的真實模樣。說來也怪，他的畫像生動異常，令人看後過目不忘，因此他的生意越來越興隆。

灶神。

然而，海棠卻總給張單製造麻煩。她在一次酒醉後，一時失手打翻蠟燭，將整個家都燒了。張家從此敗落，張單的畫室也被賣掉用以抵債。海棠見張單窮困潦倒，便丟下張單一走了之。張單最終淪落為一個乞丐，時常感慨人生的無常。

在臘月二十三日這天，他來到一戶人家乞討，沒想到居然是丁香的家。丁香見張單一身襤褸，驚訝不已。

張單羞愧得滿臉通紅，恨不得找個地洞鑽進去，此時丁香的丈夫回家了，張單越發無地自容，竟鑽進灶洞裡憋死了。

張單死後，玉帝還惦念著這個本家，就封張單為灶王。從此，灶王爺再不敢做荒唐事，而是規規矩矩地為百姓們謀起福利來。

正說財神

原始社會，人們崇拜火神，火神演化到後面，就成了灶神，因此灶神是中國民間地位最高的神。不過，灶神的職責非與灶相關，而是受玉帝派遣駐紮在民間的監督大臣。年初祂會來到每戶人家家裡，待臘月二十三日晚，回天庭報告人間的功過是非。

因此，在臘月二十三日或臘月二十四日晚上，人們會獻上糖果和美酒，焚香送灶神，希望灶神在天帝面前多美言幾句，以保一家來年的吉祥如意。

灶神告狀

舊時人們認為灶神會告狀，所以需要討好祂。天帝對人間情況不瞭解，只能聽灶神的一面之詞。據葛洪的《抱樸子・微旨》中說，若得罪了灶神，重則折壽三百天，輕則折壽一百天，可見得罪灶神的嚴重之處。

第二章 佛教裡的財神菩薩

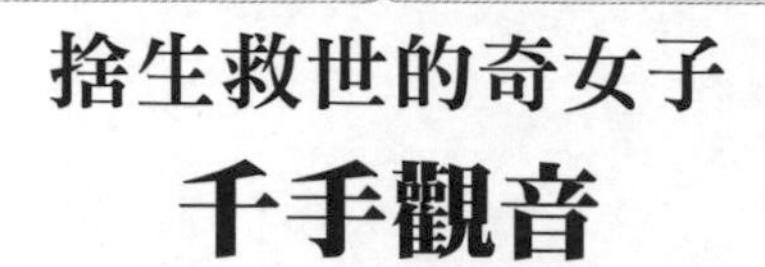

捨生救世的奇女子
千手觀音

觀音大士是普渡眾生的菩薩，為滿足人間各種需求和願望而盡職盡責。在六大觀音中，有一位觀音在外形上最特殊，她就是千手觀音。

為何她會有如此多的手和眼呢？這還要從她的身世說起。

和釋迦牟尼佛一樣，千手觀音也出生於皇族，她是興林國妙莊王的三女兒妙善。妙善從小就喜歡佛法，常一個人坐在菩提樹下冥想。當她成年時，她的兩個姐姐——大姐妙音和二姐妙緣均已嫁給鄰國的王子，妙莊王為政治考量，又想讓妙善與鄰國聯姻。

妙善根本沒有婚嫁的意思，她堅決反對父親的決定，見始終不能勸說父親收回成命，就喬裝成宮女，連夜逃出皇宮。

妙善一路奔逃，來到白雀庵，正式落髮為尼。

白雀庵裡有五百個尼姑，大家都很喜歡妙善，平日裡對這個最小的師妹照顧有加，妙善在庵裡終於尋找到長久以來期待的快樂和平靜。

可惜好景不常，妙莊王很快發現了妙善的行蹤，他大發雷霆，要妙善還俗，還威脅妙善如若不從，會讓白雀庵灰飛煙滅。

儘管妙莊王殘暴無度，可是妙善以為父親會念著父女情份網開一面，就堅持修行。

沒想到，妙莊王竟然火燒白雀庵，庵裡的五百個尼姑沒有人能逃出去，全被燒死在裡面，妙善也是身受重傷。

在這危急時刻，有隻白虎從天而降，馱著妙善衝出火海，妙善這才撿回一條性命。

白虎馱著妙善來到香山，妙善深知父親罪孽深重，就在香山潛心修佛，每日誦經為被父親害死的人超渡，日積月累，她的修為越來越高深。

妙莊王再度找到女兒，不過這次他的目的不一樣。

他患得了一種怪病——身上長了五百個膿瘡，無論怎麼醫治，病都好不了，反而越來越嚴重。

巫師說，只有用親身骨肉的一隻手和一隻眼剁碎做藥引，才能徹底治癒這種疾病。可是，大女兒和二女兒都不肯為父親犧牲，妙莊王無奈之下，只好來請三女兒。

妙善一聽說父親要藥引，二話不說，立刻剜下自己的一隻眼，砍斷自己的一隻手，獻給父親。

妙莊王喝下藥後，病果真好了。

妙莊王知道這五百個膿瘡是白雀庵裡五百個死去的尼姑的怨念，後悔不已，從此他不再阻攔妙善修佛，而是以女兒為榜樣，廣做善事，成為一代明君。

釋迦牟尼佛讚賞妙善的善舉，對妙善說：「妳犧牲了一隻眼、一隻手，我就給妳千隻眼、千隻手吧！」

妙善遂坐化成仙，成為千手觀音，解除人間諸般苦難，助世人脫離苦海、快樂安康。

正說財神

千手觀音。

在佛教裡，千手觀音是觀音幻化的六相之一，是阿彌陀佛的左協助，與右協助大勢至菩薩和阿彌陀佛，一起被尊為「西方三聖」。

千手，代表遍護眾生；千眼，代表遍觀世界。千手觀音以美麗端莊的女性形象出現，自唐朝以來逐漸贏得了世人的熱愛和尊敬，成為寺院的主神之一。

佛經云，觀音在聽如來講經時，感嘆世間苦難無數，便發誓要為眾生謀利，於是生成千手千眼。此後，無論是消災解厄，還是招運生財，求助千手觀音必能達成所願，所以千百年來，人們一直虔誠信奉著千手觀音。

千手觀音的塑像

千手觀音有一千隻手，那麼人們在廟裡就得造一千隻手的觀音塑像來供奉嗎？答案是：不一定。但有些寺廟裡的千手觀音像真有一千多隻手，例如川渝寶頂石窟大佛灣千手觀音，共有一千零七隻手；而有些廟裡的千手觀音塑像則以一隻手代表二十五隻手，累加起來便有千手，例如重慶大足石刻，其兩手合於胸前，兩手置於腿上，身體左右兩側各有二十隻手，手上各有一眼，每隻手各執一種法器，樣貌栩栩如生。

千手觀音木雕像。

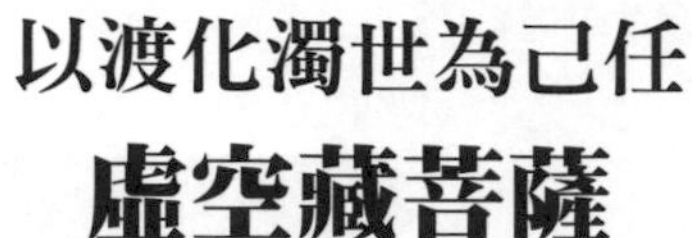

以渡化濁世為己任
虛空藏菩薩

虛空藏菩薩是佛教六大菩薩之一，佛經中說祂的智慧和功德無邊，以神力消除了濁世的一切災厄，並醫治病痛，使惡鬼心生善念，且帶給人們無限財富，是一位佛法無邊的神。

相傳在很久以前，東方世界被濁氣籠罩，塵世間草木荒蕪、惡鬼橫行。當時虛空藏菩薩還在遙遠的西方世界修行，某日，祂來到恆河沙世界以西的佛剎裡聽勝花敷藏如來講經，如來見眾位菩薩滿面虔誠，就雙手合十，啟示道：「在東方，有光明之光，那是因為東方古國娑婆有一佛剎，佛剎裡有一位釋迦牟尼佛，若聽其講法，有助消除惡業，功德圓滿。」

虛空藏等八十二億菩薩一聽，歡喜異常，都想立刻跨過恆河沙去找那位釋迦牟尼佛。

勝花敷藏如來笑了笑，對眾菩薩說：「東方是濁世，有太多罪惡，甚至可能會對祢們的修行造成惡劣影響，祢們還願意前往嗎？」

虛空藏菩薩聽完，毫無懼色，第一個回答道：「我等是佛陀，就應渡化濁世，消泯一切惡行，所以更應該去那裡。」

勝花敷藏如來非常欣慰，就在恆河之上架設祥雲，親自送虛空藏等菩薩去東方。

與此同時，釋迦牟尼佛已撚指一算，算出虛空藏菩薩將要來到，就在經壇上對眾佛陀說：「看見西方過來的金色光芒了嗎？那是虛空藏菩薩所發出的瑞光，祂是一個擁有大智慧的使者，能降甘霖於旱地，救病者於苦難，能使惡人變善良，能滿足人們的一切願望。」

眾佛陀聽聞，都歡欣雀躍，認為娑婆世界終於有救了，一同面向虛空藏菩薩到來的方向翹首企盼，等待虛空藏的到來。

不久之後，虛空藏終於來到東方，祂發現一切真如勝花敷藏如來說的那樣，充滿了污濁和邪惡，百姓們困苦不堪。

為了改變這種現狀，虛空藏菩薩折損了幾世修為，用神力改造娑婆世界。祂驅散了霧靄，填平了溝壑，又在人間種植樹木花草，豢養花鳥蟲魚，然後遍降甘霖，在人間灑遍金銀珠寶。經過祂一番努力，人間充滿了清新的空氣，人們積極進取，到處洋溢著一股欣欣向榮的氣氛。

眾佛陀知道娑婆世界的改變源自虛空藏菩薩，不由得大為驚嘆，可是在欽佩虛空藏神力的同時，又開始發愁：虛空藏的能力這麼大，我們該以怎樣隆重的方式接待祂呢？

釋迦牟尼佛知道大家的想法，就讓巨大的蓮花寶座自地下湧出，蓮花的根莖是白銀，花瓣是黃金，上綴奇珍異石。這時，虛空藏突然現身於蓮花寶座上，頭頂如意寶珠，八十億菩薩圍繞在身邊，全部坐在蓮座上。

眼見釋迦牟尼佛對虛空藏菩薩如此讚賞，彌勒佛對此很不服氣，忍不住問道：「祂究竟有何特別之處，能獲得如此大的榮耀？」

釋迦牟尼微微一笑，答道：「虛空藏能了斷人們的一切煩惱，還能引導眾生涅槃，使眾生不致墮入痛苦的輪迴中，祂的功德不是誰都可以比的啊！」

彌勒佛聽罷，面帶愧色，悄然靜坐，不再發表反對意見。

於是，虛空藏菩薩便成為東方古國的佛陀，祂繼續運用神力，為世人排憂解難，深得人間敬仰。

正說財神

虛空藏菩薩。

虛空藏菩薩能滿足人們的一切願望，本質上跟觀世音菩薩差不多，不過觀世音菩薩更具東方特色，因此人們對虛空藏菩薩的認知並沒有像觀世音菩薩那樣深刻。一般人持誦虛空藏菩薩咒，認為可以增強記憶力，實其虛空藏菩薩法力無邊，並不只具備幫助人們加深記憶這一項能力。

八世紀，日本也開始流行信仰虛空藏菩薩，比較著名的教徒是空海。日本民間則深信虛空藏菩薩能增強福報、消除災難，因此對其的熱愛程度比中國深。

虛空藏菩薩的常見形態為：頭戴五佛冠，左手置於腰間，右手持火焰劍，坐在有如意珠的蓮花寶座上。如意珠代表財富，火焰劍代表智慧，所以虛空藏菩薩是財富與智慧的象徵。

何謂涅槃？

涅槃是佛教用語，最簡單的意思即為從痛苦中解脫。在中文中，涅槃亦被譯為「圓寂」，指個體死亡而精神境界得到永生。消除「我執」，讓自我在「小我」中得到解脫，是涅槃的核心思想。

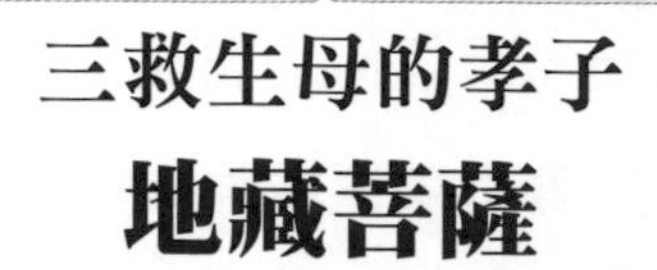

三救生母的孝子
地藏菩薩

古人靠山吃山、靠水吃水，但無論怎樣，都要靠著一方土地才能生活，而地藏菩薩如大地一般，深藏各種功德，所以祂也是為世間敬仰的一位菩薩。

在無量劫前，地藏菩薩是一個小國的國王，當時全國上下都信佛，不輕易殺生。可是太后卻偏偏餐餐都要食葷，還經常命令僕人去打獵，以滿足自己的口腹之慾。

在全國的放生日上，太后仍命僕人去獵鹿，國王得知後大為震驚，趕緊來見母親，懇請母親不要提出這樣的要求。

太后罵兒子不孝順，連自己的母親想吃一隻鹿都要反對。國王沒有辦法，只好由著母親去殺生。很快地，報應來了，太后在吃了鹿之後，就開始臥病不起，在一個月後死去了。

國王知道母親生前殺戮太多，死後必墮入地獄，心裡很著急。

有一天，他夢見阿羅漢須菩提面色凝重地說：「你母親因罪孽深重，正在地獄接受油炸火烤之苦，你若是個孝子，就想辦法救你母親吧！」

國王一下子從夢中驚醒過來，他一想到母親在地獄中的遭遇，就忍不住悲從中來。他去問得道高僧有何解救之法，高僧告訴他，只要虔心唸佛，就能擁有到達地獄的唸佛力，屆時就可將母親解救出來。

於是，國王堅持每日誦經百遍，並經常做善事，廣積善德。就這樣過去了幾年，某天晚上，他正在唸經時，唸著唸著，忽覺身子一輕，緊接著就被捲入一道黑光中，似乎進入了另一個世界。

等他再度睜開眼睛，發現自己已來到地獄。他不禁歡欣鼓舞，要去找母親。可是閻王卻告訴他，由於他唸經和行善的功德，他母親及地獄中的罪人已經重新輪迴，得到了再次投胎的機會。

國王非常高興地回到了凡間。

十三年後，他的宮殿裡新來了一批宮女，其中有一個宮女經常暗自垂淚，令國王非常不解。

在國王的詢問下，宮女才告知實情：在她出生後的第三天，她家裡來了一個和尚，說她是託前世兒子的救渡才轉世為人，但因罪孽實在太深重，只能活到十三歲。她知道自己命不久矣，不免陷入悲傷之中。

國王這才知道這名宮女就是自己的母親，他見母親的苦難還未結束，就在佛祖面前發

竹山克明宮地藏王菩薩。

地藏菩薩。

誓，願承擔母親的一切苦難，讓母親脫離輪迴之苦。

不久以後，宮女果然離世，國王再度來到地獄，終於見到了母親。母親告訴兒子，他積攢的功德還不夠讓她擺脫輪迴，所以她只能繼續留在地獄裡。

國王為了救母親，毅然拋棄皇宮生活，出家為僧，日夜誦經為母祈福。經過多年修行，某一日他終於成為地藏菩薩，到達西方極樂世界，在那裡，他見到了自己的母親，母親終因兒子的功德而脫離苦劫。

正說財神

地藏菩薩見到釋迦牟尼佛後，得知佛祖有不渡眾生不成佛的夙願，就繼承佛祖衣缽，立下「地獄不空，誓不為佛」的誓言。

因此，儘管他早已具備成佛的條件，卻依然隱去自身功德，到處

現身說法，希望能渡化眾生。

在安徽九華山，曾有新羅王族出身的地藏比丘修行，他涅槃後，世俗認為他就是地藏菩薩的化身，因此也將地藏菩薩稱為地藏王。

《地藏十輪經》中說，人只需在一頓飯的時間信仰地藏菩薩，便能脫離苦海，滿足各種願望。

因地藏菩薩發誓要救助地獄鬼魂涅槃，有說法認為，人在臨終時，若唸誦地藏菩薩名號，死後靈魂便能不輪迴至三惡道；若能為其唸地藏王經、放生行善，則更有助靈魂脫離輪迴，歸入極樂世界。

何謂無量劫？

劫，本非佛教用語，而是古印度計量時間的單位，可以至無限長，也可以是彈指一瞬間。無量劫，用在佛教裡，便成為不計其數的時間單位。佛經認為，從生到死為一劫，天地萬物便有許多劫，唯有進入涅槃──不生不死的境界，才能擺脫無量劫。

改邪歸正的送子觀音
訶利帝母

中國人信奉儒家之道，而儒家的思想中有「不孝有三，無後為大」的訓誡，因此能給人們送來子女的觀音就成為萬民信仰的菩薩，人們對她的崇拜程度甚至超過了釋迦牟尼佛。

不過，送子觀音的前世卻是鬼母，而且是一位專吃小孩的夜叉，這是怎麼回事呢？

在古印度城中，有一位獨覺佛降臨塵世，人們歡欣鼓舞，紛紛奔相走告，決定舉辦一場慶賀盛宴。

這時人們發現城外有一個懷孕的牧牛女，就要求她在宴會上跳舞，以象徵獨覺佛的降生。美麗的女孩當然不肯，她用手小心翼翼地護著隆起的腹部，流著眼淚乞求人們不要這樣對她。

可是，人們被喜悅沖昏了頭腦，只想博佛陀歡心，仍強行命令牧牛女跳舞。

因牧牛女堅決不從，人們就把她驅趕進城，又威脅她若不服從，就殺掉她的牛。牧牛女無可奈何，只好一邊流淚，一邊跳起舞來。

一曲還未跳完，牧牛女就感覺小腹墜脹，隨即胎兒墜地死亡。牧牛女放聲大哭，圍觀的人們都覺得晦氣，就迅速四散而去。

此時，唯有獨覺佛的法身留在牧牛女身邊。牧牛女用憤恨的目光瞪著獨覺佛，咬牙發出悲鳴：「來世我一定要吃光這裡所有人的孩子！」說完，她灑下兩行血淚，含恨撞牆而死。

後來牧牛女的靈魂投胎成為藥叉女，她成年後與藥叉國王子結婚，生下了五百個兒子。她時刻不忘自己的誓言，一到晚上就出去抓百姓的孩子，然後吃掉。

人們很快發現失蹤的孩子越來越多，不由得恐慌起來，以為有惡鬼作祟，就想舉行活動請佛陀來救助眾生。

藥叉女聽說城裡又有活動，不堪回首的往事頓時又浮現在眼前，她狂叫起來，也不管當時還是白天，就化為魔鬼的模樣飛到空中，見到孩子就抓，一時間，魔鬼的叫聲、孩子的哭鬧聲響徹天際，嚇得人們紛紛癱倒在地。

釋迦牟尼佛聽到人們的哀鳴，嘆了口氣，前去阻截藥叉女。

佛祖勸藥叉女：「妳罷手吧！我可以讓被妳吃掉的孩子復活，只要妳改邪歸正，我可以讓妳坐化成佛，從此擺脫無量劫難。」

藥叉女卻啐了佛祖一口，瞪著通紅的眼睛，怒吼道：「祢不是我，祢怎麼能瞭解我的痛苦！祢要阻攔我食人子，當初為何不阻攔那些奪我孩子性命的人！」說罷，藥叉女憤怒離去。

佛祖見藥叉女執迷不悟，就施展神力，將她最喜愛的一個兒子藏匿起來。

藥叉女怒氣沖沖地回到家中，四處找不到自己最心愛的兒子，頓時慌了神，再度飛到空中，搜遍全城。

可是，藥叉女始終無法尋覓到兒子的蹤跡，最後，她放棄了找尋，嗚嗚地哭起來。

正在這時，佛祖突然攜藥叉女的兒子出現在她面前。藥叉女又驚又喜，一把將兒子摟進懷裡。

佛祖微微一笑，再度規勸：「妳有五百個兒子，僅失去一個就悲痛至極，百姓們僅有一、兩個孩子，全部被妳吃光，他們痛苦的程度豈不比妳多百倍、千倍？」

佛祖的話語在藥叉女的心上敲了一記警鐘，她逐漸冷靜下來，越想越覺得佛祖的話有理。往日她沉浸在仇恨之中，沒有體會到自己的復仇給世間造成了諸多苦難，她恨世人，而世人不也同樣仇恨她嗎？

想通這些後，藥叉女決定皈依佛門，從此棄惡揚善，不僅不再吃小孩，還成為孩子的保護神，被世人敬稱為訶利帝母。

正說財神

訶利帝母，又被稱為鬼子母、歡喜母、暴惡母，是二十諸天的護法神之一。供奉訶利帝母，有婚姻順、得貴子、生產吉、祛疾病、消災禍、避凶煞、除鬪劫、保平安、具勢力、得權威、旺人丁興家族、賜財富等益處。

關於訶利帝母的形象，《訶利帝母真言經》中有這樣一段描述：「畫訶利帝母作天女像，純金色，身著天衣，頭冠纓珞。坐宣臺上，垂下兩足，於垂足邊，畫二孩子，傍宣臺立，於二膝上各坐一孩子，於左手懷中抱一孩子，於右手中持吉祥果。」又《大藥叉女歡喜母並愛子成就法》描繪：「歡喜母作天女像，極令殊麗，身著白紅色天贈寶衣，頭冠耳璫，白螺為釧，種種瓔珞，莊嚴其身。」

訶利帝母。

藥叉是什麼？

藥叉即夜叉，是佛教的護法神，並非鬼怪，但其名稱過於兇惡，給人們造成了不良印象，所以就逐漸演變成惡鬼的代名詞。母藥叉，即為母夜叉，其生來容貌端莊美麗，但以惡魔的形象出現後，則被認為是一副猙獰模樣。

兩個朝代的開國守護神
大黑天

大黑天是大日如來的化身，是密宗重要的護法神，祂集戰神、福神、廚房神與塚間神於一身，備受人們推崇。

成吉思汗的孫子忽必烈對大黑天十分崇敬，當時蒙古人正在跟南宋作戰，忽必烈想盡快攻佔南宋都城臨安，可是宋朝軍民頑強抵抗，戰爭僵持不下。

忽必烈非常煩惱，於是召見國師八思巴，詢問他現在是否是作戰的好時機。八思巴笑瞇瞇地看著忽必烈，說：「那是因為沒有得到大黑天神的保佑啊！」

元世祖忽必烈。

忽必烈頓時羞愧不已。

這些年來，他只顧南征北戰，幾乎將參拜菩薩的事情忘掉了，就算他現在臨時抱佛腳，想請求菩薩幫助打贏戰爭，菩薩也未必會幫他呀！

八思巴見忽必烈埋頭不語，知道他正在懊悔，就會心一笑，告誡道：「你也不必太過擔心，我這就為你請一尊大黑天神像，以後你只需每日虔誠參拜，一定能實現心中所願。」

忽必烈一聽，眼放亮光，催促八思巴趕緊請神。

八思巴搖搖頭，勸告忽必烈：「此事不能心急，你並不是密宗教徒，不屬大黑天門下弟子，菩薩怎麼會保佑你呢？」

幾天後，忽必烈鄭重其事地沐浴薰香，帶著妻子、子女等二十五人，向八思巴獻上珠寶，接受密宗灌頂儀式。隨後，八思巴造出一尊用黃金打造的大黑天神像，讓忽必烈供奉在軍營內，每遇到戰事就向神像祈求，必獲保佑。

神奇的是，以後每逢元軍打仗，總能取得傲人的戰績，再難攻克的城池也會在很短的時間內投降。

有一次，忽必烈去攻打南宋的一座城池，這座城池的周邊有護城河，且城牆堅固，連投石機都無法摧毀。

忽必烈很頭痛，就對著大黑天金身像祈禱：若能破城，必在蒙古國都城建一座恢宏的大黑天神廟，來供奉神靈。

第二天，元軍再次發動進攻，宋軍準備好弓弩，在城牆上嚴陣以待。

突然，天降異象，宋軍聽到頭頂傳來轟隆隆的衝鋒聲，不由得驚訝地抬頭，赫然發現在城池的上方天空中，佈滿了黑壓壓的天兵天將，那些神兵面目猙獰，彷彿立刻就要從天上殺向地面。

宋軍嚇得兩腿發軟，知道元軍有天神相助，再也無心戀戰，趕緊大開城門，向元軍投降。

忽必烈又驚又喜，立刻在元大都建立了一座廟宇，讓大黑天日日享受香火供奉。

元朝末年，廟宇遭到損壞，大黑天金身像流落到五臺山，後又被蒙古察哈爾部掠去。

清朝初期，皇太極得到這尊黃金像，他視如珍寶，特地在瀋陽建立蓮花淨土實勝寺，虔誠地將金像供於寺內。也許是皇太極的誠心感動了大黑天，從此以後，清軍一路所向披靡，順利入關推翻明朝。

在滿清移都北京後，為感謝大黑天神的庇佑，又在北京等地建立多座大黑天廟，將大黑天視為保佑皇廷的守護神。

正說財神

大黑天在梵語中又被稱為「瑪哈嘎拉」，有「救怙主」的意思。

在中國民間，大黑天成了騎在老虎背上，一手執鞭、一手托寶珠的「中路財神」，法號為大福德自在圓滿菩薩。

由於大黑天的靈力極高，較易與人溝通，所以日本人尊之為財富之君。

當代供養的大黑天像都是揮舞金鎚（也是一種招財聚財的法寶）、身背財（米）袋、腳踏財箱的形象，而由大黑天、弁財天、毗沙門天三位一體的三面財神更是財神中的極品。

大黑天的供養方法，通常是要注意以下幾個要點：

一、大黑天可以放在廚房、大廳、陽宅財位等處。供奉的原則和供奉其他神佛的原則大致相同，如：不應被樑壓、不宜背後為廁所、不宜正對樓梯、背後必須有靠等等。

大黑天。

二、一般可以用紅豆、牛奶、紅酒、濃茶、甜點、水果、巧克力等供養，供養後的供品可以全家人一起吃掉，來增加財運。

三、如能每天堅持唸誦大黑天心咒更佳，但必須有傳承方可修持。如沒有傳承，可以堅持抄寫《佛說摩訶迦羅大黑天神大福德自在圓滿菩薩陀羅尼經》。

四、當感到財運欠佳或者要辦某件非常重要的事情時，可以唸誦摩訶迦羅數遍後，用手摸摸大黑天佛像的頭部，然後拉開自己左側的口袋，想像大黑天把財富運到你的身上。

六臂瑪哈嘎拉

印度教中的大黑天名為瑪哈嘎拉，祂有兩腿六臂，身披白象皮，手拿骷髏和白蛇，象徵降服了龍王和夜叉。祂的腳下是一頭仰臥的白象，這頭白象也是財神。

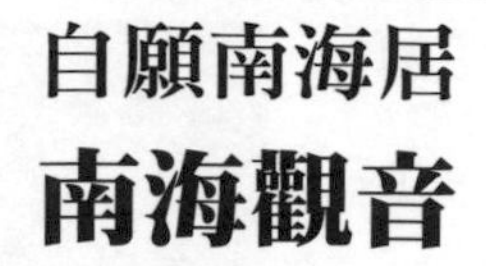

自願南海居

南海觀音

在古時候，中土並不像現在這般富庶，當時瘟疫橫行，猛獸叢生，百姓們為保住性命而顛沛流離。

有一位美麗而又善良的菩薩見此情景，頓時心生憐憫，自願長居南海，解救眾生於苦難中，她就是南海觀音。

南海觀音看到武夷山隱屏峰一帶有虎精作亂，就決定去降妖。

這隻老虎精是一頭修練千年的花斑母虎，牠常出沒於崇山峻嶺間，日子一長，成為山間老虎的領袖。牠拜武夷山的鐵板鬼為師，學盡邪門歪道，又藏在八仙經常聚會的酒壇峰上，偷學到不少仙術，因此本事一天天大起來，竟然自立為王，帶著虎將不時下山掠奪財物，嚇得村民們無論白天還是晚上都不敢出門。

就在大家一籌莫展之際，村裡突然來了一位青年男子，男子隨身帶著捉虎的鋼叉和弓箭，說自己專門以打虎維生，這次來就是要為村民們除害。

大家不太相信這名男子的話，因為此人身子骨看起來並不結實，而且就他一個人，恐怕連給老虎塞牙縫都不夠呢！不過，這個男子卻胸有成竹，他等到日暮西沉之時，就拿著武器獨自上山去了。

村民們都很擔心他，村長忙派了幾個身形魁梧、膽子也大的獵戶去保護那名男子。可是很奇怪，獵戶們只跟了男子一會兒就把人給跟丟了，大家束手無策，只好在心中為青年男子默默祈禱。

令人驚奇的是，翌日清晨，那名男子居然神采奕奕地站在村民們面前，安慰大家說，以後不用再為虎患擔憂了。雖然沒有人相信他的說法，但事實卻真如男子說的那樣，從此再也沒有惡虎下山作亂。

半個月之後，男子又有新的舉動，他在半夜提著一個麻布袋準備上山。村長仍舊不放心，又派獵戶們去保護他。這次獵戶們學乖了，他們偷偷跟在男子身後，並與男子保持著一段很長的距離。

也許是一心想著自己的事，男子並未察覺獵戶們的行蹤，他來到仙掌峰，將袋子放下，然後盤腿坐在巨石之上，開始假寐起來。獵戶們不知男子葫蘆裡賣的是什麼藥，不由得面面相覷。

一直到二更天，忽有虎嘯聲從北面傳來，獵戶

臺北武昌街臺灣省城隍廟——觀音菩薩。

南海觀音。

們一驚，抓起刀槍棍棒，準備捉虎。

這時，只見青年男子將麻布袋打開，輕聲一喝：「孽畜，休再害人！」他話音剛落，袋中便颳起一陣旋風，將惡虎悉數收入袋中。

獵戶們還沒回過神來，男子彷彿早就知道他們在跟蹤自己，便笑著說：「大家不要怕，除了那隻花斑虎精，其餘老虎已盡被我收服。」

眾人一聽，央求男子再幫忙捉虎精。

忽然之間，男子周身上下發出萬丈光芒，轉瞬之間變成身騎鼇龍的觀世音菩薩。

觀世音菩薩在空中發出洪亮的聲音，對眾人說：「我乃南海觀音，今見虎精為害人間，特助你等剷除妖怪。」

村民們這才知道原來傳說中的觀音一直在他們身邊，頓時又驚又喜，紛紛下跪叩拜，祈求觀世音菩薩保佑自己幸福美滿。

那隻花斑虎精早就聽說觀音來到，嚇得魂飛魄散，夾著尾巴就想逃，卻不料在仙榜岩被南海觀音攔住去路。

觀音手指一塊巨石，石頭頓時化為玉瓶落入觀音左掌心。只見觀音將楊柳枝插入玉瓶中，再一揚手，玉瓶忽然化為一座大山，將虎精壓在山下。

虎精動彈不得，牠眼珠一轉，痛哭流涕道：「觀世音菩薩，我錯了，我再也不敢了。」

觀音以為虎精有悔過之心，就收回玉瓶，誰知虎精恩將仇報，竟兇狠地撲向觀音。觀音搖搖頭，再度降下大山，將虎精徹底壓得不能動彈。

從此，再也沒有虎精在武夷山作亂，人們過著富足安康的生活。

正說財神

南海觀音的形象為一個乘著雲中之龍的女子，立於南海波濤之上，因此她又被世人稱為龍頭觀音。

目前在中國，廣為人們熟悉的女性觀音共有五個——水月觀音、白衣觀音、南海觀音、魚籃觀音和觀音老母。其中，南海觀音在中國的民間傳說和戲劇小說裡最為常見，她手執淨瓶，四處替百姓排憂解難的美好形象，也深深地烙印在人們心中。

觀音的身分變化

在早期佛教裡，觀音並非女性角色，而是個男兒身，但在佛教傳入中國後，觀音卻逐漸轉化成為女性身分，被賦予美麗莊嚴的外表和無量高深的法力。

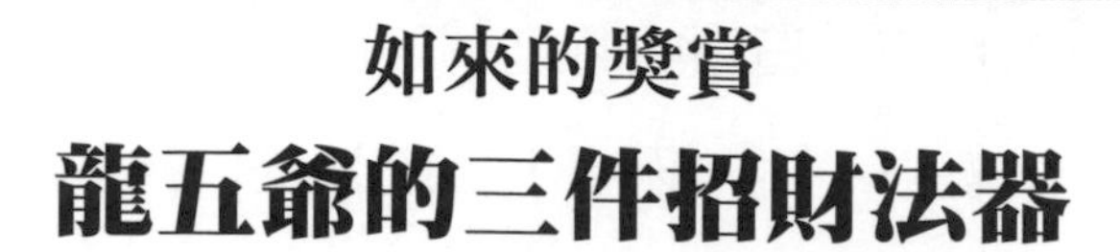

如來的獎賞
龍五爺的三件招財法器

南海龍王的第五子狻猊，被觀音的善心所感化，主動化作鼇龍，馱著觀音跨過萬里波濤，來到南海普渡眾生。牠做為觀音的護持，一路為百姓講經、廣施財物，成為南海的福神，被人們敬稱為龍五爺。

龍五爺是南海的財神，因為牠手中有如來賜給牠的三件招財寶物——金元寶、財源庫和聚寶盆。如來為什麼要賜給龍五爺這三件寶貝呢？這就要從龍五爺的父親南海龍王說起。

釋迦牟尼在菩提樹下坐禪之時，因異常艱苦、忍飢挨餓，所以身體非常虛弱。因為他曾說過強健的體魄是修佛的根本，所以吡伽羅國耶娑利公主每天都會用金缽盛粥來餵他。

某一天，公主煮了百味粥，粥煮好後香氣四溢，她覺得釋迦牟尼肯定喜歡喝，就跑到菩提樹下送給他。

釋迦牟尼一看百味粥，頓有所悟，感慨道：「燃燈佛祖在成佛前就喝過金缽裡的百味粥，如今也輪到我了！」說完，他抬頭仰望星空，進入冥思階段。

南海龍王知道釋迦牟尼即將成佛，就從海中飛出，來到佛祖的頭頂上方，幻化出七個身體，護持釋迦牟尼悟道。

釋迦牟尼入定七天，南海龍王也護持了七天，牠口吐甘霖，招來微風，喚出雷電，使烈日不再毒辣、暴雨不再來襲、蟲蛇不再侵犯。

到了第八天，天地間發出耀眼的金色光芒，大地震動，天空祥雲籠罩，佳音傳遍四方，佛祖終於得道。

此時南海龍王卻由於專心致志地護持佛祖，未來得及躲閃，致使自己的雙眼被金光灼傷而失明。佛祖感恩其護持之心，將自己的金缽賜給南海龍王。這個金缽原是公主施粥的器物，如今得佛祖神力，已是能聚集天下財物的法器。

龍五爺見短短數日，父親就雙目失明，心中十分難過。龍王安慰兒子道：「我助佛祖成佛，功德無量，早為後世種下無邊善緣，又何必在意這一雙眼睛呢？」

財神龍五爺。

龍五爺卻覺得父親是在強顏歡笑，牠堅信自己能治好父親的眼睛，便口吐龍涎，每天堅持用龍舌幫父親舔舐雙眼。一日要操勞三次的龍五爺嘔心瀝血，幾乎要耗盡體內元氣，好在九九八十一天後，南海龍王驚喜地叫起來：「我的眼睛能看見了！」

父子二人相擁而泣，但龍五爺不放心，勸父親好好休息，繼續調養身體。牠剛囑咐完，就因過度勞累而暈厥過去。

龍王感慨兒子對自己的一份孝心，便將佛祖賞賜的金缽傳給龍五爺。龍五爺推辭，這時空中傳來一個嘹亮的聲音：「你的孝行感天動地，就收下金缽吧！」

龍王父子一看，原來是佛祖駕到，忙起身相迎。

佛祖笑著對龍五爺說：「這個金缽，叫聚寶盆，能變出無數財富，我另賜你金元寶一對、財源庫一個，從今往後，你便可司人間財物分配、統籌天下財源流通！」

龍五爺忙叩謝佛祖，佛祖卻化作一道金光，迅速離去。自此，龍五爺便開始招財進寶，為民造福，南海一帶的人們託他的福，日子越過越富裕。

正說財神

在佛教中，龍五爺是第一護法財神，能助眾生敬財、求財、招財、護財。

另有說法，稱其姓名為聖衍。

相傳，向龍五爺求財，有求必應，因此南海便成為財氣聚集之地。

人們對龍五爺感激有加，將其法身供在南山財穴上，與山上的另一座大黑天財神殿一起，被稱為天下南北財神殿。

龍五爺修財八大法門

在龍五爺財神殿上，有八根柱子，象徵龍五爺求財的八大法門。這八大法門依次為：一、佈施求財；二、如法求財；三、修善求財；四、正財以道；五、信義積財；六、攝心守財；七、用財有度；八、功德聚財。

龍五爺賜財。

人間第一財神
康熙與龍五爺的故事

前文講到，龍五爺本是南海一帶的財神，但到了清朝康熙年間，祂的名氣卻逐漸響徹全國，被讚為「人間第一財神」。

為何龍五爺會紅遍中國呢？這就得歸功於康熙帝了。

眾所周知，康熙帝的父皇是在五臺山出家的順治，他年幼即位，與父親真正在一起的時間很少，因此非常思念父親。

康熙帝出巡圖。

他四次去五臺山尋找父親，順治卻始終避而不見。

在康熙三十七年，他難抑思念之情，再次來到五臺山微服私訪。可惜這次依舊不順，康熙帝一連數日在山上盤桓，卻一無所獲。這天，他與隨從走得口乾舌燥，正巧發現一間酒樓，就想進去解解渴。

康熙帝剛進酒樓，一位在角落裡喝酒的白衣書生就微笑著站起身，踱步到他面前，邀請道:「看先生的模樣，一定是讀書人吧！酒逢知己千杯少，一起對斟幾杯如何？」

康熙帝見這位白衣書生相貌超凡脫俗，舉止儒雅有禮，不由得產生好感，就爽快地同意了。

於是，二人讓店小二捧來一罈酒，一邊喝酒一邊聊天。康熙帝心中煩惱，忍不住就多喝了幾杯，結果不勝酒力，伏在案上睡著了。

睡著睡著，康熙帝感到有人推他胳膊，便抬起頭一看，不禁目瞪口呆：不知從何時起，他的面前出現了一位頭戴金冠、身著紫袍玉帶的人。

見康熙帝已醒，龍王便向他施了施禮。

康熙帝一頭霧水，問道：「敢問祢是哪路神仙？」

龍王微笑著說道：「我是南海觀音的坐騎，鎮守南海的龍五爺，佛祖賜我『聚寶盆』、『金元寶』、『財源庫』，囑我掌管天下財源。」

康熙帝有些好奇，繼續發問：「祢居住在南海嗎？怎麼會來到這裡呢？」

龍五爺依舊笑容滿面地回答：「五臺山是文殊菩薩的道場，這幾日我來與菩薩探討佛法，見陛下整日憂愁，特來解憂。」

康熙帝知道龍五爺神通廣大，便嘆了一口氣，如實相告:「多年前，父皇在五臺山出家，從此音信全無，我怕再也見不到他，所以為此煩惱。」

「這是好事啊！」龍五爺大笑道，「你的父皇乃是如來佛祖座前尊者迦葉，為渡化眾生，特下凡投胎。如今他已斷塵緣，回歸西方極樂世界，陛下該為他感到高興才是！」

龍五爺話音未落，就駕上祥雲，騰空離去了。

康熙帝一驚，從案桌上醒來，才知道自己剛才是在作夢。他回想夢中龍五爺的話，不由得感慨不已。

環顧四周，他看到酒樓的牆壁上掛著一幅畫，上有眾佛陀聽如來講經的畫面。畫中如來的身邊有一位尊者，模樣酷似順治，不由得大徹大悟，終於放棄了找尋父皇的想法。

接著，康熙帝來到五臺山，在萬佛閣看到龍五爺的法身，竟和夢中所見如出一轍。他深深感激龍五爺的點化，賜封龍五爺為人間第一財神，並御筆書寫「人間第一財神」字樣，將萬佛閣更名為「龍五爺財神廟」。

從此，龍五爺便為大清朝開源節流、招財進寶，自康熙開始，清朝出現了「康乾盛世」。

正說財神

龍有九子，按長幼排序分別是囚牛、睚眥、嘲風、蒲牢、狻猊、贔屭、狴犴、負屭、螭吻。這九子中，囚牛和蒲牢精通音律，嘲風和螭吻鎮宅消災，贔屭和負屭背著石碑，睚眥好打鬥，狴犴主持公堂正義，只有老五狻猊比較特殊。

狻猊又稱金猊，它本意為獅子，所以模樣也似獅子。狻猊喜歡聞人間香火，好坐於香爐足上，因此人們通常將其雕刻在香爐上，以示尊重。釋迦牟尼佛稱其為「無所畏懼的獅子」，可見其在佛教中的地位。當狻猊隨佛教傳入中國後，廣受人們敬仰，被人們認為是文殊菩薩的坐騎。至今在文殊菩薩的道場五臺山，還建有供奉狻猊的神廟，因其為龍之第五子，因此該廟也被稱為五爺廟。

坐在香爐上的狻猊。

迦葉的拈花一笑

佛經所說的迦葉，即為摩珂迦葉，摩珂在梵語中是「大」的意思，即為大迦葉。迦葉生於王舍城附近的婆羅門家，於釋迦牟尼成佛後第三年成為釋迦牟尼弟子，在八日內入阿羅漢果位。某日，大梵天王獻金婆羅花給佛祖，佛祖拈花靜默。眾佛陀不明其意，只有迦葉微微一笑。佛祖亦展笑顏：世間眾相皆虛妄，其中妙處自成一法，現傳給摩珂迦葉，遂將自己的金縷袈裟和缽盂傳與迦葉。因此故事，中國佛家將迦葉稱為「西天第一代祖師」。

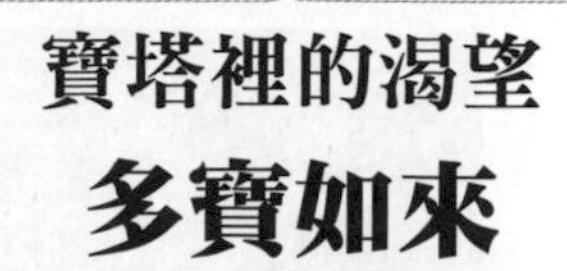

寶塔裡的渴望
多寶如來

在東方娑婆世界，有一位護持《妙法蓮華經》的菩薩，祂便是多寶如來。

多年來，多寶如來精心守護《妙法蓮華經》，並希望有人能夠對自己宣講這部高深的經文。《妙法蓮華經》是經中之王，其所述內容至高無上，所以一直等到多寶如來涅槃，也無人能宣講這部無上法經。

多寶如來遺憾不已，在生命的最後時刻，他許下宏大的願望：有朝一日娑婆世界舉行法華會場，他即便已入涅槃，也一定要前往。

隨即，多寶如來入滅，弟子們驚訝地發現，多寶如來在火化後，竟然留下了全身舍利。

弟子們崇尚如來的高深佛德，遂建立七寶塔，將多寶如來的全身舍利藏於塔內，供奉於佛寺中。

一天，釋迦牟尼佛準備在娑婆世界宣講《妙法蓮華經》，當日他剛開講了一會兒，空中便傳來雷鳴般的讚美聲：「善哉！善哉！釋迦牟尼世尊以眾生平等之理念為講經，確如經中所述眾生皆可成佛，世尊所授佛法果然妙哉！」

話音剛落，天邊轟隆隆響起雷聲。眾人都好奇地抬起頭觀望，不由得嚇了一跳。

原來天上並沒有打雷，而是移來一尊巨大的寶塔。這座寶塔高五百尺、寬兩百五十尺。塔身上下綴著金銀珠寶，連窗戶都是用琉璃製成，在塔上掛有無數瓔珞與寶鈴，因此寶塔散發出璀璨的光芒，還伴有悅耳的樂聲，彷佛在歡迎某位尊者從遠方的到來。

一時間，在場所有的佛門弟子都驚訝不已，因為他們已經認出這座佛塔是供奉舍利的佛塔，但不明白為何寶塔會浮現在空中，似乎並沒有菩薩去支配它。

儘管滿腹狐疑，大家還是覺得此番現象異常神聖，便趕緊對著佛塔朝拜。天上的雨神則連降三十三天曼陀羅花雨，百姓和妖魔也以各種方式來迎接佛塔的到來。

不過，眾人始終不明白這座寶塔為何會拔地而起，佛祖笑道：「這座塔裡供的就是多寶佛啊！祂涅槃後留下全身舍利，希望即便涅槃，也能在十方國土內出席法華經法會，因此才攜寶塔現身，聆聽經文。」

弟子們這才恍然大悟，有人提議想看一看多寶如來的法身。

佛祖回答道：「多寶佛在生前許過大願，要想讓祂的真身出現，必須讓講頌《妙法蓮華經》的這位如來聚集其在各個角落的分身。」

眾佛陀聽聞，內心又是激動又是欽佩，紛紛合掌請求道：「佛祖！我們也想看您在十方世界講經的法身啊！」

佛祖點頭。剎那間，一縷白色毫光從釋迦牟尼佛祖的眉間射出，於是眾人清楚地看見佛祖的真身散布在恆河沙數國中，那些分身得到感應，便對西方眾菩薩說：「我要去東方娑婆世界了，那裡有我的真身，還有多寶佛的寶塔。」

說完這些話，祂的分身就迅速來到娑婆世界，一起坐於蓮花寶座上。

多寶如來見願望即將實現，歡欣雀躍，讓娑婆世界在一瞬間變得清澈美妙，三惡道被趕出娑婆世界，在塵世間，琉璃鋪滿了地面，金銀珠寶累積得到處都是，地上長滿了掛著瓔珞和彩花的寶樹。

眾人頓時被多寶如來的神力所深深折服。釋迦牟尼佛打開寶塔的正門，讓眾生得以看到塔內的多寶如來。

只見多寶如來端坐於獅子座上，雙目緊閉，彷彿入定一般。儘管祂沒有睜眼，卻從腹中發出催促之音：「快講吧！我可是為聽《妙法蓮華經》而特地趕過來的！」

佛祖微微一笑，坐在多寶如來身邊，開始傳授經文。當經文講完後，釋迦牟尼佛大聲對弟子說：「我即將涅槃，今後請讓眾人常唸這部《妙法蓮華經》，如此才是真正的佛門弟子，才是對我和多寶如來的最大供奉。」

佛祖說完即涅槃，寶塔隨即關上，重新落回地面。人們感謝多寶如來為世間創造了財富，也為敬重釋迦牟尼，便經常誦讀《妙法蓮華經》，以紀念這兩位功德無量的佛祖世尊。

正說財神

多寶如來，又稱多寶佛，是《妙法蓮華經》的護持者。

佛經中說，信奉多寶如來能使人消除一切疾病和貧窮，事事順利，快速致富；死後不會墜入地獄道、惡鬼道、畜生道，而是會投向西方極樂世界。

唸誦多寶如來心咒，可以令持誦得聞者具足財寶，稱意所需，受用無盡。在儀規中持誦這個心咒，加持所燒元寶冥幣，以及加持水米，可以令所燒之物變為無量無邊之多，可以隨受者心意變化財物，從而使無量無邊的受供者皆得如意滿足所求財物。

多寶如來。

舍利是什麼？

舍利特指僧人涅槃火化後留下的結晶體，佛教認為，舍利是高僧生前功德與智慧的象徵，並無靈異成分，因此對舍利特別敬重。奇妙的是，若非高僧，一般人火化後均無舍利。即便科學家認為僧人長期食素體內產生可以形成舍利的微量元素，但全球的素食主義者若非佛門弟子，火化後也同樣不會產生舍利。

恆河之女
財源天母

在遙遠的無量劫前，「種光世界」裡有一位叫般若月的公主，公主美麗善良，一心供奉三寶，以一己之力供養著很多僧人。

後來，鼓音如來降生，信徒數量陡增，公主供養的佛門子弟更多了，但她無怨無悔，依舊每日盡心供養。

在種光世界裡，萬物的壽命都很長，公主活了一萬多年，供養了佛徒一萬多年，在她生命的最後一段時光裡，她知道自己將不久於人世，便安排後人繼續禮敬三寶。

眾佛徒非常欽佩般若月公主的善行，一起唸佛為她祈禱，希望她能轉世為男身，如此可早日修成正果。

公主笑著對眾人說：「你們不必為我擔憂，世間眾相皆虛妄，我並不在乎自己是男兒身還是女兒身。相反地，正因為自古以來以男身修成正果的人很多，以女身修成正果的卻很少，所以我願以女身渡化眾生，不到六界損毀，不改變初衷！」

鼓音如來讚賞般若月公主的美德，讓其轉生到三十三天。

三十三天又被稱為忉利天，是一個珠光寶氣的世界。在這裡，所有的建築都是用珠寶構成，連道路都舖滿了黃金和寶石。這裡的人們壽命有一千歲，人人豐衣足食，快樂健康的生活。

可是公主卻愁眉不展，時常掛念下界受苦受難的百姓。終於有一天，她無法再違背內心的責任，決心再度轉世渡化眾生。

某一天，人們驚奇地看到恆河中突然湧出一朵白色蓮花，隨著蓮花花瓣徐徐綻放，一個女子的美麗身影逐漸展露在人們面前。女子站起身，輕輕打開眼簾，長長的睫毛眨動如吹起夏夜微風，悠悠地撩動著大家的心田。

「神啊！恆河女神！」眾人驚呆了，紛紛下跪，對著恆河之女叩首祈禱。

「甘登拉摩！」有年長的智者高呼。

眾人皆跟著一起喊：「甘登拉摩！請賜我們財富和平安！」

甘登拉摩就是人們稱呼恆河之女的名字，她在甦醒後身披金光，端坐在蓮座上，右手施無畏印，左手持如意盆，盆內盛滿各種奇珍異寶。

她對世人說：「我乃財源天母，憐世間眾多疾苦，特來教誨你等。」

百姓聽聞，皆歡欣鼓舞，再對著財源天母連連叩首。財源天母輕輕一揚手，天空中竟紛紛撒下珍寶雨，無數金銀珠寶自空中落向地面，散發著耀眼的光芒。

人們對財源天母頂禮膜拜，為其建造法像每日供奉。從此，財源天母便常駐恆河畔，造福一方百姓。

財源天母。

財源天母，又被稱為寶源渡母、財續佛母，她是五路財神之佛母，專司人間的財富。

在佛教故事裡，財源天母是毗濕奴的母親，她嫁給月亮王國的福身王，生下的八個兒子，均是犯錯被貶下人間的天神。財源天母將前七個兒子扔進恆河裡，結果前七子均升天為神，輪到第八子毗濕摩時，福身王無法忍受，制止了財源天母的行徑。

此後，毗濕摩因同情般度族，甘願被殺，終使戰爭結束，也因此升天，成為印度人信奉的宇宙最高神——毗濕奴。

因傳承不一樣，財源天母有一面二臂和三面六臂兩種形象。

人們相信，財源天母能滿足信徒的一切願望，且能使人們富足豐饒。

信徒在信奉財源天母的同時，若能散財積德，便和財源天母一樣，修得正果。

什麼是三寶？

三寶就是佛、法、僧，後成為佛教的代名詞。佛寶指世尊釋迦牟尼佛；法寶指佛的一切教法，如三藏十二部經、八萬四千法門；僧寶指虔心修佛、以渡化眾生為己任的眾比丘。

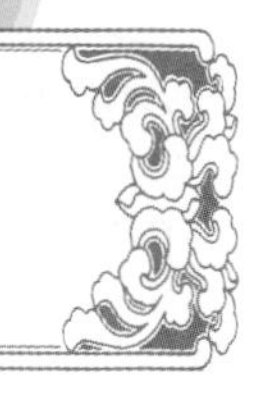

如願以償的願望寶石
蓮花生大士

中國歷史上有幾位傳播佛教的高僧，如玄奘和鑑真，他們為佛法的交流而殫精竭慮，而在古老的印度，也有一位僧人，他將密宗佛教引入西藏，帶動了整個西藏的佛教文明，他就是蓮花生大士。

在當時，有一個小國名為鄔金，國王印第菩提慈悲為懷，為了國民不斷佈施自己的財產，當他看到一個女孩的眼睛重傷之後，甚至將自己的雙目慷慨贈與。

上天似乎沒有因國王行善而給予他好運，國王唯一的兒子在一次打獵時，不幸墜下懸崖。國王悲痛萬分，向佛祖祈求安康。

可是這時災難再度降臨，旱災和饑荒讓整個國家民不聊生。國王已經沒有什麼財物可以佈施，飢餓的百姓只能啃樹皮和泥土來維持生計。

國王的心情壞到極點，他不顧親人的反對，決定獨自去深海探險，想向龍王求得一顆願望寶石來造福民間。經過千辛萬苦，他一路摸索著來到龍宮，向龍王說明來意。

龍王感嘆國王的奉獻精神，要送給國王很多珠寶。然而國王不要，只要龍宮的鎮海之寶——願望寶石。

一開始，龍王並不捨得，但龍宮裡的預言家對牠說：「國王是有善心的人，一定會得到神靈的幫助，將寶石給他，也是修行的一種方式啊！」

龍王這才將願望寶石送給國王。

國王小心翼翼地用布將寶石包好，放入懷中，踏上回國的路。

觀音大士見此情景，不禁心如刀割，她懇請如來佛祖救助鄔金國。

佛祖點頭，從心中射出一個「舍」字，投向遠方。此刻，一朵蓮花自丹那湖中冉冉升起，被金色「舍」字投射後，立刻發出彩虹般的七彩光芒。

在絢麗的光芒中，一個金光閃閃的小孩端坐在蓮花上，手握金剛杵和蓮花，模樣端莊可愛。國王正好路過丹那湖，他的雙目被光芒射中，竟奇蹟般地復明。

他發現了這個孩子，心生好感，問那孩子來自何方。

孩子撲閃著大大的眼睛，奶聲奶氣地回答：「我沒有父母，並不知自己為何來到這裡。」

這個孩子的出現激發了國王的父愛，他替這個孩子取名為「蓮花生」，帶回國，讓他成為鄔金國的王位繼承人。

此後的很長一段時間裡，鄔金國一直國泰民安，國王覺得是蓮花生為國家帶來了好運，因此對這個兒子特別器重，還安排他娶了鄰國的漂亮公主，準備將王位讓給他。

國王將願望寶石做為禮物給蓮花生，讓他去實現願望。

可是蓮花生卻回答道：「目之所及，都會是願望寶石。」他請父王攤開右手，國王好奇地照做不誤，結果發現自己的手心裡又出現一顆願望寶石。

於是，整個國家都認為蓮花生是佛陀轉世，對其頂禮膜拜，國王也急著禪位，這一切，並沒有讓蓮花生感到高興。

蓮花生想超脫這世間的諸多煩惱，想去修行，國王堅決不同意。蓮花生沒有辦法，只好在一次打獵時假裝失手，將箭射向一個大臣。不巧那大臣身子一側，箭矢正中心臟。大臣不治而亡，蓮花生因此被流放到荒郊野外，從此開始了艱苦的修行生活。

蓮花生大士。

蓮花生大士。

他在印度八個墓地修行，經常坐在屍體上冥想。當時他拜墓地裡的眾多空行母為師，學習智慧，接受灌頂。歷時五年，終於修成正果，化身為忿怒金剛。

後來，文殊菩薩的轉世降生西藏，成為赤松德貞王。

藏王二十歲那一年，西藏群魔作亂，藏王急忙派人去印度請蓮花生大師除魔。蓮師來到西藏後，渡化各種妖魔，並在西藏廣授佛法，終令青藏高原成為一方神聖的佛門淨地。

因蓮花生大師的卓越功德，藏族人民賦予他很多敬稱，如大師、大士、咕嚕仁波切、上師仁波切等，而通俗的稱呼為貝瑪迥內，意即蓮花生。

正說財神

蓮花生大士在八世紀後期入藏，成為藏傳佛教的開山鼻祖。

他組織建造了桑耶寺，是吐蕃時期最宏偉的建築，也是藏族文化史中最悠久的寺廟。

即便是傳統的寧瑪派，也尊蓮花生大士為祖師，該教派認為蓮師是阿彌陀佛、觀音大士、釋迦牟尼佛的化身，極力對外頌揚他的功德。

信徒認為，平時唸誦蓮花生心咒最少百遍的話，能令人見之歡喜，食物、財物、牛羊等，不勞辛苦，自然而得；唸誦千遍或萬遍的話，可以調伏他人，加持和力量迅速到來；唸誦十萬遍或百萬遍的話，能夠勾召三界並調伏三界、天魔，使之如僕人一般自動前來協助，四種事業迅速成就，對於利益所有眾生的心願具足無邊的力量；唸誦三千萬或七千萬遍的話，能與三世諸佛不會分開，與蓮花生無二無別，可以調伏天龍八部為護法。

何謂空行母？

空行母是智慧和覺悟的象徵，是眾生智慧的代表，分多種類型：按相貌分，有人形與獸面兩類；按願力與特質分，有本尊和護法兩類；按悟性分，則有出世間空行母和世間空行母之分。佛法中的佛母、度母、本尊明妃、金剛瑜伽母等均為出世間空行母，但空行母並無男女之分，因為密宗佛教認為，當修行者開啟淨光根本心後，便眾生平等，再無性別差異。

空行母。

滿足眾生所需
寶生佛

在恆河河畔，住著一位德高望重的修行僧人，他智慧超群，廣為人們所敬重。他有五百名弟子跟隨，這些弟子都是博覽群書、聰穎過人，但悟性始終有所欠缺。

某天，五百名弟子討論起什麼是世界上最珍貴的寶物，他們各抒己見，希望能找出一件珍寶，幫助自己功德圓滿、升入天國。

有的弟子說：「世界上最寶貴的，當然是金銀珠寶！水晶、琉璃、寶石、明珠，在任何地方都是又漂亮又珍貴。」

有的弟子不贊同，說：「那些都是死的，而且又不是僅此一件，活物肯定更貴重！像鳳凰、蛟龍、天馬、貔貅等神獸，世間罕有，你那些珠寶算什麼？」

另外一些弟子則對前兩種觀點嗤之以鼻，反對道：「沒有日月星辰，哪來萬物，你們要懂得感恩，陽光和雨露才是世間最寶貴的東西！」

每個人都有自己的道理，大家爭得面紅耳赤，卻始終得不出結論，只好去找師父評判。

高僧笑瞇瞇地聽弟子說明來意，點頭道：「你們說得都沒錯。南方世界有十六大國、八萬四千個小國，金銀珠寶、神獸神花、日月星辰都是珍寶，也是每個國家的吉祥物。」

弟子們不解其意，就請示道：「那麼，師父，還有沒有更珍惜的寶物，能幫助我們修為提升，在死後升入天界呢？」

沒想到這一問，連修為高深的高僧也犯了難，他想了又想，如實回答：「古往今來，還沒有聽說有這樣一件珍寶存在。你們可以去問一問遠處密林裡的一位出家人。他修行多年，如今正在菩提樹下靜思，據說他已經開六神通，若真如此，那他的智慧遠在我之上。」

於是，眾師徒就結成浩浩蕩蕩的隊伍，前往遠方密林求教。當他們來到菩提樹下時，一個個都驚訝到呆住了。

只見整棵菩提樹散發著耀眼的金光，在金光的中央，坐著一位慈眉善目的佛陀，他左手持金鈴，當眾僧靠近時，鈴鐺響起清脆的聲音，彷佛在歡迎眾人的到來。

眾僧心生崇敬之情，趕緊雙掌合十對佛陀敬禮。佛陀早已知曉眾人來意，將手輕輕一揮。

瞬間，弟子們先前所討論的各種珍寶一一呈現，地上鋪滿閃耀的寶石、鳳凰和蛟龍在天空盤旋、神花散發出令人心醉的香味、甘露滋潤著人們的心田。

眾僧驚嘆不已，可是等他們再度眨眼時，那些珍寶竟又離奇消失了。大家均發出驚呼聲。

佛陀笑著問眾人：「這麼多珍寶在，你們升天了嗎？」

「沒有！」大家慚愧地低頭，回答道。

佛陀又說：「我乃寶生佛，可生出世間所有珍寶，你們來找我，是為了追求那些奇珍異寶嗎？」

「不是！」眾僧急切地澄清，「我們是為了尋求升天之道而來，非追求世間財富。」

寶生佛微笑點頭，啟示道：「一念成佛，最珍貴之物並不在外物，而在你們自身。我有一套妙法傳給你們，只要日夜唸誦，必能修成正果。」

眾人一聽，滿心歡喜，願意追隨寶生佛左右，後來他們精進修持，果然成佛。

正說財神

寶生如來。

寶生佛是密宗尊崇的五方佛之一，是第三佛土南方世界的本尊，又被稱為「南方福德聚寶生如來」。

寶生，即為寶貴的源頭，「寶生佛」便意味著自己是寶貴之源。

他的手結滿願印，修法時，周身遍灑金光，眾生遇到這金光，所有願望都能得到滿足。

在佛教中，寶生佛坐在由八匹駿馬

馱著的月輪寶座上，右手持如意珠，左手持鈴。

藏語中，寶生的意思為「賦有榮光」，所以修行寶生佛之法是光榮的。因為寶生佛具有開啟覺悟的一切品行和能力，在港、澳、臺、新加坡等地備受推崇。

何謂五方佛？

又稱「五方如來」、「五智如來」，源自密宗金剛界思想，即東、南、西、北、中五方，各有一佛主持。分別是中央的大日如來、東方阿閦佛（另說藥師佛）、西方無量壽佛、南方寶生佛、北方不空成就佛。

中央的「大日如來」原梵音譯是「摩訶毗盧遮那」，「摩訶」是「大」，「毗盧遮那」是「光明遍照」，翻譯後成「大日遍照」或「大光明遍照」，故中文稱為「大日如來」。指佛法如大太陽遍滿照耀宇宙萬事萬物之意。

「阿閦佛」的「阿」是梵音，譯為「不動」、「無動」或「無怒」，所以有時又稱「不動佛」。

「無量壽佛」就是「阿彌陀佛」，「阿彌陀」是梵音，譯成漢語就成了「無量光」或「無量壽」。

「不空成就佛」是能使一切眾生都能解除惑業、煩惱，成就大願，從不落空。

而「寶生佛」則能聚集福報，悉能生如意寶。

修行五方佛各有用處，能清淨人的貪、嗔、癡、慢、疑這五種慾望，提高智慧，增加財富與功德。

五十三次參訪終成大器

善財童子

在觀世音菩薩身邊，有一位模樣白淨可愛的童子，祂雖然不是佛教中的主神，卻有一種神力——招財進寶，因此得到了無數人的喜愛，祂就是善財童子。

相傳，在古印度有一座福城。某一天，城中的首富在晚年迎接了自己的第一個兒子到來。他興奮不已，正要吩咐僕人開倉放糧，來慶祝這一件喜事，緊接著，更大的驚喜發生了。

只見孩子剛一啼哭，富翁家中就多出一些奇珍異寶，有些珍寶甚至是富翁行商多年都難得一見的至寶。富翁又驚又喜，忙請占卜的婆羅門過來觀看。

婆羅門一看男嬰的容貌，連連向富翁賀喜：「恭喜，恭喜！這孩子有大福大德之相，不妨給他取名為善財童子！」

富翁一聽也很開心，忙不迭地點頭道：「善財，好名字！就叫他善財吧！」於是，「善財」這個名字就在城中傳開了。

善財天資聰穎，一歲能說話，三歲能讀書，等稍大一些的時候，他開始幫助父親打理生意。富翁覺得善財是上天賜給自己的珍寶，對這個兒子疼愛有加，還把善財出生時的事情講給他聽。

當善財聽說自己能招財後，陷入深思。富翁以為兒子被嚇壞了，就不敢再說下去。

第二天，善財對父親說，既然自己能招財，不如到各地去搜尋世間各種珍寶，來救助那些貧苦的百姓。

富翁聽兒子說要離家出走，不肯答應，命僕人嚴加看管善財，以防他撇下家人奔向遠方。

文殊菩薩。

可是，善財不改初心，他四處聆聽聖人的演講，希望能找到尋寶的方法。他聽說福城東部的娑羅林中有一處大塔廟，廟內供著能提升智慧的文殊菩薩，就立刻帶上行李，去向菩薩禱告。

富翁非常著急，命三個僕人跟蹤善財，在必要時將他帶回家。善財毫不知情，深一腳淺一腳地抵達寺廟。當他來到文殊菩薩法像前的那一剎那，菩薩的法身忽然發出金色光芒，接著，真正的文殊菩薩出現在善財面前。

善財驚訝萬分，忙施行敬拜之禮，問菩薩：「我想學習救助百姓的方法，請菩薩給我啟示。」

菩薩為善財的善心而讚嘆不已，教誨道：「你只有行菩薩道，才能普渡眾生。」

這還是善財第一次聽說有渡眾生的辦法，他非常高興，就問菩薩該如何行菩薩道。

文殊菩薩微笑道：「最基本的方法，就是去各地參訪善知，學習他們的長處，摒棄他們的短處，且不能挑剔他人的過失和缺點，才能覺悟。去吧！你必將成為人間永久的善童子！」說完，菩薩身上的金光消失了，文殊菩薩再度成為一尊佛像。

在善財身後的三個僕人目瞪口呆，以致於善財從他們身邊經過時，他們都紋絲不動。

從此，善財按照菩薩的指示開始遊歷參訪。

他的第一站是南方的勝樂國。在那裡，他參訪了德雲比丘，對佛法的偉大有了更深的體會，發誓願一生追隨佛法。隨後，他又跋山涉水去參訪不同身分的人。

在參訪了五十三位善知識之後，他在普陀洛迦山再度遇到文殊菩薩。文殊菩薩對善財童子的修行非常滿意，收善財童子為身邊的侍童。從此，善財童子便為世間廣散錢財，真正實現了他的救世願望。

正說財神

佛經中說，善財童子出生在文殊菩薩曾住過的福城，是五百童子之一，他雖能招來財富，卻視金錢為糞土，一心為民造福。

也有傳說稱，善財是南海觀音的童子。

《南海觀音全傳》中寫道，觀音讓土地公等眾地仙假扮土豪對他進行毆打，假裝逼其墜崖，善財為證明他與佛同在的誓言，毫不猶豫地與觀音一同向山崖下墜去，終於贏得觀音信任，修成正果。

中國民間流傳的善財童子梳有兩髻，頸項戴如意金鎖，左手持蓮花，右手拿寶葫蘆，臉色紅潤，嘴角含笑，是一個惹人喜愛的男孩模樣。

善財童子。

何謂菩薩道？

佛認為，渡眾生是自己的一種事業，所以若想成菩薩，除了自修自度外，還須普渡眾生。而行菩薩道也不是簡單的修行，這要求修行者必須有慈悲心、持久的渡化和堅定的信念，如此才能成正果。

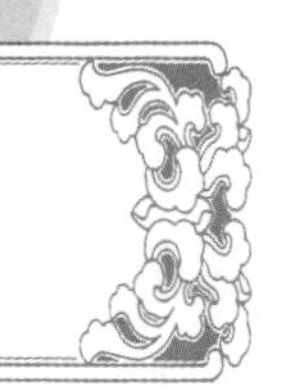

被迫降臨凡間的財神
多聞天王

很多佛教故事中都會出現「四大天王」，同時伴有戰爭場面，讓人們誤以為四大天王是戰神。其實，四大天王是佛教的護法神，其中，北方護法多聞天王，更是一位財富的守護神。

多聞天王原本住在神聖的須彌山上，後來祂經常出現在民間，為凡人佈施財物。不過，和其他財神不一樣的是，多聞天王這位財神當初來凡間的時候，並不心甘情願喔！

話說，當年四大天王閒來無事，想去觀世音菩薩的道場普陀山遊歷一番。普陀山被世人稱為「海天佛國」，那裡不僅充滿仙氣，而且景色宜人，令四位天王樂不思蜀、流連忘返。

走著走著，四位天王的肚子都咕嚕嚕地響起來，祂們這才發覺已經很長時間沒吃飯了。正巧，前方紫竹林裡飄出一縷炊煙，四神大喜，忙奔進竹林。

呈現在四天王眼簾裡的，是一座茅屋，屋門開著，一位衣著樸素的婦人正在灶邊生火做飯。四天王嘴饞得口水直流，對婦人略一行禮，請求道：「請施捨點飯給我們吃吧！」

婦人轉身，展露出一副傾國傾城的容顏，她笑著請四天王進屋。

四天王一看這屋子僅到祂們腰部，不由得犯了愁，心想，這可怎麼進去啊！

婦人抿唇一笑，催促祂們：「沒有關係，你們進來好了。」

四天王為了能吃飯，只好彎著腰往門裡鑽。神奇的是，四人居然越變越矮，最後全都進入屋內。

就在天王們面面相覷的時候，婦人招呼祂們道：「我還要做菜，你們先盛飯吧！」

黑面天王飢渴難耐，第一個衝上前去揭鍋蓋，誰知祂使了半天勁，竟然揭不開。白臉天王見形勢不對，便去幫忙，不料祂的手一沾到鍋蓋上，也使不上半分力氣。後面兩位紅臉和黃臉天王不信邪，一起發力，可是這鍋蓋彷彿有神力似的，牢牢地將四天王的手黏住，硬是不動分毫。

四天王憋得滿臉通紅，這才知道那婦人不是普通人，搞不好就是觀世音菩薩，便苦著臉一起向婦人請求道：「還請菩薩開恩，放我們一馬！」

婦人微微一笑，渾身散發出白色的光芒，恢復成觀世音菩薩的真身。

觀世音菩薩端坐在蓮座之上，笑道：「祢們是有名的四大天王，怎麼連一個鍋蓋都揭不開呢？」

四大天王均愧疚不已。

北方多聞天王見觀世音菩薩沒有施法解救祂們的意思，就請求道：

「觀世音菩薩，我願意從此來到人間，佈施財富於凡人，解救百姓於苦難中，請菩薩開恩，放過我們吧！」

觀世音菩薩這才面露喜色，施禮道：「善哉！善哉！以後祢不得食言，要謹記為凡間佈施財物！」說完，觀世音菩薩連同房子一起消失了。

四大天王全都撲倒在地上，祂們忙不迭地擦拭著頭上的汗水，仍舊驚魂未定。

因為立下了誓言，多聞天王從此就時常在人間逗留，為世人廣散財物，祂的善行也得到了百姓們的稱讚，紛紛建立天王殿，對祂進行祭拜。

正說財神

多聞天王。

在古印度教中，多聞天王被命名為施財天，可見其在最開始就成為財富的施予者。

相傳，祂常聽佛祖說法，所以後來被稱為「多聞」。

多聞天王是印度財神吉祥天女的哥哥，是多寶佛在北方的化身，也是金剛手菩薩的部將。

祂神情肅穆，自有一種合理分配

世間榮華富貴的威嚴。持有的寶傘既是伏魔的武器、調節人間雨水的工具，也是能滿足世人願望的法器。祂左手托著的銀鼠能吐出無盡財寶，坐騎紅鬃白獅子不僅能口述佛法，還能吐出奇珍異寶，也是一隻吉祥神獸。

在藏傳佛教裡，祂被人們親切地稱為「財神朗色」。

多聞天王在中國的知名度遠高過其他三位天王，唐玄宗就曾聲稱多聞天王幫助朝廷大破蕃軍，於是多聞天王被人們敬為戰神，至宋元以後熱度才消退。而後，民間對其形象進行加工，使其成為托塔天王李靖。

四大天王

佛教認為，世界的中心是須彌山，東方持國天王是樂神，住在須彌山黃金埵，手持琵琶，護衛東勝神洲；南方增長天王是智慧神，住在須彌山琉璃埵，手持寶劍，護衛南贍部洲；西方廣目天王是覺悟神，住在須彌山白雲埵，手纏神龍，護衛西牛賀洲；北方多聞天王是福德神，住在須彌山水晶埵，護衛北俱盧洲。

四大天王。

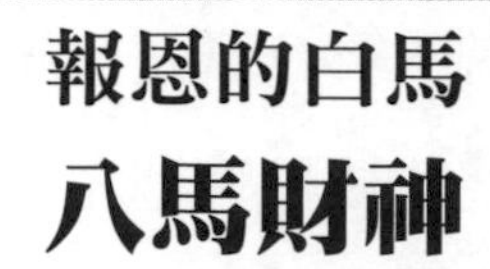

報恩的白馬
八馬財神

在佛教故事裡，有些佛陀擁有眷屬，那些眷屬與佛陀一起為凡間排憂解難，享受著世人的敬仰。

財神多聞天王的眷屬比較奇特，是八位騎在馬背上的神仙，被稱為八馬財神。

關於八馬財神，還有一個有趣的故事：

在中國古代的北方草原，有一群牧民，他們逐水草而居，日子過得十分艱辛。其中有一戶遊牧家庭特別貧窮，女主人多年臥病在床，孩子身體也很虛弱，男主人每天辛勤放牧，仍解決不了生計問題。

有一天，男主人像往常一樣趕著羊群去放牧，在回家的途中，他意外發現了一匹髒兮兮的白馬。那馬已經餓得皮包骨，當男人將牠從泥地裡拉出來時，發現這匹馬不僅腿瘸，眼睛還是盲的。

男人不禁替白馬憂傷起來，覺得這世間竟有比自己更悲慘的生靈。他取下瞎馬頭上的韁繩，將沾滿泥漿的繩子擦拭乾淨，頓時驚訝地發現，韁繩上繡著金色的絲線，那絲線在夕陽的照射下發出熠熠的光彩。

男人覺得，既然能佩戴這樣名貴的韁繩，這匹馬一定來自大戶人家，就算馬現在殘疾了，也許牠的主人正為找牠而焦急萬分呢！

可是他等了好久，也不見人來找馬，就決定先將馬帶回家飼養。

當他牽著馬慢慢往家裡走的時候，忽然聽見白馬開口說話了：「謝謝你救了我，我一定會報答你的！」

男人以為自己產生了錯覺，他好奇地望向白馬，可是白馬再也沒有發出聲音。他也就沒有多想，繼續帶著白馬前行。

回到家後，男人將發現馬的經過告訴了妻子。妻子一句話也不說，把丈夫帶到廚房裡，指著空鍋跟他說：「家裡已經揭不開鍋了，你還要養馬做什麼？不如把馬吃了吧！我們的孩子已經好幾天沒吃飽飯了！」

男主人一聽，眼淚刷地淌了下來，他抱著妻子，哽咽道：「這是別人的馬，我們不能昧著良心做壞事啊！」

夫妻二人抱頭痛哭了一場，最終達成共識，把這匹失明的白馬先養著再說。

時光如梭，一晃三年過去了。

一天深夜，白馬突然又開口對男主人說話了：「承蒙您的照顧，我本是八馬財神之一的阿丹，因觸犯佛法，被如來貶下凡間接受處罰。如今，我虔心悔過，已

八馬財神是八位環繞在多聞天王左右的財神 。

八馬財神。

被如來原諒，即將重返極樂世界。您的恩情我無以為報，只有帶您去天界遊玩一番，您看如何？」

男人一聽，又驚又喜，欣然應允。白馬讓男人閉上雙眼，他趕緊照辦。

他聽到耳邊吹過嗖嗖的冷風，待睜開雙眼時，發現自己已身處雲霧繚繞的仙境之中。

此時，他身邊正矗立著一位騎著白馬的白衣神仙，而他的對面，又走來七位騎著不同顏色駿馬的神仙。這八位神仙對著男人拜了一拜，溫和地說道：「吾等乃八馬財神，今受恩人照拂，重新歸位，且送你白玉權杖，授你招財咒，保你一生財富滿門。」

男人正在驚訝之際，忽聽耳邊響起一聲咒語，便急忙記在心中。緊接著，他驟然從空中掉落下去，很快陷入無邊的黑暗中。

男人以為自己必死無疑，誰知當他醒來時，發現自己竟安然地躺在草地上，只是手中多了一柄白玉權杖。

他回想起八馬財神所教的咒語，就唸了一下，頃刻之間，天上的白雲紛紛墜入草地，變成了金光閃閃的錢幣！

男人欣喜萬分，對著天空磕頭叩拜，感謝八馬財神的恩賜。

從此，他靠著金幣，讓一家人過著豐衣足食的生活。

正說財神

八馬財神是八位環繞在多聞天王左右的財神，祂們各自騎著與自身膚色相同的駿馬，渾身珠光寶氣。

按方位命名，東財神騎黃馬，名叫黃雜母巴拉，右手持各色珍寶；南財神騎黃馬，名叫黃崗巴桑布，右手持寶瓶；西財神騎白馬，名叫白諾布桑布，右手持摩尼寶珠；北財神騎黑馬，名叫醜身，右手舞利劍；東南財神騎黃馬，名叫黃色羊達希，右手持金刀；西南財神騎黑馬，名叫措聶，右手持長矛；西北財神騎白馬，名叫阿丹，右手持樓閣；東北財神騎白馬，名叫白色絳布奇瓦，右手持盾。

這八位財神均左手持能吐天下財富的吐寶鼠。

摩尼寶珠

摩尼寶珠又叫如意珠，是一種能變出各種珍寶的珍貴法器，據說它在摩羯魚的大腦中孕育而成，除了能招財外，此寶珠還具有祛病消災的功能。

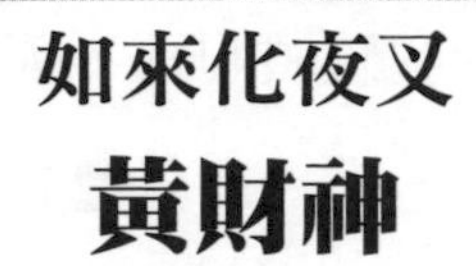

如來化夜叉
黃財神

在藏傳佛教中，有一位至高無上的財神，祂有八大眷屬，連多聞天王都是祂的眷屬之一，祂的名字叫黃財神。

為何黃財神有如此大的聲望呢？因為祂是南方寶生如來的化身，具有無上功德。

如來之所以會變身黃財神，還要從無量劫前說起。

當年，迦屍國國王為慶祝母后壽辰進行狩獵，在密林中看到一群正在吃草的鹿，為首的一隻白鹿通體雪白，十分美麗。

國王十分高興，他按捺住欣喜，舉起弓箭想射殺那隻白鹿。孰料，箭離奇射偏，正中白鹿旁邊的一隻懷有身孕的母鹿，母鹿當場斃命。

白鹿不是普通的鹿，牠已修行八百年，是一隻鹿精。鹿精立下毒誓，要化為夜叉毀滅迦屍國，然後毅然跳崖而死。

鹿精的魂魄投胎後，果然成為一個面目猙獰的夜叉。牠日夜修練，伺機報仇。一次，牠進入迦屍國王宮，想殺死國王，不料國王有釋迦牟尼佛祖的寶印護身，夜叉無法靠近。

夜叉大怒，將怒氣都出在迦屍國的百姓身上，牠濫殺無辜，成為當地人聞之色變的妖魔。

國王大為頭痛，想盡一切辦法阻止夜叉，無奈夜叉魔力深厚，無法驅趕。這時，有高僧給國王出主意，讓他去請釋迦牟尼佛主持正義，國王只好命人快馬加鞭去請佛祖現身。

夜叉聽說佛祖要來迦屍國，恨得牙根癢，牠心生一計，於佛祖的必經之地化為一個病重的比丘，圖謀趁佛祖不留意的時候施加毒手。

幾日之後，佛祖果然來到。

夜叉側臥在潮濕的草地上，口中發出呻吟之聲，似乎命不久矣。

佛祖知道這個比丘是夜叉，但沒有點破，依舊上前關切地詢問：「敢問施主發生了什麼事？」

夜叉哼哼唧唧，裝出有氣無力的樣子說：「我又冷又餓，快死了！快救救我！」

佛祖取下身上的袈裟，蓋在夜叉身上，然後去撿木柴，預備生火做飯。夜叉暗喜，想伺機襲擊佛祖，哪知無論牠怎麼努力，身體竟不能動彈分毫。

佛祖仍就是一無所知的樣子，在夜叉身旁點燃火堆，煮了一鍋粥，端給夜叉喝。

夜叉不得不接過盛粥的缽盂，頓時，一股清香衝入牠的鼻腔，令牠心頭一震。佛祖等夜叉把粥喝完，就開始唸誦佛經，夜叉聽後竟心生戀戀不捨的感覺。

此後一連數日，夜叉都在聽佛祖講經，不知不覺忘了要復仇的事情。最終，牠被佛祖感化，願意皈依佛門，從此靜心修持，希望能早日證菩薩道。

佛祖哈哈大笑，對夜叉說：「我早就知道你的身分，只是為了點化你而沒有說破。你其實是寶生如來的化身，心中早已善根深種，希望你能早日修得佛法，升入天界。」

夜叉感激不已，對佛祖施以大禮。從此，牠不再作亂，果真開始修行。

可是，迦屍國的百姓早對夜叉恨之入骨，他們知道夜叉的模樣，就將在山洞修行的夜叉抓了起來。百姓們的憤怒聲響徹天際，他們一致認為，唯有將夜叉燒死才能解心頭之恨。

於是，眾人將夜叉置於火堆之上，然後一把火點燃。

令他們驚訝的是，雙掌合十的夜叉並未發出一句呻吟，彷彿早已圓寂一般。當沖天的火焰逐漸平息時，一道金光從灰燼中升空，一位手捧吐寶鼠、周身金黃的佛陀端坐於眾人頭頂，威嚴而又和善地說道：「眾生不必難過，我乃如來之化身，迦屍國子民遭此劫難，必有福報！」

話音未落，祂手中的吐寶鼠吐出漫天財寶，宛若一場華麗的珠寶雨，令眾人驚喜萬分。

當人們得知事情的原委後，就敬稱這位佛陀為黃財神，還為祂建造寺廟，對祂進行供養。

正說財神

黃財神在藏傳佛教中被稱為藏拉色波，是五姓財神之一，更是諸財神之首。

黃財神。

在漢傳佛教中，黃財神又被稱為「寶藏神」。

據說，修持黃財神法，能保佑修行者衣食無憂，且能延年益壽、增長智慧。不過，修持此法對修行者的要求也頗高，要修行者不能有貪、嗔、癡等慾望，否則會被降罪。

黃財神通體呈現黃色，坐於藍蓮花上，神情威嚴，祂袒胸露腹，戴著鑲有珍寶的各種首飾，左手提吐寶鼠，右手持如意寶珠，能使眾生脫貧致富、財源廣進。

五眾

佛教出家者有「五眾」，即：比丘、比丘尼、式叉摩那、沙彌、沙彌尼。比丘指和尚；比丘尼指尼姑；式叉摩那是比丘尼以前的稱呼；沙彌指已受十戒，但未受具足戒，年齡未滿二十歲的男子；同樣，沙彌尼指已受十戒，但未受具足戒，年齡未滿二十歲的女子。

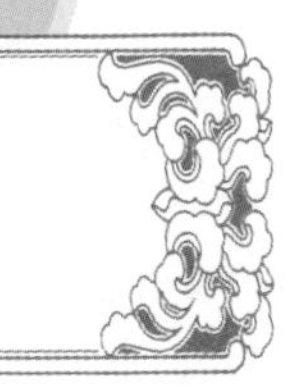

觀世音菩薩的眼淚
白財神

藏傳佛教中有「五姓財神」，即黃、白、黑、紅、綠財神，其中白財神與觀世音有著奇特的緣分。

早在九百年前，印度的阿底峽大師做為苦行僧四處雲遊修行。某天，他經過印度的普陀山，驚愕地發現前面的道路上竟然躺著一個快斷氣的乞丐。

大師趕緊問乞丐發生了什麼事，乞丐虛弱地求助道：「我好多天沒吃東西，快餓死了，請發發善心，給我點吃的吧！」

可是大師以艱苦修行為根本，身上並沒有食物，他見形勢危急，就安慰乞丐道：「你先不要著急，前面有一個村莊，我立刻去化緣，很快就會有食物的！」

可是，乞丐卻垂下眼簾，眼中一片黑暗：「不用了，我知道村莊在很遠的地方，等你回來時，我已經死了！」

這個乞丐的可憐模樣激發了大師的慈悲心，阿底峽大師心一橫，取出刀子割下大腿上的一塊肉，對乞丐說：「你先吃這塊肉，我現在就去村莊給你找點食物來。」

孰料，乞丐對這塊肉竟然看都不看，聞也不想聞。他緊閉雙目，流著眼淚說：「我不能吃你的肉，你是一位尊者，吃你的肉會讓我下地獄的。我不害怕死亡，但我聽說若生前犯下罪行，死後會在地獄中承受巨大的痛苦，我絕不會為了延長壽命而做出下地獄的事情！」

大師大為驚訝，他極力想說服乞丐，就告訴他：「你理解錯了，殺生才會下地獄，是我主動將肉割下來給你的，你完全沒有作惡，不會受到懲罰的！」

然而，無論大師怎麼勸說，乞丐始終不肯睜開雙眼，只是他的眼淚越流越多，似乎已經做好死亡的準備。

大師見狀，心中哀痛不已，他沒想到自己居然要眼睜睜看著世人死去，心中不由得生出強烈的不捨。他合上雙掌，一遍又一遍地祈禱觀世音菩薩降臨人世。

數不清是多少次祈禱後，大地忽然劇烈振動，天空飄來五彩祥雲，美妙的音樂聲自大師頭頂響起。大師內心狂跳不止，睜開眼睛，發現托著淨瓶、身著白衣的觀世音菩薩就在他眼前！

大師不禁淚流滿面，對觀世音菩薩講述剛才的事情。

大慈大悲的觀世音菩薩也深受感動，淚水奪眶而出。一剎那間，觀世音菩薩左眼流下的淚水變成一個通體碧綠的度母（多羅菩薩），而她右眼的淚水則變成一個坐在龍王身上的白財神。

菩薩早已知曉事情經過，祂神情肅穆地對觀世音菩薩說：「讓我來幫助眾生脫離貧苦吧！」

觀世音欣慰地點頭微笑，對阿底峽大師說：「這位是白財神，若

白財神。

向祂祈福，祂就能滿足你的一切願望。」說完，觀世音菩薩就駕著祥雲離去。

大師趕緊對著白財神進行祈禱，白財神並沒有食言，祂變出了很多珍寶和珍饈，乞丐因此撿回了一條命。

就在這善行的佈施過程中，白財神為阿底峽大師進行了神聖的灌頂儀式，自此，大師成為白財神修法的人間傳承者，而白財神的信仰也開始在人間流傳開來。

正說財神

從上述故事中可知，白財神是觀世音菩薩的慈悲化現，祂在藏語中又名「藏拉噶波」，是很多寺廟中供奉的菩薩之一。

白財神以遊戲的姿態坐在一條飛馳在蓮花月輪上的龍背上，所以也被稱為騎龍布祿金剛。祂的身邊圍繞著很多空行母，象徵智慧和財富並行。

白財神金剛怒目，頭頂還燃有象徵憤怒的火焰，但與祂的憤怒形象相反的是，祂帶給人們的是溫暖的財富與福報，祂的佛法也因此被世人所修持傳遞。

何謂灌頂？

灌頂是密教儀式，灌謂灌持，表示諸佛的護念、慈悲；頂謂頭頂，代表佛行的崇高。由一位資質深厚的上師設立本尊壇城，然後以水或醍醐灌灑修行者的頭頂，象徵驅散修行者的罪行與煩惱，為修行者注入智力，達到高深的覺悟境界。

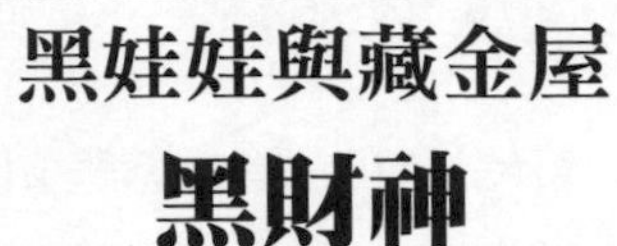

黑娃娃與藏金屋
黑財神

密宗佛教將世界分為五處，每處都供著一個如來，不過，每個如來都有無數個化身，化身之一便是財神。

東方的不動如來，祂的化身之一就是黑財神。不過黑財神在佛教故事中初登場時，模樣十分可愛，是一個頭大肚大的黑娃娃。

在古印度，有一個很小的國家，該國位於崇山峻嶺之間，生存條件非常惡劣，經常會遭遇雪崩、土石流等自然災害，而且資源非常稀少缺乏，人民過得十分艱苦。

禍不單行，北方的雪魔看中了這個國家，想將這裡變為自己的領地。於是，那個冬天，大雪連綿不斷，百姓們蜷縮在家裡，吃光了糧食，只能躲在單薄的被褥裡取暖。

該國的國王非常苦惱，他想盡一切辦法去救助百姓，可是災害實在太大了，國庫裡的錢財都用盡，人們也無法擺脫痛苦的劫難。

國王感到徹底絕望，他無顏面對被凍死的子民，決定一死來解脫自己被譴責的靈魂。於是，他祕密立下遺詔，將後事打點好，與自己的妻子、兒女見了最後一面，然後離開皇宮，步履蹣跚地奔向遠處的深湖。

天地間飄灑著白茫茫的雪，一切都是那麼純美，國王的眼眶裡也流下了清澈的淚水，他來到湖邊，最後一次在心中祈禱，希望神靈能救助這個處於絕望邊緣的國家。

當他睜開眼睛時，發現水中竟然跳出一個渾身黝黑的小娃娃。小娃娃胖嘟嘟的，一絲不掛，樂呵呵地對著國王笑。

國王呆住了，他忙對著男孩招手，催促道：「快到我這裡來！你會被凍死的！」

誰知，小娃娃調皮地搖搖頭，對國王嘻嘻一笑，說：「我有致富之法，能助你國早日擺脫困境。不過你需要修行六個月，這個方法才能見效。」

國王半信半疑，畢竟對方只是個小孩子，說的話怎能當真？

彷彿明白國王心意似的，黑娃娃用手一指，湖邊立刻出現一座水晶屋，房屋的四壁晶瑩剔透，能窺見屋內簡單的陳設。

國王這才知道這個黑娃娃有神力，趕緊向對方施禮，然後進入水晶屋內修行。

他一連修行了兩個月。每天，黑娃娃都會過來送一餐給國王，而國王則會在吃飯的時候觀察外面的動靜。

他失望地看到，屋外始終是銀裝素裹，一點雪停的跡象也沒有。悲傷的潮水再度淹沒他的心田，國王再度萌發自我了斷的想法。

於是，他走出屋子，向湖邊走去。就在他剛抬腳想踏入湖水中的一剎那，黑娃娃叫住了他。「你為什麼要自盡呢？你的修行已經達到

黑財神。

一定成就了！」黑娃娃勸道。

國王不相信，黑娃娃便邀請他進入水晶屋一探究竟。

儘管覺得沒必要，國王還是抱著最後一絲希望步入屋內，當他剛一進屋，耀眼的光芒立刻充斥了他的視野。他驚喜地看到，目之所及，全是珍貴的金銀珠寶。

「我沒騙你，你還是好好修行吧！」黑娃娃笑瞇瞇地說完，就消失了。

國王不再猶豫，繼續努力修持，六個月後，雪果然停止，人們逐漸安居樂業起來。

後來，國王將黑娃娃的財神法傳給本國百姓，大家一同唸誦此法，使國土充滿祥瑞之光，雪魔無法抗拒這股神聖之光，只得憤恨地逃走了。

人們為了紀念黑娃娃，就將祂稱為黑財神，認為祂是一位祛災招財的菩薩，能保佑人們幸福安康。

正說財神

黑財神在藏語中被稱為「贊布綠那布」，祂是由古印度財神庫別拉演化而來的財神，密宗認為，黑財神具有立即施財的神力，因此有些地區甚至稱祂為財神王。

黑財神身形矮小而圓潤，紅髮黑膚，額頭中央長有第三隻眼睛，祂左手持吐寶鼠，右手托嘎巴拉碗，口含寶珠，象徵祂能招來世間一切財富。

神奇的是，黑財神的腳下並非神獸，而是一個黃膚色的赤裸男人。據說這個男人以前是魔鬼，後被黑財神收服，成為了能帶來財富的神仙。

嘎巴拉碗是什麼？

在西藏，有一些修行有成的喇嘛在臨終時會立下遺願，請求死後將自己的頭蓋骨做成骷髏碗，做為灌頂儀式的法器，這種法器就叫做嘎巴拉碗。

觀世音巧治暴脾氣
紅財神

在藏傳佛教的重要宗派薩迦派中，供奉著一位功德無量的財神，祂就是紅財神。

紅財神在印度教中名為大自在天，祂是毀滅之神濕婆神的兒子。濕婆神在每一個宇宙末期，都會一邊跳著神聖的舞蹈，一邊讓祂額頭中央的第三隻眼睛噴出火焰，燒毀世界。

濕婆神。

有了這樣一位父親，大自在天的脾氣也好不到哪裡，動不動就情緒失控。當祂發怒時，所有人都會知趣地避開祂，因為從祂口中噴出的火焰能令世間萬物荒蕪一片，因此祂也被人們稱為「大荒神」。

大自在天的母親雪山女神勸告兒子：「祢不要光學祢父親的缺點，不妨學學祂艱苦修行的精神，或許可以令祢恢復心靈的平靜。」

可是大自在天不喜歡母親的說教，最後乾脆遠離母親，去外面的世界遊歷起來。

祂每到一處，只要一著急，心裡的火氣就會上來，眼前的所有皆會被大火化為灰燼。時間一長，大自在天的皮膚呈現出火紅色，更顯得面目猙獰。

雪山女神沒有辦法，只好請愛神伽摩為兒子施展愛咒。

伽摩手執蜜糖、蝴蝶和蜜蜂做的弓，搭上用玫瑰花做成的箭矢，對著大自在天的心臟射了一箭。大自在天當即大叫一聲，暈了過去。等祂醒來後，暴躁脾氣依然沒有改變，只是心中從此充滿了愛慾，對人世間的美麗女子滿懷愛慕之情。因此，祂又開始劫掠漂亮的姑娘，再度犯下嚴重的罪行。

就在人們聞之色變、一籌莫展之際，有一天，一個比人間的女子漂亮數百倍的姑娘來找大自在天。

大自在天一見這個姑娘，眼珠瞪得差點掉了下來。祂感慨地想，我走了這麼多地方，還從未見過如此好看的女人！祂被這女子迷得神魂顛倒，竟控制不住自己的衝動，上前去抱對方。

女子身形如蝶，輕巧地避開祂的雙臂，笑盈盈地問：「祢想抱我也可以，但祢得答應我，從此以後要靜心修持佛法！」

大自在天完全忘了思考，只是一味地點頭，連連承諾：「好的，我答應！」

女子抿嘴一笑，投入大自在天的懷抱。說來也奇怪，自從跟這個女子擁抱後，大自在天的心境開始平和起來，對佛法突然心生一種久違的親切感，終於心有所悟，皈依佛門。

所有人都皆大歡喜，因此稱大自在天為「大聖歡喜天」。

修成正果的大聖歡喜天便和觀世音菩薩一起，降珍寶甘霖於世間，為世人造福，再也沒有發生任何狂暴的舉動。

正說財神

印度教不似佛教，該教派崇尚人性，並不忌諱男女之事。當初，佛教從印度教的本土中誕生，為了盡快融入本土，逐漸吸收印度教的一些宗教法規。因此，儘管佛教主張禁慾，一些菩薩仍保留印度教的形象，呈現男女相擁的模樣。

紅財神。

比如，流傳到藏族地區的紅財神，祂膚色發紅，有著三隻眼睛，懷中抱著明妃，而明妃與本尊的形體相似，二神手中都拿著盛滿甘霖的嘎巴拉碗。

據說，修持紅財神法，能獲得紅財神的庇佑，也能使自身的條件得到改善，從而財源滾滾，而修行者的發心越真誠，所獲得的回報也就越高。

明妃的特殊意義

在密宗佛教中，有些高級的男性修行人會有在精神和肉體兩方面俱存的異性修行者──明妃。明妃可以是神話人物，比如佛母、度母、空行母等，也可以是長相靚麗的女性。據說明妃與本尊雙修，能增長彼此間的慈悲和智慧，也能提高解救他人的能力和功德。

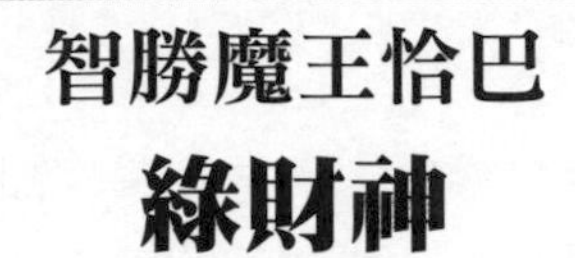

智勝魔王恰巴
綠財神

自古以來，人們追求事業的腳步從未停止，因此道教中有一位祿星，而在藏傳佛教中，也有一位綠財神，是保佑人類事業的福星。

在古老的象雄國，有六大家族，其中一個叫「幸」的家族掌管著象雄國的軍政大權。

某年的正月十五，象雄國王子誕生，當他呱呱落地的時候，天空射出五色彩光，無數鳥兒飛向高空，齊聲歡鳴，五顏六色的花朵紛紛綻放，呈現出一派欣欣向榮的景象。

象雄國子民驚異萬分，認為是王子帶來了異象，就虔誠地跪倒在地，口中直呼：「幸饒彌沃！幸饒彌沃！」饒是豐饒富裕的意思，彌沃是聖人的意思。

就這樣，王子從出生起就有了「幸饒彌沃」這個名字。更令人驚訝的是，他剛落地就會行走，每踏一步，一朵白色蓮花就會從腳下升起，王子步步生蓮，果真是聖人。

百姓們對王子十分崇敬，將他視為佛陀，而王子從小淡泊名利，對佛法十分上心。在他三十一歲那年，遠離了宮殿，只帶著幾件換洗衣服開始修行。他來到百花苑美朵林苦修，終於功德圓滿，成為幸饒彌沃如來佛祖，並創立了「雍仲本」教。

幸饒彌沃如來成佛後，決心先度化自己的故土，便在象雄北部設立佛壇，為僧人開講佛法。世人十分喜悅，當日不僅象雄國全體僧人出動，周邊大小國家裡的修行者也虔誠來到佛祖面前接受教誨。

可是，佛祖在講經的同時遭到一個妖魔的覬覦，牠就是魔王恰巴。恰巴能控制氣候，喜怒無常，時而讓人間洪水氾濫，時而讓土地乾涸龜裂。

牠看中了象雄國這塊寶地，就千方百計想將佛祖置於死地。牠以為幸饒彌沃剛成佛，神力不夠，就糾結了三千三百個眷屬，再帶上六千六百個小嘍囉，在佛祖講經那一天出來作惡。

恰巴讓天空降下暴雨，豆大的雨點砸在前來聽講的五千五百個僧人的臉上、身上，不一會兒便將佛壇淹沒在水中。

眼看雨水漫過了眾人的腿部，大家卻紋絲不動，依舊緊閉雙目，聆聽佛祖教導。佛祖也並未停止傳授，祂似乎根本沒意識到魔王正在這裡。

恰巴氣得鼻子都歪了，在天空狂暴地叫囂道：「我是魔王恰巴，爾等快臣服於我腳下！如來，祢若有自知之明，趕緊自我了斷吧！」

如來依舊用洪亮的聲音唸著佛經，毫不理會恰巴的狂言妄語。

恰巴氣得大叫一聲，降下一道紫色霹靂，往佛祖的頭上劈去。

就在這緊急關頭，一個綠色身影騰空而起，只見一個通體碧綠的菩薩怒容滿面地指著恰巴喝道：「妖孽，快束手就擒，我可向佛祖求情，饒你不死！」

恰巴惱羞成怒，集結所有眷屬和嘍囉，衝著綠菩薩砍殺過去。

眾人慌張不已，卻見綠菩薩微微地一笑，將手中寶刀在空中一揮，頓時飛沙走石、日月無光，恰巴瞬間損失了一半部將。

綠菩薩哈哈大笑，問道：「魔王，你還想再戰嗎？」

恰巴大汗淋漓，牠這才知道，佛祖法力無邊，自己根本就不是祂的對手。為了避免更大損失，牠只好灰頭土臉地逃走了。

佛祖見綠菩薩充滿正義感，十分欣慰，特封綠菩薩為綠財神，讓其幫助世人平步青雲，免受窮苦的困擾。

正說財神

綠財神是密宗五姓財神之一，藏名占巴拉沃波，祂是東方世界不動如來的化身，具有救世人於水火之中的正義感。

綠財神。

綠財神身穿紅色鎧甲，被各色珠寶所圍繞，頭戴白色的頭盔，面目微怒，似乎對人間的不公平之事而憂心。祂右手持寶刀，有砍斷一切窮困、阻攔窮鬼騷擾之意；左手拿吐寶鼠，有財源廣進之意。祂腳下是一匹綠色的神馬，右腳伸出，坐於蓮花月輪上。

修持綠財神的人，首先要皈依三寶，發菩提心，廣結善緣，誠心學佛，發願救度一切眾生。

如果貧困，以此發心來修財神法，可獲得綠財神護佑，事業興旺、增長福報和智慧，越來越富有；來世轉生到西方極樂世界，能免除眾生的窮困及一切經濟困境，阻礙窮困妖鬼的災害，能增長福德和威力。

密宗

密宗，又稱為真言宗、金剛頂宗、毗盧遮那宗、祕密乘、金剛乘。綜合各國的傳承，統稱為「密教」。八世紀時印度的密教，由善無畏、金剛智、不空等祖師傳入中國，從此修習傳授形成密宗。此宗依《大日經》、《金剛頂經》建立三密瑜伽，事理觀行，修本尊法。此宗以密法奧祕，不經灌頂，不經傳授不得任意傳習及顯示別人，因此稱為密宗。

大笑世間可笑之事

布袋和尚

在中國佛教故事裡，有一位特殊的菩薩，祂不同於其他菩薩一本正經甚至是金剛怒目的模樣，始終是咧嘴大笑的姿態，並且總是隨身帶著一個布袋，人們親切地稱祂為布袋和尚。

布袋和尚在哪裡出生的，誰也不知道。

相傳，在五代十國的後梁時期，有一年冬天的清晨，一個叫張重天的農民去河邊打捕魚，正巧看見河對岸從岳林寺那邊飄過來一塊浮冰，冰上坐著一個六、七歲的男娃娃。

奇的是，冰很薄，但那娃娃竟然沒有掉到水裡去，他只穿一件肚兜，屁股下面墊著一隻青色的布袋，樂呵呵的，彷彿現在不是三九嚴冬，而是四月暖春似的。

張重天大為驚訝，看這孩子大頭大耳、手腳肉呼呼、肚皮圓鼓鼓的，模樣甚是可愛，就起了惻隱之心，將孩子收作義子，並為他取名為契此，號長汀子。

一晃十多年過去了，小契此長大成人，相貌不再可愛，反而變得有趣：禿腦門，大圓頭，咧著一張大嘴總是笑，一雙小眼睛因此瞇成一條縫，幾乎看不到。他也越來越胖，肚子越來越大，還總喜歡敞開衣服露出肚皮，很像一個和尚。

無論去哪裡，契此總會隨身帶著他那青色的布袋，因此人們就調侃他為「布袋和尚」。

布袋和尚性格隨和、樂於助人，村人一有困難就去找他。後來，他背起布袋，雲遊四方去了。

一路之上，無論有沒有化到食物，他總是一副樂呵呵的表情，彷彿有什麼天大的喜事似的。時間一長，世人都記住了這個笑呵呵的和尚，對他格外喜愛。

有一個叫白鹿禪師的和尚很嫉妒布袋和尚，決心讓他當眾出醜，就在某一天，拉住布袋和尚準備為難他。

布袋和尚轉過頭去，看見了白鹿禪師，就笑嘻嘻地說：「給我一文錢吧！」

白鹿禪師不屑地想，真是個瘋和尚，哪有對和尚化緣的？不過他在言語上依舊保持著禮貌，回答道：「你跟我說說什麼是禪，我就給你錢。」

布袋和尚聽完，就將布

布袋和尚。

布袋和尚。

袋放下。白鹿禪師不解其意，指著布袋問：「難道禪就是你的布袋嗎？」

布袋和尚認真地看了一眼白鹿禪師，又哈哈笑起來，他背起布袋，想轉身離開。

白鹿禪師感覺自己遭到了愚弄，不由得心頭火起，指著布袋和尚罵道：「你真是個瘋子！」

圍觀的百姓越來越多，布袋和尚卻一點慍色也沒有，而是坦然地笑著，背著他的布袋走向遠方。

既然白鹿禪師說布袋和尚是一個瘋子，百姓們也就信以為真，從此遠離布袋和尚。布袋和尚雖然很難再化到緣，卻依舊眉開眼笑，毫不在意自己的窘境。

幾年之後，岳林寺有個和尚看見布袋和尚端坐在寺廟旁的一塊磐石上，口中說道：「彌勒真彌勒，分身千百億，時時示時人，時人自不識。」說完，布袋和尚就圓寂了。

和尚們大吃一驚，這才知道布袋和尚是彌勒佛的化身。

消息傳出後，白鹿禪師羞愧不已，從此不敢再狂妄自大，轉而虛心修持。

不過，後來有人說自己又看見布袋和尚在遊走，但不再化緣，而是到處在施捨財物。

人們發自內心地尊敬這位給人間帶來歡樂的菩薩，紛紛祭拜祂，希望祂能給人間帶來歡笑和財富。

正說財神

布袋和尚天生討喜，民間對其形象的描述是：一個大腹便便的和尚，用一根枴杖挑著一個布袋沿街化緣，他咧嘴大笑，彷彿在笑世間一切可笑之事。

北宋時期，哲宗皇帝特賜布袋和尚為「定應大師」，岳林寺將布袋和尚的雕像供奉於寺內。

隨後，其他寺院也開始供奉起布袋和尚，布袋和尚便逐漸成為被世人所敬仰的財神。

何謂化緣？

通常，人們認為和尚到處找人施捨食物是化緣，其實這只是化緣的一種方式，廣義的化緣指為了展開佛教活動而進行的一切募化活動，而對佛事進行募捐的人，即與佛有緣。

第三章

中國民間的財神和傳說

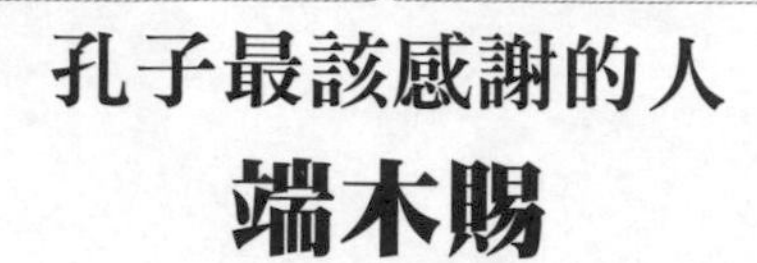

孔子最該感謝的人
端木賜

西元前四八九年，孔子得楚昭王邀請，前往楚國。當他與弟子行至陳國、蔡國一帶時，陳、蔡兩國君王怕楚國得到孔子後國力增強，對自己造成不利，便發兵將孔子困住。

孔子等人無法突圍，糧食也已吃完，現在唯一的希望，就是偷偷溜走的子貢能請到楚昭王的救兵。

「顏回，子貢回來了嗎？」孔子餓得快虛脫，只能靠閉目養神來保存體力，可是他心情始終無法平靜。

《孔子聖跡圖——在陳絕糧》。

孔子的弟子顏回透過門縫向外望去，只見屋周邊圍著很多士兵，他們手中的兵器在陽光的照射下發出冷冽的光芒，刺得顏回心頭一顫。

顏回黯然回屋，向師父彙報情況：「屋外仍舊是重兵圍困，子貢沒有回來。」

孔子不禁暗暗嘆了口氣，他有些後悔讓子貢一個人出逃，這一路到處都是敵人，萬一子貢出了事怎麼辦？

正當師徒幾個長吁短嘆時，屋外忽然傳來戰馬的嘶鳴聲，緊接著兵器撞擊的聲音也傳入眾人的耳內。孔子心下一喜，忙開窗觀望。

果然，楚國的大部隊已經來到此處，將駐守在這裡的陳、蔡士兵打得落花流水。

當所有威脅都解除後，子貢一臉風塵僕僕，趕來見自己的師父。

他正要行禮，孔子卻激動地握住他的雙手，雙目迸出淚光，感慨道：「子貢不必多禮！為師應該感謝你才是啊！」

子貢連連搖頭，說：「弟子為師父所做的一切都是應當的，弟子不才，拖了這麼長時間才回來，讓師父受苦了！」說完，仍要行大禮。

孔子忙扶住他，師徒兩人席地對坐，子貢講了他這次去楚國，如何勸說楚昭王發兵的經過，還帶回來一個好消息，楚昭王這次派遣軍隊專程護送孔子去楚國。

「師父，你的理想快實現了！」子貢高興地說。

孔子看著徒弟興高采烈的模樣，越發感嘆：「子貢，難得你一心為我，可是我前些時候還那樣說你……」

子貢一愣，明白師父說的是他贖回魯國奴隸那件事。前些時候，他在別的國家花了一大筆錢贖回了一個魯國的奴隸，本來按照魯國法律，他是可以去國庫報銷贖金的，可是他實在是太有錢了，根本不在乎這點贖金，就拒絕了。

結果，孔子就責備他不懂事，不該讓其他人下不了臺，畢竟全國像子貢這樣富有的人，能有幾個呢？

後來，子路救了一個落水者，被救的人送給子路一頭牛，子路收下了，孔子以子路為正面題材，又教訓了子貢一通，當時讓子貢羞愧了好一陣。

「師父，您的教育是對的，我確實做錯了。」子貢微笑著，勸師父寬心，「那筆贖金對我來說，是個小數目，可是對大多數人來說，都出不起，他們要是都學我，個個都得破產，如此一來，誰還願意救人呢？」

孔子為徒弟的覺悟感到欣慰，他又嘆了一口氣，說：「我也多虧你資助，才能在各國宣傳自己的政治主張！」

子貢聽罷很不好意思，他垂著頭，恭敬地說：「師父的學說就是徒弟的學說，我們也該為師父的理想而盡心盡力！」

這便是孔子被困陳、蔡的故事。

十年後，孔子病逝，他的弟子都為他守孝，唯獨子貢多守三年，足見兩個人的情誼。

正說財神

子貢，原名端木賜，是春秋時期的著名商人、學者，他二十歲就開始經商，購買期貨，從中獲利，年紀輕輕就成為屈指可數的富翁。

子貢。

子貢是孔子最該感謝的人，沒有他的資助，孔子就不可能周遊列國。

因為端木賜經商有道，人們對其十分尊敬，有些地區甚至將其視為財神。

商界對端木賜尤其崇拜，常以「端木遺風」自居，希望生意興隆昌盛。

孔子的理想

春秋時期，百家爭鳴，很多思想家都提出了自己的政治主張，孔子也有他自己的主張，他希望國君能實行「仁政」，停止戰爭。可惜當時各國都在竭力擴充地盤，戰爭不可避免，而那些國君都認為孔子在說空話，因此孔子的遊說最後以失敗告終。

齊國皇位爭奪戰

管仲

春秋時期，群雄紛爭，出現了很多賢明的國君和睿智的臣子，其中最有名的大臣，非「春秋第一相」管仲莫屬。

不過，管仲最初以經商謀生，若非他出生在官宦世家，他連官都當不成。在歷史上，他還是國君齊桓公的敵人，那麼他為何會當上齊國的大夫呢？這全都得感謝他的朋友。

西元前六八五年的一天，公子小白（即未登基前的齊桓公）正跟師父鮑叔牙坐車疾馳在前往齊國的路上。與此同時，小白的二哥公子糾與管仲也在拼命趕往齊國。現在就是時間的賽跑，兩位公子誰先到達齊國，誰就可以稱王。

管仲覺得應該先下手為強，就帶上十幾個精銳騎兵，先行攔截住小白的車隊。

管仲的好友鮑叔牙見管仲搭起弓箭，對準小白的馬車，驚慌失措，大叫道：「管仲，你何必使出如此花招！大家公平競爭，這也是當初你跟我說過的做生意的規矩啊！」

「非常時期，自然方式不一樣！」面對好友的求情，管仲並未心軟，而是斬釘截鐵地說，「不公平的競爭，是為了給自己一個機會，這才是真正的從商之道！」

管鮑分金圖。

管仲說出最後一個字，他手中的箭矢如閃電般射進小白的馬車內，伴隨著一聲驚呼，小白慘叫聲傳入眾人耳中。

心急如焚的鮑叔牙趕緊進入馬車內，發現管仲的箭射在小白胸口上。

鮑叔牙大哭，管仲冷笑一聲，返身去向公子糾報功。等管仲的人馬消失無蹤，小白才猛然睜開眼睛，將胸口的箭拔出來。原來，他並未死去，那箭正巧射在他胸口的金屬掛鈎上，讓他撿回一條命。

經此劫難，小白與鮑叔牙不敢怠慢，星夜兼程趕回齊國。公子糾和管仲則疏忽大意，慢了一拍，等他們得意洋洋地來到齊國時，赫然發現小白已經坐在了王位上。

後來，公子糾逃到魯國，被魯莊公所殺，齊桓公見已無人能威脅自己，便定下心來治理國家，同時請鮑叔牙擔任齊國的丞相。

誰知，鮑叔牙卻推薦管仲為相，並信誓旦旦向齊桓公保證，管仲具有治國的才能。齊桓公被說服，任用了管仲，最終成就了春秋霸業。

管仲當上丞相後，十分感激鮑叔牙，對他說：「以前我一直認為商人都需要耍心計，但從你身上，我學會了誠信經營，你不愧是我的良師益友啊！」

管仲。

管仲生於春秋時期的齊國，名夷吾，字仲，他的祖先是姬姓的後代，其父是齊國的大夫。可惜家道中落，他不得不從事當時社會地位低下的商業活動。在管仲從政後，好運才紛至遝來，先是輔佐齊僖公的兒子公子糾，後又輔佐齊桓公，令齊桓公成為「春秋五霸」之一。

管仲曾經經過商，明白商業的重要性，便在國內大興商業，還首位創立國營娼妓制度，因而他也被色情服務業奉為守護神。

管仲的仕途平步青雲，加上他又很有商業頭腦，後人對其崇敬有加，將其奉為民間的財神，為此展開了很多紀念活動。

春秋五霸

春秋時期從西元前七七〇年開始，至西元前四七六年止，在短短兩百九十餘年間，有五十多個諸侯國相互爭奪地盤，其中有五個實力雄厚的諸侯國先後稱霸，這五個霸主依次是齊桓公、宋襄公、晉文公、秦穆公和楚莊王。

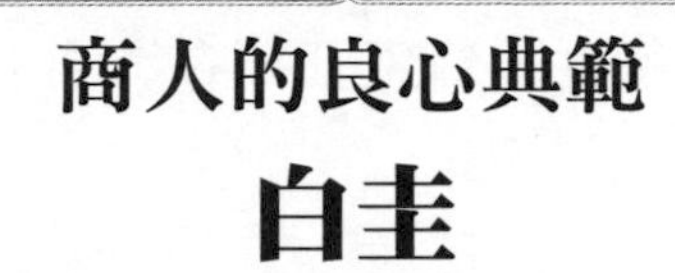

商人的良心典範
白圭

要問中國商人的祖師爺是誰，那便是戰國時期的白圭。

白圭是一位良商，他以誠信經營為原則，從不會昧著良心賺錢，因此被人們奉為商業的保護神。

不過，在學而優則仕的古代，商人的社會地位很卑微，白圭一開始也想在官場闖出一番名堂。

他最初在魏國擔任魏惠王的丞相，憑藉自己傑出的才能治理了魏國都城大梁的水患。可是，魏惠王在其統治後期，昏庸無能，政治腐敗，一切讓白圭心有餘而力不足，心裡越發生出對朝政的不滿。

有一次，魏惠王帶著白圭與齊威王打獵。

魏惠王想炫耀自己的國力，就問齊威王：「大王有何寶物？」

白圭知道魏王又開始攀比，頓時覺得無地自容，事實上，魏國現在歷經數次戰爭，國力早已衰落，百姓經常連飯都吃不到。

齊威王說沒有，魏王便得意洋洋地拍胸脯自誇起來：「我們國家雖然小，卻有一顆能在晚上照亮十二輛車、直徑長達一寸的夜明珠，你們齊國雖然地方大，怕是連這樣的寶貝都沒見過吧！」

白圭一聽更加無奈，甚至產生了憤怒之情，在前一段時間大梁發水患的時候，城內餓殍叢生，魏惠王卻在大肆搜尋寶物，這顆夜明珠就是在那個時候得來的。

齊威王聽魏王說完，輕蔑地一笑，說道：「我們雖然沒有明珠，卻有治國的人才！他們能使我國免受鄰國侵犯，使社會太平安定，他們就是我的寶物，豈是一顆能照亮十二輛車的珠子能比的！」

魏王一聽，羞愧不已，而站在他旁邊的白圭冷眼觀看這一幕，一顆心早已涼透。他對魏國徹底失望，決心去其他國家謀求發展。

隨後，他去了中山國和齊國，發現這兩個國家的國君為了私慾，根本不顧百姓死活，一點仁義之心也沒有，他再度憤怒不已。儘管兩國的國君都想讓白圭輔佐自己，白圭卻絲毫不留情面，一走了之。

最後，他去了秦國。秦國是當時最強的國家，百姓們生活很富足，無論是生產還是戰鬥，熱情都很高。白圭以為自己終於找到一個正確的地方，就想在秦國留下。

然而，秦王實行重農抑商的政策，讓白圭非常反感。回想這麼多年的遊歷，他仰頭長嘆一聲：「罷了！還是去經商吧！」

於是，白圭棄政從政，很快成為戰國時期屈指可數的成功商人。他奉行「人棄我取，人取我與」的經商原則，不僅使自己受益，還令國家的經濟得到恢復，真正實現了他為民謀福利的初衷，被人們敬為民間的商業財神。

正說財神

白圭名丹、字圭，中國先秦時代著名的商業思想家、經濟謀略家和理財家。

白圭。

他最著名的商業觀點是「人棄我取，人取我與」，即在一種商品資源充足時買入，等到這種商品市場存量不夠時再賣出，以調節市場供應需求。他還將某一地區過剩的產品與其他地區富足的產品進行交換，從而達到不同地區間的資源優化配置。

白圭把自己的經商理論概括為四個字：智、勇、仁、強，認為經商發財致富，就要像伊尹、呂尚那樣籌劃謀略；像孫子、吳起那樣用兵打仗；像商鞅推行法令那樣果斷。如果智能不能權變，勇不足以決斷，仁不善於取捨，強不會守業，無資格去談論經商之術了。

之所以說白圭是商業始祖，是因為他還是最早收門徒的商人。不過，他挑選徒弟的標準非常嚴苛，不僅要求門下弟子有很好的經商頭腦，還要求弟子有仁愛之心。

宋景德四年，真宗封白圭為「商聖」。直到今天，「白圭」仍然是財富的代名詞。

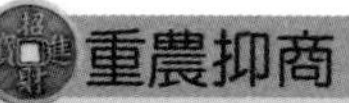

重農抑商

重農抑商是中國歷代封建王朝最基本的經濟指導思想，其主張是重視農業、以農為本，限制工商業的發展。

皇帝也羨慕「聚寶盆」
沈萬三

明初江南出了一個平民財神，這位財神擁有一個寶物——聚寶盆，他便是江南首富沈萬三。

在民間傳說中，沈萬三與明太祖朱元璋有著深厚的淵源。

據說，兩人是同一天出生，那天雞鳴第一聲，朱元璋出生，成為天下最貴的人；雞鳴第二聲，沈萬三出生，成為天下最富的人；雞鳴第三聲，乞丐道人出生，成為天下最窮的人。後來，人們還在南京定淮門外建了一座小廟，專門供奉這三個人。

人們都說，沈萬三能發跡致富全靠他那個聚寶盆。當年，沈萬三只是一介漁夫，賺不了幾個錢，但他也沒有過於煩惱，日子過得還算愉快。某年中秋，他和老婆一起泛舟湖上，對斟賞月。天上月華仙人貪杯，想從沈妻的酒杯裡偷酒喝，誰知祂剛沾到杯口上就被沈妻一口喝了下去。

從那天起，沈妻的肚子一天天大起

明太祖朱元璋。

來，十月之後，沈妻居然生下一個圓鼓鼓的肉球！沈萬三大驚失色，以為是妖怪，就一刀劈向肉球，結果一隻白色貔貅從肉球中跳出來。

夫婦二人一開始都不知如何應對，後來，沈萬三覺得這既然是神獸，就不該為自己這個凡人所有，就把貔貅給放了。

誰知，第二天，貔貅竟然回來了，嘴裡還叼了一個烏泥盆。牠將盆放下，對著沈萬三夫婦拜了一拜，這才離去。

沈妻正好要做飯，就拿著盆去淘米，她剛將一把米放進盆裡，盆裡就瞬間盛滿了米。沈萬三覺得很奇怪，將一枚銅錢放進盆裡，結果盆裡立刻裝滿了銅錢。夫妻二人發現這是聚寶盆，頓時驚喜萬分。

靠著聚寶盆，沈家逐漸富甲一方，到後來甚至比皇帝還有錢。

朱元璋一聽，非常生氣，他立刻找來沈萬三，要對方出資修築南京城的東南城牆。沈萬三見皇帝如此重視自己，不敢怠慢，日夜修築城牆，結果沈萬三和朱元璋雖然同時開工，前者竟比後者提前三天完工，且城牆比後者修築得厚實很多。

朱元璋這才知道沈萬三的身家確實雄厚，不禁大為嫉妒，在慶功宴上暗諷沈萬三：「自古以來有白衣天子一說，朕看你就是個白衣天子啊！」

沈萬三竟然沒有察覺皇帝的居心，他想國家剛建立，國庫肯定空虛，既然我有聚寶盆，不如替皇上分憂解難。於是，他主動提出要替朱元璋犒賞三軍。

朱元璋臉色陰沉地拒絕了沈萬三的提議，同時對那個聚寶盆動起了心思。

過了幾天，朱元璋賞給沈萬三一枚御製銅錢，沈萬三從皇宮裡出來後，碰到一個乞丐向他行乞。沈萬三正巧身上沒帶錢，就把銅錢給了乞丐。

朱元璋見沈萬三如此輕視自己的賞賜，頓時雷霆震怒，抄了沈萬三的家，將沈氏全家流放至雲南，那個聚寶盆自然也落到朱元璋手中。

沈萬三和他的聚寶盆。

說來奇怪，自從朱元璋拿到聚寶盆後，聚寶盆就成了一個普通的烏泥盆，朱元璋因此討了個沒趣，被百姓譏笑為小氣皇帝。

正說財神

沈萬三真名叫沈富，字仲榮，「萬」代表他是鄉里的大財主，「三」則說明他排行老三。

自明朝開國以來，沈家的財富逐漸累積，其子孫也開始步入仕途，於是沈家的老祖宗沈萬三就成為箭垛式的財神人物。

到明朝中葉，沈萬三已經成為江南一帶有名的平民財神，每年正月初五，沈萬三與聚寶盆的年畫都會張貼於很多人家的門上，寄託著人們發跡致富的願望。

箭垛式人物

就如箭靶一樣，若一個人具備某種特徵，人們就會將多個類似的事件如射箭一般射到他身上。比如海瑞是清官，人們就會將很多公正廉潔的事情都放在海瑞身上，從而讓其成為一個廉明到極致的傳奇。

魂繫父母的孝子
梁舍人

自古以來，中國民間出了很多孝子，但普通百姓因為孝順而成為財神的卻僅有一個，他就是四大名鎮之一佛山鎮的青年梁舍人。

舍人是一位熱心腸的青年，他們家以販賣木材為生，有時鄰居生火做飯時缺乏木柴，舍人都會將一些沒賣出去的木材送給他們，因此街坊鄰居都很喜歡這個仗義的青年。

在舍人十九歲那年，他正式替代年邁的父親做起了家裡的生意。因為木材生意需要走水路去外省，從未坐過船的舍人便第一次告別雙親，駕船向粵西進發。

一切似乎都很順利，舍人在廣西買了一船木材，就踏上了回家的路途。孰料，返程的第二天，就遭遇了颶風，舍人擔心木材受潮，就走出船艙，想看看木材上的油布是否蓋牢。這時，一陣狂風吹向他，將身形單薄的舍人捲進波濤洶湧的河水中。

舍人不識水性，在水中掙扎了一陣子後，溺水身亡。

舍人不幸遇難，可是他的魂魄卻不肯去陰間輪迴，因為他知道父母找不到他，一定會憂心忡忡。為了不讓雙親牽掛，他重新幻化為人形回到船艙中，等風暴停歇後，他一反常態，催促大家加速前進。

眾人有點莫名其妙，因為舍人之前暈船，一直主張慢點行船，如今卻要大家加快速度，實在讓人匪夷所思。

「這孩子是在說瘋話嗎？」船上的夥計們互相開著善意的玩笑。

舍人聽到大家的話，暗暗嘆了一口氣，兩行清冷的淚水從他眼中奪眶而出。他多希望能早日回到父母身邊，見一見二老那親切的臉孔啊！可惜，從今往後，他再也沒有這個機會了。

因為鬼魂不能見陽光，白天的時候，舍人不肯出來，即便在過關卡時非得出面與官兵打交道，他也會撐一把黑色油傘，在外面含糊說幾句話，然後又迅速躲回船艙裡。

船上的人都覺得舍人的舉動很奇怪，但他們也沒想太多，還以為這青年頭一回經商，社會經驗不夠，有些怕生。

七天後，貨船終於到達佛山，舍人撐著傘步出船艙，讓夥計們跟自己回家。

眾人照辦，親眼看著舍人進了他家的院子。大家等了很久，卻始終沒看到有人出來，終於按捺不住，敲響了舍人家的門。

舍人的父親開門一看，站在自己面前的是與兒子同行的夥計，不由得滿心歡喜，問道：「我兒子回來了嗎？怎麼沒有跟你們在一起？」

眾人面面相覷，不明白老人為何會這麼說。有嘴快的人反問道：「你兒子不是進屋子了嗎？」

舍人的父親一聽，急忙把夫人找來，兩個人一商量，覺得大事不妙，便問夥計船在哪裡。

夥計們趕緊帶二老至河邊，當大家來到船邊時，發現舍人正雙目緊閉，仰躺在潮濕的河岸上，身體冰冷，已經沒有了呼吸。

舍人的父母悲痛欲絕，放聲大哭。夥計們唏噓不已，這才明白舍人的良苦用心。

就這樣，舍人的孝行成為街頭巷尾的話題，大家都對其稱讚不已，並認為舍人因孝心而得神仙相助，同時也將舍人視為神，建立了一座財神廟來供奉他，希望他在陰間也能保佑眾生平安富貴。

正說財神

梁舍人是廣東本地的財神，過去在佛山福祿舍人大街內，矗立著一座舍人財神廟。

據說，人們拜了舍人財神後，果真願望成真，因此廟裡香火旺盛。每逢重大節日，廟裡還有戲班演戲，熱鬧非凡。

為了紀念舍人，財神廟旁邊的街道也被人們命名為舍人大街、舍人前街、舍人直街和舍人後街。後來，因城區改造，財神廟被拆除，但街道依舊沿用舍人的名號，至今留存於世。

四大名鎮

明清時四大名鎮，指的是：湖北漢口鎮、廣東佛山鎮、江西景德鎮、河南朱仙鎮。需要注意的是，明清時期的「鎮」非現代意義上的鎮，而是指軍事區域。漢口主要是商業中心，佛山是南方手工業聚集地，景德鎮以青花瓷聞名於世，朱仙鎮則以民間傳統工藝的木版年畫而天下聞名。

鬥富成功遭嫉恨
石崇

中國古代沒有人敢跟皇親國戚叫陣挑釁，可是在晉朝，偏偏有這麼一位膽大妄為的人物，他跟皇帝的舅舅鬥富，幾番爭鬥之後大獲全勝。不過炫耀財富是有代價的，最後他被小人陷害，連自己的愛妾都不能保護，落了個家破人亡的結局。

此人便是西晉文學團體「金谷二十四友」之一的石崇。

石崇幼年喪父，他的父親石苞在臨終前立下遺囑，將財產分給石崇的五個哥哥，唯獨不給最小的兒子石崇留下分毫。石崇的母親流著眼淚不能理解，石苞看著石崇，意味深長地說了一句：「別看他小，他本事大著呢！」

石崇長大後，果然發跡致富，財富越聚越多，甚至連皇帝都自嘆不如。

有一次，外國使臣送給晉武帝一匹火浣布，晉武帝司馬炎十分高興，特地製成新衣服，穿著去見石崇。

石崇知道皇帝的心思，冷哼一聲，故意穿著普通衣服出門迎接。司馬炎一看石崇衣著平常，更加得意，就問他：「愛卿可知我這身衣服是用什麼布做的？」

石崇漫不經心地看了皇帝一眼，忽然瞪大眼睛，吃驚地說：「這不是我家僕人穿的衣服嗎？」司馬炎一聽，大驚失色，石崇不等皇帝表態，一揮手，喚來十幾個貼身家僕，那些僕人均是一身火浣衣，在陽光的照射下顯得格外刺眼。

司馬炎大失顏面，對石崇恨之入骨。

司馬炎的舅舅王愷不服氣，便對皇帝說：「我才不相信石崇能比皇家都富，看我把他鬥敗，為你雪恥！」

司馬炎一聽，大為振奮，特地從國庫中拿出稀世珍寶，來資助王愷。王愷就去找石崇，假意要跟對方做朋友，實際在石崇面前多次炫耀。

石崇不是輕易認輸的人，每次都針鋒相對。王愷用糖水涮洗鍋碗，石崇就把蠟燭當柴燒；王愷去石崇家，沿途四十里用紫絲布做屏障，石崇立刻還擊，用比紫絲貴重的彩緞，舖設了五十里屏障，比王愷的屏障更長、更豪華；王愷修房子，用赤石脂粉刷牆壁，石崇不甘示弱，用皇帝才可享用的椒房做臥室。

司馬炎一聽石崇建造椒房，雷霆震怒，賜給王愷一株兩尺來高的紅色珊瑚，以此來滅石崇的威風。這株珊瑚通體呈現赤紅色，枝葉茂盛，為世間罕有的寶物。

王愷迫不及待讓石崇過來看珊瑚，哪知石崇看都不看珊瑚一眼，舉起手中的鐵如意，將珊瑚砸了個粉碎。

王愷來不及阻止，跺著腳罵道：「就算你嫉妒我有寶物，也不至

《金谷園圖》，此圖取材於西晉時曾任荊州刺史的石崇在所營建的金谷園內，坐聽侍妾綠珠吹簫的故事。

做出這等頑劣之事吧！」

石崇收起如意，嘴角勾起一絲冷笑，昂起頭不屑地對王愷說：「不小心弄壞了你的東西，我賠你便是了！」

石崇命僕人將家中所有的珊瑚拿出來讓王愷挑選。

只見數十株珊瑚晶瑩剔透，有的竟高達三、四尺，而像王愷那樣的珊瑚，則非常平常，令王愷羞愧得頭都抬不起來。從這之後，王愷再也不敢跟石崇鬥富。

石崇得意忘形，整日紙醉金迷。可惜好景不常，石崇的外甥得罪了孫秀，而此時石崇的靠山也已垮臺，孫秀小人得志，派人到石家強行索取石崇的寵妾綠珠。

石崇憤怒拒絕。綠珠為了不牽連夫君，毅然跳樓身亡。

悲痛萬分的石崇，被孫秀拉入大牢，沒過幾天就在鬧市被當眾處決。

臨刑前，石崇悲嘆道：「為什麼我會這麼慘啊！」

圍觀的人跟他說：「誰讓你以前不散財積德，不為自己增加福報呢？」

石崇這才知道自己的犯下的錯誤，悔恨不已。

相傳，石崇死後惦記著要為百姓造福，為人們做了不少好事，因此被奉為人間的財神。

正說財神

石崇出生於官宦家庭，他的父親石苞是有名的美男子，官至大司馬，可惜在權力鬥爭中落敗，從此家道中落。

不過，石崇有過人的膽識和頭腦，他靠在荊州擔任刺史時搶劫富商而存下第一桶金，隨後他的財富就像滾雪球一樣，越滾越大。

誰也不知道石崇用什麼方法致富的，他的發跡之道成了一個千古之謎。

石崇並非酒囊飯袋，他在洛陽西北建了一個很大的文學社，取名為金谷園，他在那裡寫出了著名的《金谷詩序》。據說，連大名鼎鼎的王羲之都以自己的《蘭亭集序》能跟《金谷詩序》媲美而興奮異常。

因為石崇生財有道，人們覺得他是一個傳奇，就將他尊為財神。在年畫中，石崇左手托金元寶，右手持鐵如意，春風滿面，預示著將為世人帶來無盡的吉祥和財富。

金谷二十四友

西晉時期的一個文學政治團體，一共二十四人，依附於魯國公賈謐，其中比較出名的成員有「古今第一美男」潘安，「聞雞起舞」的劉琨，「洛陽紙貴」的左思，「東南之寶」陸機、陸雲二兄弟，和本故事的主人公石崇。這些人經常在石崇的金谷園活動，史上著名的文人聚會「金谷宴集」也發生在這個團體身上。

壯大漕運的傳奇人物
金元七總管

在富饒的江南水鄉，有幾位非常有名的民間神仙：治理太湖水患的大禹、發明養蠶術的「蠶神」嫘祖、嚐遍人間百草的「藥皇」神農氏等等。其中，有一位神仙非常特殊，他自明清以來就成為保佑漕運的財神，他的名號叫做金元七總管。

據說，金元七總管是昆山縣人，他在明朝晚期任海運總管。那時候，國家的海防脆弱，時常有倭寇來犯。金元七總管每次都會率領海軍打退倭人的進攻，逐漸在民間樹立起威信。

以前，老百姓只要一聽到倭寇的名字，就會嚇得瑟瑟發抖，自從金元七總管統領海域後，大家安心很多，因此，總管每到一處，都會受到人們的熱烈歡迎，他也被人們視為守衛海岸線的大英雄。

有一年，倭寇再度侵犯中國東海岸，還將戰船開到了長江口，總管聞訊立刻帶著部隊去迎敵。

這幾年來，金元七總管的威名令倭寇聞風喪膽，因此倭人集結了十倍於總管軍隊的兵力，想將總管置於死地。

儘管總管與他的士兵浴血奮戰，最終他還是戰死在長江邊。他的鮮血流入江水中，夕陽的最後一絲餘暉照耀在紅色的江面上。當倭寇們張牙舞爪地趕過來時，總管的遺體竟然神奇地消失了！

從這之後，倭寇們在侵襲長江三角洲時，總是會莫名其妙地傷亡，他們以為是神靈在對付自己，不由得非常害怕，逐漸收斂了起來。

老百姓們知道，這是金元七總管的靈魂在保佑自己，感動得熱淚盈眶，視總管為保佑漕運的財神。

某一年，一個叫朱驥的人中了進士，被皇帝派到廣西擔任布政使參議。當他的船隊行駛至舟山群島時，突然從對面駛過來幾艘戰船。

朱驥的隨從以為是倭寇的船，大為緊張，張弓欲射。朱驥遙望對方船隻，見船上的人並沒有攜帶兵器，就制止了手下的行為，只吩咐一些士兵乘小船過去查看。

當那些士兵靠近那幾艘戰船時，眼前的景象令他們驚訝不已。只見一個身穿紅色戰袍的將軍威風凜凜地立在船頭，怒目圓睜，看著眾人，喝道：「金爺過訪，我船先行，汝等船隻需緩行！」

士兵們被這名戰將的氣勢震懾住了，面面相覷之後，趕緊掉頭向朱驥彙報。朱驥非常好奇，想拜訪一下這個將軍，卻發現對方早已不見蹤影。

過了一會兒，天色大變，萬里晴空忽然烏雲密布，海面上掀起五尺巨浪，頃刻間就將海面上的船隻打翻。

風暴過後，所有船隻都不幸遇難，唯獨朱驥的船隊得以倖存。

朱驥明白是那名將軍保佑了自己的性命，當他聽說對方便是民間大名鼎鼎的金元七總管時，內心十分敬仰，便將此事上報朝廷。

皇帝也對總管的神力敬佩有加，就賜總管官帽官靴，並為其塑造金身法像，讓人們世世代代加以敬拜。

正說財神

在明朝初期，金元七總管雖然也被描繪成擁有神力的神仙，卻並非特指對漕運有益處的財神。

因為明初，朝廷定都南京，不需要依靠漕運向北方運送糧食。自明成祖朱棣遷都北京後，水路運輸需求大幅度提升，人們對漕運保護神的信仰高漲起來，於是金元七總管就成為一個保護漕運的財神。

人們為了紀念他，不僅為其建造廟宇，還在農曆每月的初二、十六進行拜祭，希望他能消除天災，讓商船在路途中一帆風順。

倭寇

倭寇。

倭寇，最初指十四至十六世紀，侵犯中國和朝鮮沿海地區的海盜。倭寇並非只是日本海盜，只不過他們最初來自倭國（日本），所以被稱為「倭寇」。後來，日本內亂，日本本土海盜逐漸降低了出海搶劫的次數，而中國和朝鮮的海商與海盜開始效仿搶劫，因此他們也被歸入倭寇一列。

神奇古井庇佑家族興旺

蔡京

北宋的奸臣蔡京，玩弄權術十四年，惹得民怨載道，但說來也怪，儘管蔡京是個佞臣，在他死後第四十二年，胸口竟然冒出了一個「卍」字。當年佛祖在入滅之時，胸口也出現了「卍」字，難道奸臣蔡京也能跟佛祖相提並論嗎？這還得從蔡京家裡的那口古井說起。

在蔡京家裡，有一口古井，據說蔡京當初建宅子的時候，風水先生說家裡必須有井，才能保證財源滾滾來。

正巧，在遠郊一處叫酒仙橋的地方，有一口不知是何年挖好的井，風水先生看後捋著白鬚讚道：「此井前有流水，後倚群山，地理位置十分優越，是大富大貴之相啊！」

蔡京一聽，自然十分高興，就將這口古井圈進了自家的宅院裡。這口井的周邊用十七塊井磚圍成一圈，古人將十七視為吉利數字，因其除以三除不盡，所以喻意為富貴連綿。

某一年夏天，嶺南國進貢給宋徽宗一批新鮮的荔枝和龍眼，徽宗為獎勵群臣，就將那些珍貴的水果送了一些給蔡京等大臣。

蔡京很得意，一來荔枝補身、龍眼補腦，二來這是皇帝的御賜禮物，足見皇帝對他的重視。在回府的路上，蔡京迫不及待地就在轎子裡吃起來。他邊吃邊幻想將來如何權傾天下，不由得傻笑起來，全然沒發覺因為轎廂的晃動，腹中已有不適。

回到家中，夫人招呼蔡京用膳。蔡京一看，飯桌上擺著滿盤細嫩的山羊肉和鮮美的海鮮，他的饞蟲頓時被勾了起來，就將一桌好菜吃得乾乾淨淨。吃到最後，蔡京已是捧著肚子躺在床上，再也不想動彈。

到晚上的時候，蔡京覺得腹痛如絞，且肚子離奇地大起來，宛如一個懷胎數月的女子。僕人想盡一切辦法，都無法令他感覺舒適。

蔡京急得心頭火起，可是他一發火，肚子似乎更痛了，這逼得他不得不深吸一口氣，嘗試讓自己平心靜氣。

時間不知不覺已到子夜，蔡京漸漸在不適中進入夢鄉。

這時，夢中出現了一個提著葫蘆的長鬚老人，他笑呵呵地對蔡京說：「承蒙相爺長年照顧，九仙公十分感激，相爺腹中不適，可用仙井之水煮茶服下，一定會藥到病除！」

蔡京剛想問什麼是仙井之水，仙公卻化成一灘流水，融入土中。

蔡京一驚，頓時醒了過來，他

宋徽宗趙佶。

反覆琢磨，覺得這仙井可能指的是自己家中的那口井。想明白後，他便命僕人從龍華山採來九仙茶，然後用自家井水煮茶飲下，過了一個上午，消化不良的症狀果然有所緩解，腹脹的痛苦也消失殆盡。

此後不久，徽宗到蔡京家裡做客，蔡京準備了很多別具地方特色的美味珍饈款待徽宗。徽宗大呼過癮，離開蔡府前仍意猶未盡地說第二天還要再來品嚐。

蔡京為了博得皇帝歡心，第二天乾脆和兒子一起帶著做好的飯菜進宮，欲當面饋贈。誰知徽宗身邊的宦官愁眉苦臉地說，昨天皇帝從蔡家回來後就腹脹難受，現在還躺在床上呢！

一瞬間，蔡京聯想到自己曾經的狀況，就吩咐兒子即刻回家，取家裡的井水煮茶，再回宮獻給徽宗。

徽宗喝完茶水後，病症大為減輕，不由得龍顏大悅，對蔡京更加信任。

蔡京靠風水走上發跡之路，他的財富數不勝數，即便在晚年得罪皇帝被罷黜，他家裡的金銀珠寶仍能裝滿一整艘船。

後人羨慕蔡京的斂財之道，就把他當作一個特殊的財神，保佑自己大發橫財。

正說財神

蔡京是北宋著名書法家，他的書法連米芾都自愧不如。他還是王安石變法的擁躉，帶頭興建了中國現存最完整的大型水利工程之一的木蘭陂，算是他為人們所做的貢獻之一。

不過因其特別貪婪，很多文學作品，如《水滸傳》都將蔡京視為奸賊之首，他雖富甲天下，卻因過分貪財而惡名遠揚。

王安石變法

北宋中後期，政治腐敗，政治家王安石針對社會「積貧積弱」的現實，以富國強兵為目的，進行了一場轟轟烈烈的改革運動。他減免稅收，推行保甲法以強大軍事力量。可惜，他觸及了地主階級的利益，致使變法以失敗告終。

仕途上的保佑者
嚴嵩

明朝有六大奸臣，為首的便是嚴嵩。

當年，嚴嵩只是區區一個地方誌書的總編纂，後來北上順天府，在翰林院當了十多年的文官。總的來說，嚴嵩的先天條件不足，背景不夠雄厚，只能依靠後天補足。

接下來，嚴嵩開始使出令百姓們崇拜的手腕了。他知道明世宗崇信禮部尚書夏言，就拼命巴結這位尚書。

某天，嚴嵩在家中置辦豐盛的酒菜，想邀請夏言赴宴。沒想到夏言絲毫不給面子，拒絕前往。嚴嵩竟然跑到夏言家門前，「撲通」一下跪了下去。男兒膝下有黃金，夏言不好再拒絕，只好答應了邀請。

自此以後，夏言對嚴嵩的態度大為改觀，還多次向世宗舉薦他。有了夏言這塊踏板，嚴嵩逐漸成為皇帝的寵臣，當夏言升官後，嚴嵩便接替了夏言的空缺，成為禮部尚書。

這時，嚴嵩在世宗面前，每次都畢恭畢敬，深得信任。反觀夏言，恃才傲物，經常出言頂撞世宗，惹得世宗很不高興。

此時，嚴嵩已經官至太子太傅，具備了強大的政治實力，開始慫恿世宗罷黜夏言。

明世宗畫像。

西元一五四四年，韃靼入侵河套平原，山西總督曾銑打退敵軍，並上書朝廷，建議修築長城，以逼迫韃靼退兵，這一主張得到了夏言的支持。

起初，世宗對勝利的消息感到非常高興，他大大誇讚了曾銑一通。誰知嚴嵩抓住這個機會，聯合錦衣衛仇鸞誣告曾銑隱瞞軍情不報，還說曾銑與夏言狼狽為奸，兩人奪取河套另有所圖。世宗昏庸，相信了嚴嵩的話，將夏言斬首示眾。

至此，嚴嵩終於除去心頭大患，達到權力的巔峰。他被任命為內閣首輔，替一心修道的世宗主持政務，實際上已經相當於半個皇帝。他提拔自己的兒子嚴世藩為工部侍郎，父子二人一起掌權長達二十多年。

嚴世藩的權力慾望更強烈，他收買皇帝身邊的宦官，嚴密監視皇帝的一舉一動，大臣們敢怒不敢言，背地裡暗罵這對父子是「大丞相」和「小丞相」，甚至譏笑皇帝是嚴嵩的兒子。

然而，在如此長的時間裡，皇帝始終對嚴嵩信任有加，歸根究底，是因為嚴嵩實在會裝，他那貌似謙卑的態度令世宗十分放心。

在嚴嵩擔任首輔期間，嚴家財富累積到空前的程度，嚴世藩甚至在家中狂妄地大笑：「皇帝都沒有我富有！」

朝臣憤恨至極，利用世宗修道的心理，想出了一個辦法。他們藉道士之口，說嚴嵩是奸臣，世宗果然對嚴嵩父子生厭，後來將嚴嵩革職，抄沒嚴家財產。

嚴家被抄的時候，朝廷收得黃金萬餘兩，白銀百萬兩，另有珠寶無數。然而這些抄收上來的財產仍不及嚴嵩實際家產的十分之三。

嚴嵩一路飛黃騰達，無愧於古人升官發財的典範！

正說財神

嚴嵩字惟中，江西人，是中國歷史上有名的權臣之一。

他有文才有頭腦，還懂得察言觀色，終於達到了人臣的巔峰。古往今來，渴望在仕途上有所發展的人將嚴嵩視為財神，希望自己能像這個傳奇人物一樣平步青雲、官運亨通。

何謂首輔？

首輔是明朝和清朝對首席大學士的稱謂，設置於建文四年（西元一四〇二年）八月。明中期後，大學士又成實際宰相，稱之為「輔臣」，稱首席大學士為「首輔」，或稱「首揆」、「 元輔」。

福州人心目中的女財神

田螺姑娘

在福州，有這樣一位女財神：她美麗動人、溫柔善良，上得廳堂下得廚房，還不嫌貧愛富，主動幫助貧困青年。她就是田螺姑娘，是福州民間津津樂道的女財神。

相傳，在晉朝時期，福州有一個叫謝端的青年，他自幼父母雙亡，靠著街坊鄰居的資助長大。

謝端心地善良，成年後，他不願再給鄰居們添麻煩了，就遠離鬧市，自己在遠郊蓋了一間小木屋，勤勤懇懇地過起了自己的生活。

古人婚嫁年齡早，見謝端孤身一人，鄰居們很著急，就想給他說媒。可惜，謝端實在太窮了，沒有哪個姑娘願意嫁給他。

一天，謝端扛起鋤頭去田裡幹活。在田裡，他意外地撿到一顆個頭巨大的田螺。

謝端非常驚奇，他認為這顆田螺與自己有緣，就將它小心翼翼地捧回家，養在水缸裡。

第二天，他照例一大早去幹活，當他晚上飢腸轆轆地往家裡走時，卻發現自己小木屋的煙囪竟然飄起了炊煙。

謝端驚訝極了，他走進家門，看見飯桌上已經擺好碗筷，雞、鴨魚、肉一應俱全，灶上還有香噴噴的白米飯，茶壺裡也注滿了滾燙的開水。

他以為是哪個好心的鄰居在幫他做家事，心裡充滿感激之情，想去答謝對方。可是他問了很多人，大家都說今天沒有去過他家，讓謝端疑惑不解。

從這之後，只要謝端做完一天的工作回到家中，飯桌上必定會有一桌熱騰騰的飯菜，而且家裡也打掃得一塵不染。

謝端困惑不已，決心把那位好心人找出來。之前，他曾在晚上進家門前順著門縫往裡偷看，卻未發現任何動靜，後來他想到了一個好辦法，就是早上假裝離開家門，然後再躡手躡腳地折返回家，看究竟會發生什麼事情。

他藏在暗處，屏住呼吸注視著自己的家門。沒過多久，屋簷下的水缸中迸發出亮光，一個美麗迷人的姑娘從缸中冉冉升起，隨後平穩地降落到地面上，渾身不沾有一滴水珠。

謝端驚得下巴都快掉地上了，他見姑娘走進屋內，自己急忙飛奔至缸邊。

那顆田螺裡的肉沒了，只剩下一個空殼。謝端翻來覆去地打量著田螺殼，仍舊不明白是怎麼回事。

謝端走進屋內，看到那姑娘正背對著他淘米，他一時沒有忍住，開口問道：「姑娘，妳是什麼人？為什麼要幫我做家事？」

姑娘猛然聽見有人說話，驚得一哆嗦，差點把淘米的籃子摔在地上。她緩緩轉過身，那明媚的容顏宛如水中純潔的白蓮花，讓謝端莫名地心跳加速。

姑娘戀戀不捨地看著謝端，忽然留下一行清淚，說：「我是田螺姑娘，是玉帝派下凡間助你致富的神。玉帝讓我在十年內助你成家立業，可惜我被你識破了身分，不能留在人間了。」

謝端一聽，悔恨不已，懇求田螺姑娘不要離去。田螺姑娘苦笑著搖頭，斬釘截鐵地說：「我要回天庭了，田螺殼就送給你吧！用它來貯藏食物的話，米永遠不會被吃完！今後你只需勤奮工作，就一定能富裕起來！」說完，田螺姑娘化作一絲青煙，向遠處飄去了。

謝端遵照田螺姑娘的指點，努力工作，逐漸過著小康生活，並且在幾年之後娶妻生子，有了一個美滿的家庭。

為了感謝田螺顧念的恩情，謝端特地為她修建了一座廟宇，每逢過年過節，都會去燒香拜謝。漸漸地，田

田螺姑娘

螺姑娘成為一個民間財神，關於她的傳說傳遍大街小巷，被人們世世代代傳誦。

正說財神

福州人非常崇拜田螺姑娘，為其塑造金身法像，還在特殊節日裡對其進行祭祀。

據說，拜過田螺姑娘的人，均能實現自己的願望。如此一來，田螺姑娘做為福州的財神，地位越是得到鞏固。

田螺姑娘的別名

田螺姑娘又被人們稱為「水素女」，素，有純潔乾淨的意思。人們覺得田螺姑娘心地純淨，如水般清澈透明，又是從水裡出來的，就為她想了這個名字。

「白富美」和窮郎中的愛情神話
白娘子

時下有一個非常流行的語詞，叫「白富美」，意思是既美麗又富有的女人。在講究門當戶對的古代，「白富美」會看上窮小子嗎？老百姓會告訴你，確實有這樣的婚姻，儘管它只出現在民間傳說中。

據傳，在南宋紹興年間，有一白一青兩條蛇生活在許家溝附近的黑山裡。其中，白蛇修練了一千八百年，還差兩百年就能修成正果，成為妖仙；青蛇修練了八百年，她們在黑山裡逍遙自在地生活。

一天，兩蛇精在野外遇到一隻黑鷹。這黑鷹也是妖精，已經修練了兩千年，能變成男子。黑鷹想獵殺白蛇和青蛇，兩蛇精不敵，只能倉皇逃竄。

這時，正在山上採草藥的許仙正好路過此地，他見兩蛇有難，就撿起地上的石塊，對著黑鷹砸過去，替蛇精解除了威脅。

白蛇非常感激許仙，她見許仙溫文儒雅，不禁心生愛慕之情。

為了許仙，白蛇甘願中止即將圓滿的修練，變成一個叫「白素貞」的女人。青蛇誓與白蛇結伴同行，也變成一個女人，取名小青。

白素貞得知許仙是杭州藥商，就與小青泛舟在西湖之上。當天，許仙也來到西湖欣賞風景，在與白素貞擦肩而過的時候，碰巧瞥見對方的絕世容貌，頓時驚為天人，再也挪不開腳步。

五月的江南開始淅淅瀝瀝地下起雨來，許仙見白素貞沒有傘，急忙為她撐傘。白素貞盈盈一笑，接受了許仙的好意，她見許仙目不轉睛地盯著自己，知道一段奇妙的姻緣就此產生，白淨的臉頰上瞬間紅霞飛起。

雨越下越大，已不適合在戶外漫步，兩人便在西湖斷橋邊依依惜別。白素貞向許仙要了他的住址，得知許仙是個孤兒，現在和他的舅父舅母住在一起。

第二天，雨過天晴，白素貞仔細打扮一番，敲開了許仙舅父家的大門。這個奇女子自報家門，說自己是富商之女，因父母雙亡而孤苦無依，如今見許仙一表人才，希望能與之結成秦晉之好。

許仙一家頓時目瞪口呆，不敢相信這是真的，但白素貞最終還是成功得到了許仙舅父舅母的許可，訂下了這門親事。

既然要結婚，沒有彩禮怎麼行？可是許仙在舅父舅母的藥店裡打工，平時賺不了幾個錢，根本無力去置辦聘禮。

白素貞自有辦法，她用法術在賭場贏了一大筆錢，然後在杭州邊變出一棟房子，聲稱是自己的住宅。

白素貞知道許仙醫術高明，就鼓勵他自立門戶，開個藥店。為說服許仙，白素貞又拿出一大筆錢來做為藥舖的本錢，以此來堅定許仙的決心。

從此，許仙在外採草藥，白娘子就在店裡經營生意，經過兩人的共同努力，沒幾年，藥舖就做得非常的興隆。

白娘子是一個非常善良的人，那些窮人來店裡買藥，她不僅不收錢，還將藥材免費送給窮人。

有一年，城裡鬧瘟疫，白素貞與許仙非常擔心，製作了很多藥來解救黎民百姓。白素貞甚至不惜將身體裡的靈氣散入藥中，讓百姓們飲用。

經過二人不懈的努力，瘟疫終於被趕走，百姓們奔相走告，紛紛將白娘子當成人間的活神仙。

後來，有一個叫法海的和尚得知白娘子是蛇精，就悄悄帶走了許仙，將許仙軟禁在金山寺。白娘子一心尋夫，與小青大鬧金山寺，還動用法力水漫金山寺，迫使法海現身。

白娘子水漫金山。

法海以放走許仙為條件，要白素貞束手就擒。

白娘子為了相公，甘願被法海收進缽盂裡，鎮壓在雷峰塔下。

此時，人們才知道白素貞的身分，但沒有人為此討厭她，相反，大家都對這位具有法力的善良女子大為同情，譴責法海不近人情。

百姓們為白娘子建立了很多廟宇，盼望她能從雷峰塔裡出來，繼續為民造福，救蒼生於水深火熱之中。

正說財神

追溯古神話，白素貞實際是女媧身邊的護法——白蠷和騰蛇的女兒，神力非法海能比，只不過在民間傳說裡，人們為了凸顯法海的霸道，才將白娘子塑造得楚楚可憐。

最早的白娘子傳說，以白娘子被鎮壓在雷峰塔下做為結局。

但百姓們顯然不滿意這種悲慘的結果，就杜撰出新的傳說，其中流傳最廣的是：白娘子生下兒子許士林，士林長大後中狀元，感動天地，白娘子終於出塔，位列仙班，最後成了女財神。

金山寺與雷峰塔在一起嗎？

金山寺位於山東，是法海的寺廟，也是唐玄奘出家修行之地；雷峰塔位於杭州西湖邊上，是古代吳越國王為了紀念自己的妃子而建的，這兩個建築並不在同一個地方。

財神也有啟蒙老師

點石成金術的起源

很多神仙並非天生神力，祂們在成仙前也需要經過啟蒙老師的指點。財神也不例外，祂在早年有兩位高人師父，且正是由於師父的點化，祂才學會了讓天下人羨慕的點石成金術。

相傳，在很早以前，財神在大山裡打獵挖藥，當時他還是一個血氣方剛的小夥子，態度謙卑，又能樂於助人，頗得當地人尊重。

這年的酷暑時節，財神去後山打獵，可惜運氣不太好，整整忙了一天也沒有任何收穫。

財神看天色已晚，就打了一捆柴往家裡走回。他沿途路過山頂，覺得有點累，就將木柴放下，坐在草地上小憩。

突然，他發現在山頂的一棵大樹下面，有兩個老人在下棋。其中的一位老人白鬢白髮，頗有仙風道骨的感覺；另一位老人黑鬢黑髮，看面相有點兇。財神很好奇，就去湊熱鬧。

兩位老人似乎將全部注意力放在棋盤上，並未留意到周圍會有人過來。

只聽白髮老人笑著問：「此山頗有靈氣，可惜山體過於陡峭，讓靈氣一瀉千里，道兄可有方法能解？」

黑髮老人道：「這有何難！」他看也不看四周，就用手一指。頃刻間，一隻在樹底下吃草的牛浮到了半空，接著緩緩下落，臥在了山腳下。

黑髮老人甩動拂塵，牛吐出了自己的心，接著就變成石頭，不動了，那顆牛心也瞬間變成一座尖尖的山峰。

這時，白髮老人抽出拂塵尾部的一根白絲，口中唸唸有詞，那白絲竟然變成一把鋒利的寶劍，插在那牛身形狀的山上。這時，兩位老人哈哈大笑起來。

黑鬚老人說：「前有川西大大壩守護，後有群山做依靠，牛心似最後一道保險，鎮守閩江，永絕水患！這座山是一塊福地，具有大富大貴之氣！」

白鬚老人緊接著說：「可惜缺一個護山的財神，你可有辦法解決？」

黑髮老人抬起頭，笑瞇瞇地看著財神，說：「這有何難！我看這孩子天生有富貴之相，就讓他做吧！」

說罷，黑髮老人伸出手，在財神的印堂上撫摸了一下，財神頓覺心底湧出一股甘甜的清泉，渾身上下有說不出的舒適滋味。兩位老人又是一陣大笑，隨後眨眼間消失無蹤，彷彿從未來過。

財神轉頭一看，自己打的那捆柴竟然生根發芽，長成了一株大樹，終於明白自己遇到了神仙。財神見木柴變成樹，有點沮喪，就想趁著天還沒全黑，再砍點木柴回去。

哪知，他的手剛碰到樹木，樹木就變成了一截金子。財神大為驚異，他以為這又是兩位老人的法術，就沒有在意，繼續尋覓木柴。

然而，無論他的手碰到哪樣東西，都會變成金子。財神這才知道老人教會了他點石成金術，不由得激動萬分。

可是話說回來，若無論碰什麼都會變成金子，還怎麼生活呢？

財神有點發愁，就對著兩位老人下棋的方位下跪叩頭，希望二老能指點迷津。

忽然間，他聽到腦海中有人在唸咒語，就迅速集中注意力，將咒語記住，背誦了一遍。奇妙的是，當他把咒語唸完，他的點石成金術就失去了效力，而當他再念唸語時，他又能隨意地變金子了！依靠這種方法，財神送給百姓們很多金子，帶著大家過上好日子。

正說財神

自古以來，點石成金都是人們的美好願望。據《列仙傳》記載，晉朝有一個修道多年縣令，他道行高深，具有仙人般的神力。

有一年降天災，百姓們收成不好，繳不起賦稅，多虧縣令點石成金資助百姓，所以此後就逐漸流行起「點石成金」的成語來。

點石成金的成語小故事

據說，從前有一個書生窮困潦倒，在路上遇到一位仙翁，就向其求助。仙翁用手一點石塊，石塊就變成了一塊金子。仙翁將金子交給書生，讓他解決生計問題，誰知書生卻不要黃金，只要仙翁點過金子的手指頭。

這個故事中的書生很聰明，他看清了問題的實質，懂得只有抓住重點才能真正享有財富。

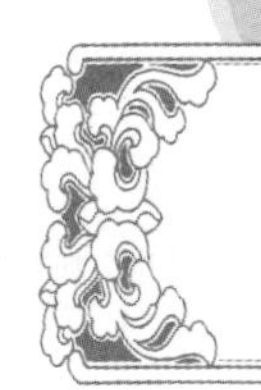

財神休妻

心地善良的財神婆

中國人講究好事成雙，凡事都要湊成一對才完美，於是，財神婆便粉墨登場了。

在中國民間傳說裡，財神婆是財神爺的妻子，她美麗端莊，而且心地善良。不過，家家有本難唸的經，財神婆儘管賢淑得體，可是她卻與財神爺的有很多分歧，導致了二人經常吵架。

財神爺的想法是，窮人連燒香的小錢都不肯出，還指望祂去送財，這也太不公平了。財神婆卻認為，窮人並非不想出香油錢，而是出不起，做為財神，更應該解救窮人於危難之中，多為窮苦的百姓送去財富。

為了說服老婆，財神爺打賭說窮人根本就沒有發財的命，可是財神婆不相信，於是財神爺就將財神婆帶到一座石拱橋旁。

祂用手一指，四塊黃澄澄的大金磚立刻出現在橋面上，只要稍微一低頭，就能看到。

正巧，幾個車伕正拉著一輛貨車往橋上走去。財神爺指著車伕，氣呼呼地說：「看見沒有？我現在白送給他們金子，如果他們撿了，今後我就給窮人送財，若他們不撿，今後就別再討論該讓誰致富的事了！」

財神婆應允，她看著灰頭土臉的車伕越走越近，心中暗自祈禱：快低頭啊！

誰知，當車伕們走到橋下時，為首的一個方臉大漢忽然興高采烈地說：「我們數數，如果能在一杯茶的時間把車推到橋對面，今晚我就請吃飯！」

他的提議頓時得到其餘幾個人的熱烈回應，車伕們喊著口號，緊閉雙眼，車輪子骨碌碌轉得飛快，很快到了橋的另一邊。

財神婆唉聲嘆氣，財神爺則一臉得意。

財公財婆。

不一會兒，一個滿身綾羅綢緞、手執扇子的富人也來到橋邊，當他悠閒自得地散步時，忽然發現了金子，立刻運回家中。

財神爺大獲全勝，祂得意洋洋，當即重申不送香火者不發財的主張，不准財神婆再發表異議。可是財神婆還是心疼那些生活艱難的窮人。

一天，一個乞丐為了避雨，進了財神廟。

當乞丐看到財神像時，一下子跪倒在地，磕頭如蒜搗，口中還虔誠地喃喃自語：「求財神爺大發慈悲，賜我財富吧！」

他不知道，此時財神爺正在冷眼瞧著這一幕，並對財神婆說:「看，又來一個想不勞而獲的人！」

財神婆不忍，求夫君送點東西給這個可憐的乞丐。誰知，財神爺捂著嘴打了個呵欠，閉上眼睛開始假寐。

財神婆實在無奈，她見乞丐磕得額頭都破了，只得在心中暗嘆一口氣，將自己的金耳環扔了出去。

只見在一片黑暗中，神龕上忽然金光一閃，接著有一個東西落到乞丐的身邊。乞丐急忙撿起一看，原來是一對金耳環，他知道是財神爺顯靈，高興地再次磕頭，大聲說：「謝謝財神爺！謝謝財神爺！」

財神爺本來就沒有睡著，突然被乞丐驚醒，一看財神婆竟然將祂送的定情信物送給了別人，不由得大怒，找來筆和紙，一紙休書休掉了財神婆。

從此，財神廟中再無財神婆。人們得知此事後，紛紛替財神婆求情。

後來，財神爺慢慢冷靜下來，對自己的衝動感到懊悔，就去求財神婆回來。財神婆心裡有氣，不答應復合，所以至今還剩下財神爺孤伶伶一個人。

正說財神

和財神爺不同的是，財神婆是古人杜撰出來的美好形象。百姓們發現富人總是越來越富，而窮人卻似乎總是很窮，便以為財神爺嫌貧愛富，於是創造出一個善良的財神婆，希望財富均攤，人人都享有致富的機會。

窮人的神

既然財神總圍繞在富人身邊，那在窮人身邊的是什麼神呢？那就是窮神，相傳是姜子牙的老婆。不過人們對窮神似乎避之不及，將每年的正月二十九日訂為「送窮日」。在這一天，人們要將屋子裡的灰塵打掃乾淨並收集起來，投入水中，象徵掃除晦氣，送走窮神。

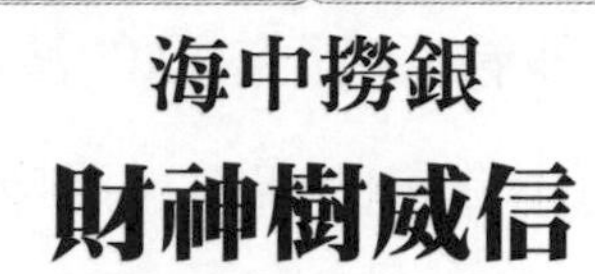

海中撈銀
財神樹威信

相傳，財神之所以有財，是天生命運使然，在西周武王時期，某年的一個正月初一早晨，雞鳴的頭一聲之後，財神誕生，成為天下最富裕的人。

財神在機緣巧合下遇仙人，習得點石成金術，武王得知此事後非常嫉妒，怕財神的財富超過自己，想殺之而後快。

可是武王畢竟是君王，要顧及名聲，他陰險地召財神入宮，大言不慚地說：「我要發動戰爭了，需要很多軍餉，你既然能製造金銀，那就無論何時何地，都照我的要求提供錢財，否則我將定你死罪！」

武王以為財神必定會推辭一番，沒想到對方反而滿口答應，這讓他大感意外。

幾天之後，武王帶著財神出發了。一路上，武王不時刁難財神，可是後者每次都能輕鬆應對，這讓武王又急又氣。

不知走了多少天，財神與武王來到海邊，武王下令軍隊乘舟過海。

來到戰船上，武王又想出一個詭計，他對財神說：「過了海就要開戰了，你立刻給我籌集一萬兩白銀，若辦不到，我就把你扔到海裡去！」

財神沒有立刻答覆，他看著船下洶湧的波濤，一時陷入了沉思。

武王越發得意，又擺出威嚴的架勢，恐嚇道：「怎麼？難道你想抗旨不從！」

財神這才轉頭面對武王，呵呵一笑，說：「請問大王，船上可有漁網？」

船上的人大笑起來，都覺得財神是黔驢技窮，腦子燒糊塗了，這是戰船，又不是漁船，怎麼可能有漁網呢？然而，財神卻堅持讓大家找找漁網，武王為了讓他死心，就讓士兵搜船。

奇妙的是，士兵們還真的在船艙底下找到一張破漁網。

武王暗想，莫非這自稱財神的傢伙要把這漁網變成白銀？那也變不出一百萬兩，我看他怎麼交代！

只見財神手捧漁網，恭敬地對著大海一拜，說：「陛下，看我將一百萬兩白銀撈給你！」

說罷，他對著大海拋下漁網，不一會兒，漁網的線就繃緊了，財神招呼道：「大家跟我一起用力拉！」

士兵們聽罷，便與財神一起將漁網往回拖。當漁網離開海面的那一刻，白花花的銀兩發出耀眼的光芒，差點把眾人的眼睛都給看花了。

武王目瞪口呆，他眼睜睜地看著財神一次又一次撒網，一次又一次地將白銀撈出海面，心中既驚訝又羞愧。

最終，財神順利完成任務，甲板上堆滿了銀子。武王不得不欽佩地說：「你真的是財神爺啊！」

財神哈哈大笑，瞬間消失在一道金光中，只聽半空中傳來一句話：「周國新建，望陛下少興戰事，多注重社稷，這些銀子是我送的開國賀禮，請陛下三思！」

士兵們誠惶誠恐，跪倒在甲板上，對著聲音傳來的方向叩頭膜拜。

從此，想發財致富的人都會給財神燒香叩頭，以祈求財富的降臨。

正說財神

在中國民間，很多時候財神指的是趙公明。

武財神趙公明。

趙公明在歷史上確有其人，他出身貧寒，年輕時靠背木材維生，後將攢下的錢財做起木材生意。他誠信經營，非常有善心。有人借趙公明的百萬黃金做生意，不料虧得血本無歸，趙公明僅讓其還了一雙筷子。他還資助軍隊，並親自帶兵打仗，勇猛無比。

後來，他在經商之餘去終南山學道，終於悟得道法真諦，修成正果。

史學家為何對趙公明評價不高？

儘管趙公明扶危濟困、才德兼備，卻一直不受史學家正視，也從未被寫入史書中。這是因為：一、封建王朝只注重王侯將相，而忽略傑出的民間人物；二、封建社會重農抑商，商人不被主流社會認可；三、人們總是認為無奸不商，商人在人們心中的印象不好；四、儒家思想在封建社會佔統治地位，趙公明是道教中人，因而會受到排斥。

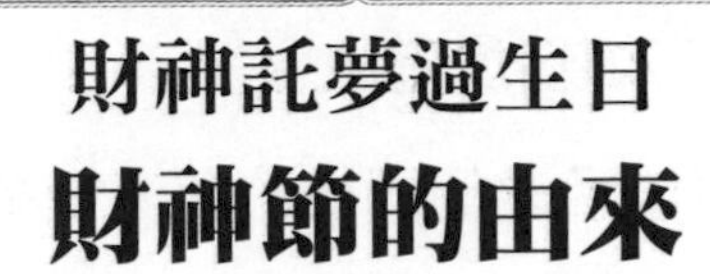

財神託夢過生日
財神節的由來

過年總與財神有著密切的關係，大年三十要拜財神，正月初五要迎財神，人們還會在門上張貼財神的年畫，在家中供奉財神的塑像，祈求財神降臨，為自己增福。

可是，在一年之中，還有一個與財神有著不解之緣的日子，這個日子特別重要，那就是財神節。

提起財神節，還有一個有趣的傳說——

在清朝光緒年間，有一個姓周的掌櫃在山東即墨古城經營一家絲綢店。

周掌櫃為人善良，從不算計顧客，他勤勤懇懇地做了五年生意，在當地小有名氣，擁有了一批固定客源。

誰知半年前，有家門面超大的絲綢店突然在即墨拔地而起，且以超低的價格打擊其他同行，一時間，人們蜂擁而至，競相去那家店買絲綢。

周掌櫃的生意一落千丈，布匹在倉庫裡積壓著，資金周轉不過來，所以又沒錢去買最新流行的絲綢，如此惡性循環，生意越是難做。

在農曆七月二十一日，周掌櫃看著門可羅雀的店鋪，嘆了一口氣，早早地打烊，帶著一肚子煩惱熄燈休息了。

那天晚上，他接連作了三個同樣的夢。在夢中，周掌櫃仍在自己的店裡做生意，門外來了一個披頭散髮的老人。老人似乎把店鋪當成了自己的家，一進門就躺在一把靠椅上，不停對周掌櫃唸叨：「明天是我生日，可是大家都不知道。我已經很多年沒有過生日了，明天誰要是給我慶賀，我一定讓他生意興隆！」

周掌櫃醒來後，覺得此事頗有蹊蹺，照理說不該出現三個相同的夢啊！雖然那老者不修邊幅，可是氣色不錯、儀態高雅，還說他能保佑生意興旺，莫非是傳說中的財神爺？

儘管有些不相信，周掌櫃為了討個吉利，還是在第二天起了個大早，買好香、鞭炮和貢品，在自家門口燒香放鞭炮，為老者慶祝生日。

街上的路人紛紛停下腳步，好奇地觀望，漸漸地，大家都向周掌櫃的店裡湊過來。

周掌櫃很高興，忙著吩咐夥計搬出最好看的絲綢招徠顧客。這時，他驚訝地發現，自己的絲綢竟然都微微閃爍著五顏六色的光澤，顯得珠光寶氣。

顧客們更高興，他們還從未見過這般貴氣的絲綢，紛紛過來購買，還慫恿自己的親戚、朋友也來買。

從此，周家店鋪的生意越來越好，而那家進行不正當競爭的大店，則因為向顧客兜售劣質布料而遭到眾人嫌棄，最終倒閉。

有同行羨慕周掌櫃會做生意，就厚著臉皮來問他從哪裡可以進到發光布料。周掌櫃沒有隱瞞，一五一十地將財神給自己託夢的事情說了出來。

此事一傳十十傳百，最後大家都知道了這個祕密。

就這樣，在每年的農曆七月二十二日，即墨城內的每家店舖都會拜財神，流傳至今，便有了七月二十二日迎財神的風俗。

正說財神

財神因掌管天下財富，所以渴求財富的人們都會對祂進行供奉。不過，中國的財神分為文財神和武財神，文財神有比干、財帛星君、祿星等，武財神有關公、趙公明等，財神類型不一樣，拜起來講究也不一樣。

文武財神畫像。

北方人愛拜趙公明，而港、澳、臺地區的商人愛拜關公。關公又分為紅衣和綠衣兩種。紅衣關公應請在家中，可鎮宅保平安；綠衣關公應請在企業裡，以輔助生意。

文財神應該放在靠近門口的

左、右兩側，且面對屋內；武財神應該面向屋外。

另外，對於財神爺的擺放最大的禁忌是千萬不要將文財神爺和武財神爺一起擺放，這樣不僅發揮不到雙倍的效果，反而可能影響各自的招財效果，擺一個即可。

當然，財神爺的擺放也有一定的禁忌，首先不可對著廁所、房門和飯桌。另外，祖先不宜與財神平排。

總之，無論你擺設怎樣的財神，只要擺在合適的位置上，再加上你的虔誠祭拜，財神一定會為你帶來好運。

如何請財神？

請財神可分為幾個的基本步驟：一、選擇適合自己的財神；二、選擇安放財神的位置；三、在良辰吉日對財神進行開光及安神；四、請法師在財神像內進行裝藏；五、在法師的指導下將財神放至神龕內，才算真正將財神請到。

金元寶與癩蛤蟆

命中註定的財富

有些人拜財神，總是急於求成，拜了一段時間就搖頭嘆息：我這麼誠心，怎麼還沒發財呢？

其實，不必太擔心，只要勤勞踏實，有發財的信心，就一定能獲得財富。有句話說得好：命裡有時終須有，是你的錢財，一定不會從你手中溜走的。

有這樣一個故事：

在淄川五松山下，住著一位姓張的青年。張生吃苦耐勞、忠厚老實，儘管自己不富裕，卻經常做善事，村裡人提起他，都會不由自主地豎起大拇指。

不過，張生老婆不滿丈夫在日子困難的情況下施捨財物，因而總跟張生生氣。張生疼老婆，總跟老婆說：「別急嘛，我這是在積德，好人有好報，我們肯定會發財的！」

也許是上天聽到了張生的心聲，某天晚上，他作了個奇怪的夢，夢見財帛星君和福、祿、壽三星先後前來對他說：「看你這麼善良，我們就送你一罈金子吧！」

張生醒來也沒多想，第二天仍舊照常做農活。

沒想到，他在荒地裡刨土時，意外挖掘出一罈金元寶。

張生嚇了一跳，暗想，這不和夢中的人說的一樣嗎？莫非真是財神顯靈，要賜我錢財？

可是他轉念一想，覺得不能亂動金子，也許這是哪戶人家特意藏在此處的，如果自己偷偷拿走，人家豈不是要急死了？

就這樣，張生沒有拿黃金，反而把罈子重新埋在地下，然後回家告訴了老婆。

他老婆一聽，氣得暴跳如雷，跟他大吵大鬧，罵道：「你施捨東西給別人也就算了，你怎麼連財神給你的黃金都不要！我怎麼嫁給你這樣迂腐的人！」張生也不跟老婆吵，只是訥訥地嘟囔著：「不要著急，是我們的，跑也跑不掉！」

兩人的吵鬧聲驚動了隔壁的王老漢。老漢一聽，高興得嘴巴都合不攏，他急忙叫上兒子，拿起鋤頭就往埋金子的荒地裡跑。

到了田裡，父子二人果然刨出一罈金子，他們激動得心臟都快蹦出來，卻居然耐著性子在荒地裡躲了一天，才在半夜時分悄悄把罈子運回家。

一回到家中，張老漢全家都守在罈子旁邊，迫不及待想看看這輩子都沒見過的金子。誰知，當罈蓋打開的一瞬間，金子竟消失無蹤，變成了一壇癩蛤蟆！

癩蛤蟆很多，還到處亂跳，把王老漢的屋子搞得烏煙瘴氣。王老漢的老婆火冒三丈，罵丈夫想發財想瘋了，居然把癩蛤蟆當黃金帶回家。

王老漢一腔怒火無從發洩，順手就操起鏟子，將癩蛤蟆全都鏟起扔進了張生的院子裡。

第二天，張生起床時，驚訝地發現自己家裡到處都是發著金光的黃金。他急忙叫老婆出來，欣喜地說：「我說得沒錯吧！這是上天給我們的，跑不了！」張生的老婆不由得佩服丈夫的智慧，拉著丈夫一起下跪磕頭，感謝財神的恩賜。

正說財神

財帛星君李詭祖的外形很富態，是一個面白長髭的長者，面似富家翁，身穿錦衣繫玉帶，左手捧著一個金元寶，右手拿著寫有「招財進寶」的卷軸。相傳祂是天上的太白星，屬於金神，祂在天上的職銜是「都天致富財帛星君」，專管天下的金銀財帛。

福、祿、壽三星：「福星」手抱小孩，象徵有子萬事足的福氣。「祿星」身穿華貴朝服，

福壽祿三星。

手抱玉如意，象徵加官晉爵，增財添祿。「壽星」手捧壽桃，面露幸福祥和的笑容，象徵安康長壽。

福、祿、壽三星中，本來只有「祿星」才是財神，但因為三星通常是三位一體，故此福、壽二星也因而被人一起視為財神供奉了。

擔任文職，以及受雇打工的人，均宜擺放或供奉財帛星君或者福、祿、壽三星。

元寶

元寶。

元寶是小船的模樣，中間並無凸起，有些甚至用「金塊」、「銀塊」來形容更合適。另外，普通貧民家裡是沒有金、銀的，頂多有一些碎銀。真正在市面上流通的，是銅錢。擁有元寶的，無外乎是官府、商賈之類的富裕階層。

財神隱居

神仙也想過凡人的生活

凡人總在羨慕神仙生活，殊不知，神仙也想過過「只羨鴛鴦不羨仙」的日子呢！

在清朝乾隆年間，江蘇江陰有一位叫阿成的青年，他非常孝順，為了照顧生病的娘親，將家裡僅有的兩間瓦房都給賣了出去。可惜，最終娘親還是不幸離世。

孤身一人的阿成沒有容身之處，只好住在山上一處破敗的廢廟裡。

眼看又是一年春節，在這萬家團圓的時節，阿成不免有些傷感，很希望能有個人陪自己說說話。

大年初一那天，阿成早早就起床，希望能討個好彩頭。

他剛出門，卻見門口來了一個人。此人頭髮亂蓬蓬的，臉也髒兮兮的，還縮著脖子把手插進袖筒裡，模樣十分滑稽。

阿成以為來人是乞丐，不由得心生憐憫，就讓那個人進了家門，還找來一件補丁很多的棉衣讓那個人穿。

那個人洗了把臉，棗紅色的臉龐露了出來，竟然是個威武的男子，他的胸前還有三縷長髯，一看便知出身不凡。

阿成不敢相信自己的眼睛，吃驚地問：「你應該來自大戶人家吧？

怎麼跑我這裡來了？」

那個人捋了一把鬍子，笑道：「兄弟，你有所不知，我姓關，在一個財主家當總管，誰知財主年前突然去世，留下一堆財產不知如何分配，現在他的子女們天天吵著要我分家產，我煩不過，只好出來避一避風頭。」

阿成覺得關總管人很有趣，就把家裡僅有的一盤葷菜拿出來招待他。

兩個人談得十分投機，還結為義兄弟，關總管笑呵呵地對阿成說：「兄弟，你要答應我，不能對任何人講我的身分，否則我們就做不成兄弟了！」

阿成覺得奇怪，但也沒有多問，此後關總管就經常來阿成家，還會帶酒、肉過來，託關總管的福，阿成的伙食也大大改善。

一個月後，關總管再次來到阿成家，還特意背來一麻袋草籽。阿成不解，問道：「這些種子有什麼用？」

關總管不直接回答，只是笑著說：「我把錢種下去，你就等著娶老婆吧！」

等第一場春雨過後，關總管種下去的種子冒出了新芽，原來是一片片綠油油的青蒿。

阿成大笑，揶揄關總管道：「這就是你給我的錢啊？」

關總管不吱聲，只是笑。

眼看著五月份到了，忽然有一天，關總管來找阿成，催阿成將青蒿葉晾曬，然後碾成粉末製成藥丸。

阿成十分信賴這位大哥，照辦不誤。

八月份一到，山下的人得了一種怪病，症狀為渾身忽冷忽熱，反覆不斷。這時，關總管又來找阿成，說人們得的病是瘧疾，青蒿丸是治病的良藥，讓阿成去賣藥。

就這樣，阿成靠著藥丸賺了不少錢，還蓋了房子娶了老婆。他在佩服關總管的同時，又不禁暗自疑惑，大哥是怎麼未卜先知的？

又是一年春節到，正月初五那天，阿成帶媳婦去趕集，碰巧看到大家去關帝廟拜神。

阿成夫婦也一起來到了關帝廟，一到廟裡，阿成就驚呆了：那關總管不正是關老爺嗎？

兩個人買完東西回家，看見關管家正在家門口坐著。

關管家笑瞇瞇地站起身，對著阿成夫婦作了個揖，笑道：「兄弟，我又來打擾了！」

阿成媳婦頓時驚慌失措，「撲通」一聲跪倒在地，連連磕頭，口中直呼關老爺。

關聖帝君沮喪不已，搖頭嘆息一聲：「唉，好不容易可以過普通人的日子，現在又做不成了！阿成兄弟，保重！」

說完，他就消失不見了。

阿成追悔莫及，只能遺憾地祝福這位神仙朋友能再度過著隱居的生活。

正說財神

武財神關羽。

武財神關聖帝君，就是大家都熟悉的三國名將關羽。祂神威凜凜，一臉正氣，妖魔鬼怪敬而遠之，供奉關聖帝君，不僅會招來財運亨通，財源廣進，還可保闔家安康，所以南方生意人多有供奉。

另一個武財神趙公明，法力無邊，可降龍伏虎，驅邪斬妖，北方的很多生意人都供奉祂。趙公明口黑面黑，有玄壇之説。有武財神趙公明在，群魔懾服，商家生意興隆，財源廣進。

只羨鴛鴦不羨仙

有考證，這句話應是初唐四傑之一盧照鄰的《長安古意》的演變。原句為「願做鴛鴦不羨仙」。已故武俠大師梁羽生是「只羨鴛鴦不羨仙」的首位改編者，他至少在自己的三部武俠小說中提及這句詩。後來，徐克導演在著名的電影《倩女幽魂》中引用梁羽生的詩句，使「只羨鴛鴦不羨仙」成為眾人皆知的一句話。

尋找金庫大門

財神蟲的故事

在淄川，流傳一個財神蟲的傳說——

財神蟲，顧名思義，就是能找到財富的「蟲」。不過這隻蟲子並非昆蟲，而是一條蛇。財神蟲極其難得，牠與財帛星君李詭祖有著不解之緣。

當年，天界的金庫藏在五松山天齊嶺一個叫嬤嬤幢的山頭上。金庫鑰匙由仙界的天齊嬤嬤掌管，嬤嬤在一年之中很少下凡，她也不會將鑰匙交給凡人的，所以凡人都不知道這座金庫的大門在哪裡。

在五松山下長大的李詭祖不信這個邪，隨著年齡的增長，他越是對金庫好奇起來。

有一年，村裡遭遇十年不遇的乾旱，村民們吃光了僅存的糧食，餓得連路都走不動。李詭祖看大家飢寒交迫的樣子，十分心疼，就再度萌發上山尋找金庫的念頭。

於是，祂整天就在嬤嬤幢尋覓，餓了就採點野果，渴了就喝點山泉水。皇天不負苦心人，某天，祂無意間發現了一個長得像鑰匙一樣的蘑菇，放眼望去，前方居然還有！

這鑰匙蘑菇就像地標一樣，每隔數米就有一個。李詭祖順著蘑菇生長的方向摸索過去，最後找到了一個洞口。

祂欣喜萬分，覺得希望就在洞口裡。這時蘑菇已經沒了，洞口只有一條金黃色的小蛇。

小蛇一見有人來了，趕緊往洞裡溜，李詭祖拔腳就追了上去。

沒想到這個洞九曲十八彎，李詭祖一路摸爬滾打，有幾次差點摔進暗河裡，才終於找到金庫的大門。

可是李詭祖又犯了愁，祂沒有鑰匙。這時，那條金色小蛇扭動著身子，居然爬進了鎖孔裡。只聽「啪」的一聲，鎖開了，大門徐徐開啟，門內金光閃爍，刺得李詭祖的眼睛都快睜不開來。

靠著小蛇的指引，李詭祖終於找到了金庫，用裡面的錢財來賑災救民。

祂有求必應，被老百姓們尊為財神，至於那條小蛇，則被人們稱為「財神蟲」。

李詭祖很感激財神蟲，就把牠帶下山去，幾百年後，財神蟲爬進了一戶郭姓人家的院子裡，來到米缸後就不動彈了。

郭家的人一開始沒注意到財神蟲，後來發現米缸裡的米怎麼吃也不見少，不禁大為驚異，這才發現缸裡有條極小的蛇。

郭家的人聽說過財神蟲的傳說，就下跪磕頭，感謝財神的恩賜。有了財神蟲在，郭家的米怎麼也吃不完，就拿來救濟窮人，這讓郭家逐漸稱為當地的大善人。

有一年，郭家想整修房子，就請人幫忙，結果全村百姓出動，一下子來了幾百人。

做飯的可能有點手忙腳亂，他「靈機一動」，將財神蟲直接放到做煎餅的盆裡，以為如此一來，煎餅就不會減少了。

誰知，煎餅盆裡的麵糰太黏稠，財神蟲悶死在裡面了。

從此，世間就沒有了財神蟲。財神為了表彰財神蟲的功績，就把牠變成一把金鑰匙，專門為眾生開啟財富之門。

正說財神

福和財是幸福生活的兩個方面，二者不能相互取代，有了財不一定有福，有福不一定有財，而增福財神李詭祖能夠同時滿足人們對福和財的追求，因此受到人們的崇拜。特別是經過唐明宗和元朝的兩次冊封，使祂成為家喻戶曉的文財神。

增福財神。

在人們所信奉的文武財神中，趙公明是姜太公封的神，關公和李詭祖是經過官方認可的文武財神。因此許多財神廟都同時供奉趙公明，關公和李詭祖。在明清時期，當舖房屋的設置均有一定規則，櫃房（對外營業室）的照壁頂部要設一神龕，龕內供奉三位財神：趙西元帥、關夫子、增福財神。

增福財神往往和福、祿、壽三星一起被人供奉，有「五福臨門」之意。

民謠《正月初五迎財神》

爆竹一響把門開，增福相公進家來。相公是天上仙，家住淄川五松山。
相公是曲周人，陰陽兩界都為神。左如意、右元寶，財也來，福也到。
左青龍、右白虎，福祿壽喜進我府。上管官、下管民，管了福祿管財運。
一撒金、二撒銀，撒完搖錢樹，再撒聚寶盆。
保你五穀豐登收成好，保你五子登科六六順。

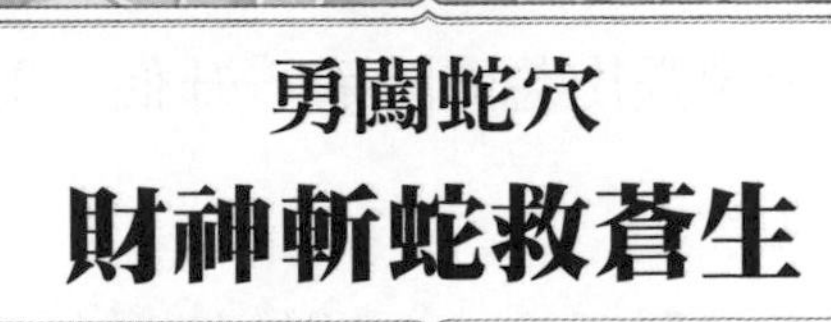

勇闖蛇穴
財神斬蛇救蒼生

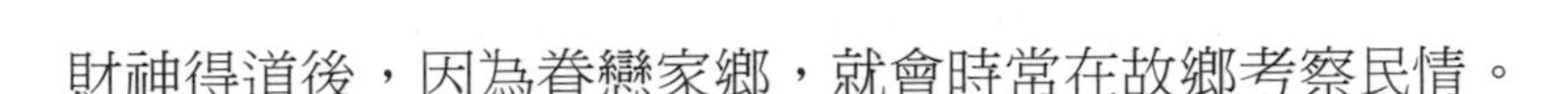

財神得道後，因為眷戀家鄉，就會時常在故鄉考察民情。

有一年，關中地區瘟疫橫行，百姓們全都發起了高燒，輕者喉嚨腫痛、四肢無力；重者臥床不起，甚至一命嗚呼。

財神心急如焚，祂知道這種病需要一種叫「冰片」的神奇藥物來瀉火，才能治好。

可是要找冰片談何容易！因為冰片是巨蛇呼出的氣在岩壁上的霜狀凝結物，單不說蛇窟難尋，就是找到巨蛇後，那番惡鬥也令人生畏。

然而財神並沒有懼怕，祂明知巨蛇是千年蛇精，但還是毅然踏上尋蛇的漫漫征途。

有一天，他來到終南山，遇見一個老婆婆，老婆婆喜笑顏開，彷彿發生了什麼天大的喜事。財神正想向老婆婆打探消息，老婆婆卻激動地對祂說道：「我要成仙了！」

原來，老婆婆已在山上一座廟前的菩提樹下修持了三十年，從未發生過奇蹟，可是最近幾天，她忽然發現自己的身體變輕了，每次只要一坐到樹下的蒲墊上，自己就會慢慢升空。

財神聽完，眉頭緊鎖，祂看這老婆婆的面相，並不覺得她能修行到升天的境界。於是，祂提出想看一看「升仙」的過程，老婆婆就帶祂去了自己修行的地方。

在菩提樹下，老婆婆雙手合十，開始打坐，不一會兒，她果真身體開始上升，然後又降回地面。

財神環顧四周，赫然發現在對面的山腰上，盤桓著一條碗口粗的大蛇。那蛇只要呼一口氣，就能讓山谷雲霧繚繞，而牠只需吸一口氣，身邊的鳥獸都會進入牠口中。不過，老婆婆距離牠很遠，不能一下子將老婆婆吸過去。

財神趕緊將此事告訴老婆婆，老婆婆明白此事後，嚇得臉色發青，立刻躲在遠處。

財神並不害怕，祂每天在樹下打坐，任巨蛇對著自己吸氣。

那條巨蛇幾天前因為飢餓，所以吸氣的力度不夠，後來牠逐漸恢復了元氣，力量也越來越大，於是，財神一天比一天升得高，直到有一天，祂消失在山谷的雲霧中。

在遠處觀望的老婆婆心中不由得一緊，她急忙向對面山腰望去，忽然，一聲雷鳴般的巨響傳來，緊接著便是一道寒光，只見一條無頭巨蛇飛出，跌下萬丈懸崖。

老婆婆驚出一身冷汗，急忙下山去找人幫忙，當大家摸索到蛇窟的洞口時，只見財神已經笑瞇瞇地站在大家面前了。

原來，財神早有準備，祂知道巨蛇早晚會把自己吸進嘴裡，就手持利刃，等待接近蛇口的那一刻。當巨蛇將祂吸過去時，祂一刀砍下了巨蛇的頭。

財神請村民們將蛇窟岩壁上的冰片挖下，然後用車載運，送至全國。

透過財神的仗義相救，無數受瘟疫禍害的人撿回了一條命，大家都交相稱讚：原來財神不僅送財，還能送平安啊！

正說財神

透過這個故事，我們可以瞭解到，財神並非人們單純想像的只送錢財，像祿星、藏傳佛教裡的綠財神等，都是可以保事業的財神；像鍾馗、秦瓊、尉遲恭這類財神，則是保護家宅平安的財神；像三官大帝這樣賜福解厄的財神，可令人們遠離小人，少受災難困擾。

財神。

選擇適合自己的財神

財神分文財神和武財神，要根據行業的性質特點來選擇。一般情況下，文職人員、正常的買賣交易、商業貿易是供奉文財神。文財神沒有偏心偏向，祂會根據你的命理福報，和你的行為付出，來分配財運。武財神適合於武職人員、演藝界等行業，武財神關羽主仁、義、禮、智、信，也就是說，你只要具備這五德，就會讓你財源滾滾。

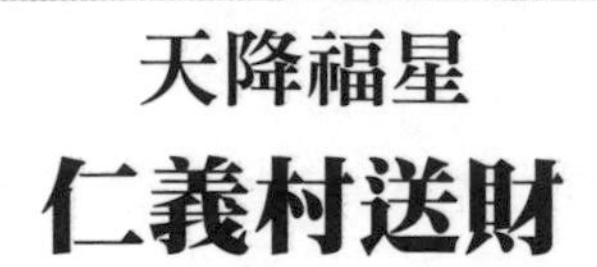

天降福星
仁義村送財

在古代的山西境內，有這樣一個村落，村裡的人不以財富的多少來衡量身分，而以仁義道德來做為一個人的評價標準，因此這個村被稱為仁義村。

仁義村並不大，只有不到十戶人家。雖然村裡的生存環境很差，但全村人善良淳純樸，有福同享，有難同當，因此在周邊的村落裡名聲很好。

有一年，村裡最窮的李老漢要給兒子辦婚禮。大家都知道李老漢手頭不寬裕，就紛紛幫他湊錢，有些實在出不起錢的，也給李老漢送來了米。

就這樣，婚禮便在這一團和氣中開開心心地辦了起來，大家都說有了全村人的祝福，這個喜宴會變成全村的喜事。

沒想到，婚禮進行到一半，忽然來了一個面容枯槁的老人。老人全身素白，顫顫巍巍地拄著枴杖，一副命不久矣的樣子，驚得大家下巴都快掉了下來。

老人到了李老漢家門口，連招呼也不打一聲，就直往裡闖。儘管很晦氣，但李老漢還是笑臉相迎，請老人就坐。

可是老人理都不理他，而是蹣跚地往新房走去，進房後就直接就往新娘子的床上一躺，呼呼大睡起來。

這下，村民們紛紛感到很生氣，幾個年輕人認為這老人是故意找碴，挽起袖子就想去揪他。李老漢想了一想，示意大家安靜下來，他說：「我們仁義村一直都是樂善好施，如今這個老人需要找個地方休息，我們為什麼不能幫他一下呢？今天是個大喜的日子，請大家不要破壞這喜慶的氣氛。」

於是，婚禮照常舉行，一直到深夜才結束。李老漢送走最後幾個客人後，忽然想起那白衣老人還沒吃飯，就急忙讓兒子給老人送飯。老漢的兒子進新房後，叫了老人幾聲，見對方沒有反應，就將被窩一掀。

他立刻驚呼一聲，老漢全家以為老人有不測，趕緊奔過來看。頓時，眾人也嚇呆了，因為被窩裡根本就沒有老人，只有一尊用純銀打造的巨大「銀人」！

李老漢並沒有隱瞞這件事情，第二天他就通知全村來分銀子。老漢把銀人兌換成了幾萬兩銀錠，分給村裡的每一個人。

從此，村民們富裕了，他們用手裡的錢發展副業，修路蓋房，將仁義村改頭換面，每戶人家都過得更加幸福美好。

正說財神

仁義村坐落於陝西省晉中市靈石縣南關鎮下轄村，村裡人口眾多，保留的古蹟也非常之多。

現今，村裡仍有古廟十七座，供奉很多神仙，不僅有趙公明、關帝、星君、三官等財神，還有觀世音、龍王、羅漢等菩薩，且大多保存完好。其中，以關公廟和三官大帝神殿的風貌最佳。

在靈石境內，有這樣一個典故：據說在西元一九〇〇年，慈禧太后西巡走山西官道，碰巧經過晉北靈石縣。她認為靈石縣民風淳樸，便命令隨從掀開轎簾，不必擔心自身安危；但當她一入晉南，便立刻放下轎簾，因為她不信任晉南的百姓。此事在靈石縣北部廣為流傳，至今已不知真偽。

供財神

財神要放在人多的地方，因為財神喜歡熱鬧和喜慶；財神周圍要明亮，最好有長明燈，特別是從大年三十晚上到初一一天的燭光是不能斷的，有條件的話可以在財神前播放財神咒或一些喜慶的音樂；給財神上供，最好是在你還沒有吃的時候先供給祂。上香前要洗漱乾淨，要恭敬、虔誠，這樣會讓你財運更多、更旺。

會下金蛋的鵝
武當山的傳說

財神雖然生財不盡，卻也懂得勤儉持家的重要性。在武當山上流傳著這樣一個故事，財神為點化奢靡浪費的財主，送來一隻會下金蛋的鵝。至今，山上還有一座財神廟，銘記著財神的諄諄教誨。

當年，武當山下來了一位老人，他不肯透露名字，只說自己姓趙。老人在山下找了一塊平地，蓋了一個簡單的窩棚，就這樣住了下來。

他以撿垃圾維生，出門就提著個破竹籃，卻不見他往竹籃裡放東西。陪在他身邊的，是一隻癩皮狗和一隻從不下蛋的鵝。

狗和鵝彷彿知曉主人窘境似的，非常節儉，每天狗只吃一口飯，鵝只吃一小把穀子。這兩隻動物從不排泄，也從不叫喚，安靜得像兩尊會動的石頭。

在老人住處附近，有一個村子，村裡住著一個錢員外。錢員外財大氣粗，鋪張浪費得厲害。他為了吃驢唇，會殺掉整隻驢，除了驢唇外，剩餘的肉就扔在水溝裡；他穿過的衣服，只要稍微有點汙漬，就扔在垃圾堆上，哪怕是綾羅綢緞，也毫不心疼。

老人勸錢員外節儉一點，誰知錢員外大發雷霆，反罵老人多管閒事。老人沒有反駁，只是一笑了之，把錢員外扔掉的飯菜帶回去餵他的狗和鵝。

說來也怪，狗和鵝食量驚人，無論錢員外扔掉多少飯菜，牠們都能全部吃掉。錢員外被激起了好勝心，他命人將裝滿十輛牛車的食物倒在垃圾堆上，孰料不到一炷香時間，竟也全被狗和鵝吃光。

一天清晨，當太陽露出第一線曙光，鵝突然叫起來，緊接著生出了十個金蛋；狗也跟著吠起聲，拉出十個銀錠。

從這天開始，金蛋和銀錠就源源不斷地來了。老人微笑著，將金銀送給窮人，自己卻依舊省吃儉用。

後來，金銀實在太多，堆不下了，老人就把金銀鑄成了桌椅、馬鞍等用具，擺放在自己的窩棚裡。

那個錢員外，卻因為坐吃山空，最終破產，淪落到要討飯的境地。他實在是窮得吃不到飯菜，就去找老人，乞求老人也發發善心，送自己一些金蛋和銀錠。

老人對著員外嘆息道：「別小看一粒粒糧食，積少成多，也是一筆巨大的財富。這些金銀，都是我的狗和鵝吃了你扔掉的糧食才生出來的，你以後可要勤儉居家啊！」說完，掏出一些金銀給員外。

員外表面上唯唯諾諾，但一有了錢，又開始花天酒地，很快就窮得兩手空空。他看著老人家裡的金銀桌椅，起了歹心，在一個深夜放了一把火，妄想將老人燒死，獨吞老人的財產。

眼看著窩棚倒塌，老人也沒有出來，員外得意地放聲大笑。然而，頃刻之間，他的笑容僵在臉上。因為火中忽然出現了一隻美麗的鳳凰，牠載著老人，升上了夜空。這時，老人的癩皮狗變成了一隻黑老虎，一口咬死了錢員外。

大火過後，老人屋裡所有的家具都成了石頭，讓那些貪財的人唏噓不已。

人們這才知道，這位老人就是財神趙公明，於是在武當山上給祂建了一座財神廟，希望財神常回家看看，為百姓送金銀。

正說財神

在中國，財神並非只有一個人物，而是一個群體的統稱，所以在泰山、堯山、廬山等地都有財神廟。

武當山的財神廟也被稱為黑虎廟，據說此地是趙公明降伏黑虎的地方。目前這座財神廟遺存兩座四合院，廟後有黑虎橋和黑虎洞，廟宇之上還有一棵三百多年樹齡的古樹。

華夏第一財神廟

在趙公明的故里陝西周至縣集賢鎮趙代村，建有一座號稱「華夏第一財神」的神殿，那裡不僅供奉趙公明，也供奉著南海觀音、關公等眾多文武財神，整座神廟包括了賜福殿、財神殿和三霄殿，形成了一個比較完整的財神體系。

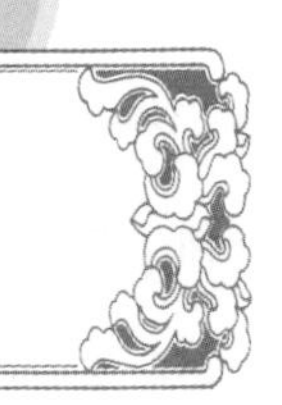
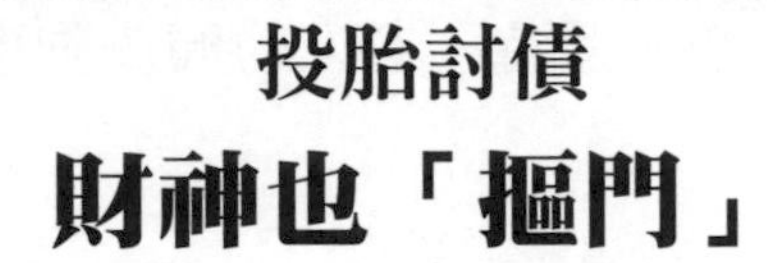

投胎討債
財神也「摳門」

不要以為財神只會送財，祂也會討債哦！

當年，財神在天界每日受人香火供奉，感到十分膩煩，就溜下凡間，隱居在一個小漁村。

村裡有個青年叫王天誠，是個孤兒，以捕魚維生，因為家境貧寒，一直沒娶媳婦。

財神來到漁村的時候，正巧王天誠補到幾條魚，財神想嚐一嚐鮮魚湯的味道，就向王天誠買魚。

哪知王天誠看財神一副髒兮兮的可憐樣，以為祂是個乞丐，二話不說就送了財神一條魚，還主動拿出自己的鍋碗，為財神煮魚湯。

財神非常感動，認為王天誠是個善良的人，就掏出一個香爐，對他說：「我有一樣東西寄存在你這裡，下次等我過來時，你再還給我吧！」

王天誠以為財神是帶著香爐不方便，便一口答應了，正好他想燒香拜財神，覺得這香爐能派上用場，心中還有點高興。

財神走後，王天誠就把香爐放在家裡，出門買香去了。等他回來一看，香爐裡竟多出了一個銀錠！

王天誠百思不得其解，還以為是誰不小心放進去的。哪知第二天，香爐裡又出現了一個銀錠。此後，香爐裡每天都會固定生出銀錠，王天誠這才知道這個香爐是個寶貝。

他沒有花掉銀錠，而是把銀子存在家裡，耐心等財神回來。

可是有一天，海面上忽然湧起巨浪，波浪越來越高，眼看著就要把村莊吞進大海。村長急忙召集村民轉移，王天誠沒有辦法，只好帶著香爐遠走他鄉。

一個月後，財神來到此處，發現王天誠已經不見蹤影，不由得氣得捶胸頓足，悔恨自己看錯了人，他決心將王天誠找到，給他一個教訓。

再說王天誠，他在異鄉定居後，用香爐裡的銀子置地做生意，賺了不少錢，後來娶妻生子，日子過得很幸福。

王天誠的兒子人小鬼大，對金錢極為敏感，有一次，一個客人來

財神和福神。

店裡買了很多東西，結帳時王天誠一時算不出來，沒想到他兒子竟然一下子報出了正確的數目，讓王天誠不禁嘖嘖稱奇。

等兒子十歲時，王天誠要為兒子慶祝生日。在生日當天，他仔仔細細端詳了一下兒子的容貌，心中一驚，差點沒從座位上摔下來。

他從兒子的臉上依稀看到送給他香爐的財神的樣子！

王天誠是一個聰明人，他知道這是財神轉世討債來了，其實他本來心裡就愧疚，早就想償還財神，所以幾年之後他便早早立下遺囑，寫明將自己的全部財產留給兒子。

後來，父子二人相安無事，王天誠度過了一個幸福舒適的晚年。

正說財神

投胎本是佛教用語，指人或動物死後，經六道輪迴，靈魂投到天道、人道、阿修羅道、畜生道、餓鬼道和地獄中，其中投到人道中的靈魂，可托生到即將出世的胎兒身上，重新在人世間走一遭。

財神投胎只是一個傳說而已，相信財神也不會那麼小心眼，非得用投胎的方式去教育凡人。只是大家在發財的時候，應當先捫心自問一下，這個財是否發得正當，發得問心無愧。

「摳門」的由來

相傳，古時候有一個財主是鐵公雞，不僅不愛花錢，還總喜歡佔便宜。

有一次，他去廟裡燒香，看到廟門上刷了金粉，就去摳門，想把金粉摳走，結果就衍生出了摳門這個語詞。

第四章 財神的神獸與法器

被感化的坐騎
玄壇黑虎

古時候，在終南山的密林深處，有一座伏虎山，山上矗立著一座伏虎寺。在寺廟的旁邊，有條虎溪，虎溪之上有座虎溪橋，據說當年有一隻黑虎，經常在虎溪橋上出沒，危害百姓的性命。

在黑虎出現之前，虎溪橋是進出山的交通要道，百姓們將山中的野味藥材、名貴林木運到山外，可以賺不少錢。誰知，一隻如野牛般大小的黑虎斷了人們的財路，並且這隻老虎異常兇殘，每次現身都會致人於死地，讓百姓們十分害怕。

自從黑虎來到虎溪橋之後，山裡的人經常命喪虎口，他們不得不拖家帶口，逃到偏遠的地方去；而山外的人則寧願餓死，也不敢再進山冒險了。

正在終南山修行的趙公明得知此事後，就告誡自己的三個義妹不要隨便外出，等他修成正果後，自然會收拾黑虎，以確保眾人的安全。

可是碧霄、雲霄、瓊霄三姐妹自恃修練多年，以為自己的功力了得，不聽勸告，跑到虎溪去遊玩。

結果，她們和黑虎碰了個正著。黑虎正愁填不飽肚子，眼下見嘴邊來了三塊鮮美的肥肉，不由得樂得鬍鬚亂顫，一個虎撲，就向三霄躍去！

三霄有法術在身，並不害怕，只見碧霄扔出一個錦袋，將黑虎裝入袋中。可是這黑虎並非等閒之輩，牠有五百年功力，早已修練成精，牠發出雷鳴般的咆哮聲，將袋子抓破，一把將碧霄撲倒在地。

雲霄見形勢危急，趕緊從頭上摘下帽子，扔向空中。一剎那間，帽子變成一口金鐘，將黑虎罩了進去。可是黑虎狠命一跳，將金鐘掀倒，然後又兇猛地對著雲霄撲來。

碧霄一看，立刻把手中的竹籃扔向黑虎。竹籃瞬間變成一個鐵籠子，將黑虎牢牢地困在裡面。可是那黑虎的力氣實在太大了，用尾巴一陣狂掃，鐵籠被撕扯得七零八落。

這時，三霄才意識到她們遭遇了勁敵，嚇得瑟瑟發抖，縮成一團。

黑虎洋洋得意，正想好好大吃一頓，不料趙公明突然從天而降，攔下口水直流的黑虎。

黑虎怒火萬丈，伸出利爪就向趙公明撲去。趙公明揮舞繩索，纏住了老虎的尾巴，黑虎拼命掙扎，卻始終難以脫身。

沒有辦法之下，黑虎只好使出縮骨功，妄圖逃之夭夭。趙公明見老虎要溜，纏住老虎的脖子，然後縱身一躍，跳到老虎背上，迅速取出一個黃金項圈，套在老虎脖子上。最後，這隻威震群山的虎精，只能溫順地束手就擒。

趙公明並未殺死黑虎，而是讓牠成為了自己的坐騎。黑虎感激趙公明的網開一面，從此就對主人忠心耿耿，鞍前馬後地效勞。

後來，趙公明得道成仙，黑虎也成為解厄鎮宅的神仙。

人們感激趙公明伏虎的正義之舉，就把他稱為「趙黑虎」，在年畫上畫出他騎黑虎的英姿，來紀念這位善良的財神。

正說財神

武財神趙公明胯下的「玄壇黑虎」。

因為趙公明被人們稱為趙玄壇，他的坐騎黑虎也被稱為「玄壇黑虎」。

據說，這隻黑虎毛髮如黑炭，除了額頭上的「王」字白斑，渾身上下沒有一絲雜毛。在年畫中，人們也經常將財神身下的黑虎畫得威風凜凜。

在《封神榜》中，則將趙公明伏虎的原因寫成是趙公明缺乏坐騎，不過無論傳說怎麼變化，財神伏虎都為後人所津津樂道。

民間避邪之虎頭鞋

趙公明有避邪黑虎，民間也隨之效仿，將老虎「穿」在腳上，即成為虎頭鞋。虎頭鞋，顧名思義，就是在鞋面上縫上老虎的模樣，顏色以紅黃為主，是孩子穿的一種鞋子，據說可以驅鬼避邪，健康長大。

鎮宅之神

貔貅

貔貅至今被人們當作鎮宅之神，牠之所以具備這樣神奇的功能，還得感謝財神趙公明。

當年，趙公明還在趙代村生活的時候，和母親相依為命，他自小體力驚人，十歲便能挑著一百斤重的木柴回家。

時間過得很快，轉眼間，趙公明已經十八歲了。這天清晨，他爬上半山腰，正想砍柴，忽然聽見東面傳來一聲淒厲的叫聲。

趙公明從小在山中長大，知道一定是有什麼野獸落入了陷阱，就趕緊跑過去看。

當他來到那隻野獸面前時，不由得驚訝萬分。只見一隻比成年牛馬還大的動物正在拼命哀嚎，而牠的兩隻腳，早已被捕獸器夾得鮮血淋漓。

趙公明見那野獸頭上長有一角，與村裡老人們講述的貔貅如出一轍，就懷疑自己遇見的這隻神獸是貔貅。他知道貔貅異常兇猛，擔心自己救了神獸之後反被吃掉，因而十分猶豫。

這時，貔貅又叫起來，聲音悽慘無比。趙公明把心一横，再也不顧自身安危，將貔貅流著血的雙腳從捕獸夾裡放了出來。

貔貅一邊舔著傷口，一邊盯著趙公明看，趙公明有點害怕，就慌忙拾起柴刀，往家中跑去。

他飛快地跑著，卻聽到背後風聲四起，那隻貔貅竟也追著他往村裡跑。趙公明緊張地汗流浹背，一口氣奔回家，把門死死地鎖住，半天都不敢出來。

後來，門外逐漸沒了動靜，趙公明和母親這才小心翼翼打開門，只見門口居然堆了一些金銀珠寶。趙公明這才知道，貔貅是報恩來了。

此後，貔貅每天都會在趙家門口放些錢財，趙公明知道貔貅沒有惡意，就開始接近這隻神獸，最終，他們成了很好的朋友。

有一天，貔貅再度光臨，然而這次，牠帶來的不是金銀，而是一個女人。

趙公明嚇了一跳，嘆息道：「貔貅老兄，你也不用為了報恩，去強搶民女啊！」

貔貅彷彿沒聽懂似的，將女人往地下一放，就離開了。

過了一會兒，那女人悠悠醒來，一見趙公明在面前，捂著臉「哇」地一聲哭起來。

趙公明急得直搓手，說自己不是壞人，那女子卻嗚咽著說出了自己的身世。原來，她是附近村落裡的村姑，被村裡財主看上了，財主屢次逼婚不成，竟想把她搶回家。她為避開財主，只得逃出家門，哪知半路滾下山坡，幸好被貔貅所救，才安然無恙。

趙公明的母親見這位姑娘美麗大方，十分喜歡，就勸姑娘嫁給自己的兒子。姑娘也對趙公明非常有好感，就含羞答應了。

兩人成親的消息很快傳到鄰村的財主耳朵裡，財主氣得肺都要炸了，他立刻糾集家丁，來趙公明家裡抓人。

就在財主來到趙家門口的時候，他身後忽然陰風四起，接著，一聲怒吼震破天際，一隻貔貅猛地將他撲倒在地，幾下就將這個惡霸撕成碎片。家丁們見狀嚇得屁滾尿流，紛紛扔下武器倉皇逃竄。

從此，再也沒有人敢來找趙公明的麻煩了。

後來，趙公明去終南山修道，被封為華夏財神，那隻貔貅也緊跟在祂身邊，沾了仙氣，被封為鎮宅財神，至今仍受到追捧。

正說財神

自古以來，貔貅都是人們口中避邪招財的神獸，據說牠能吞財物而不泄，所以對聚財極為有利。

貔貅分雌雄，雄性叫「貔」，雌性叫「貅」，後來人們貪圖方便，就統稱其為貔貅。貔貅除了基本的鎮宅招財功能外，還具有化太歲、促姻緣等作用。

貔貅。

據《山海經》記載，貔貅有龍頭、馬身、麒麟腳和雙翼，看起來是多種動物的綜合體。牠的頭上長有一角或兩角，單角貔貅被稱為「天祿」，雙角的則被稱為「避邪」，而今貔貅多以一角造型為主。

擺放貔貅的禁忌

貔貅無肛門，代表財富只進不出，所以要將其頭部朝向門外，象徵將屋外的財富找回來給主人。但謹記，不能將貔貅的頭部對著正門，因為正門是財神執掌的地方，如此擺放反而達不到招財的效果；貔貅不能腳直接著地，也不能擺放高過人的頭部；一旦放好貔貅，就不要輕易搬動，若搬家，得用紅布把貔貅的頭部包起來；不要隨便摸貔貅的眼睛、嘴巴和鼻子，因為這些部位都是用來尋財的。

改邪歸正的金鼠
吐寶鼠

相信很多人在參拜財神時，都會留意到一隻被財神拿在手中、口吐珍寶的財鼠。這隻鼠名為吐寶鼠，是八大龍王的眷屬，本領高強，能吐出三界所有的奇珍異寶，是一隻超級能招財的神獸。

不過，吐寶鼠在早些年恃才傲物，並不甘心為人們帶來財富，牠甚至極端蔑視世人的求財心理，認為人們因慾望而變邪惡，所以牠對人類並不友善。

可是龍王一心向善，想為世人招財納福，吐寶鼠滿心不情願，趁龍王不注意，偷偷溜出了海底，來到人間。

當時正好是寒冬臘月，吐寶鼠一上岸就後悔了。龍王的宮殿雖然在海底，卻因有神器庇護，一年到頭溫暖如春，可是凡間卻是寒風凜冽、大雪紛飛，凍得吐寶鼠直打哆嗦。

沒多久，吐寶鼠的周身被冰雪覆蓋，牠覺得身體越來越僵硬，呼吸越來越困難，終於，在呼嘯的北風中，閉上了眼睛。

沒過多久，一位高僧剛巧經過吐寶鼠的身邊，他注意到地上有一小塊被雪蓋住的金黃色的東西，就將其撿了起來。

高僧拂去這個黃色物體上的雪之後，驚訝地發現，自己手中捧著的，竟然是一隻毛髮金黃的老鼠。

高僧從未見過這種顏色的老鼠，認為這必定是一個珍稀的動物，便小心翼翼地將吐寶鼠濕漉漉的毛髮擦拭乾淨，然後揣進懷裡，用自己的體溫去給這個小東西取暖。

高僧一路前行，來到了一條小河邊。他試了一下水，發覺河水並不深，就想涉水到對岸去。於是，他脫下長衫，想將金鼠裹在衣物裡。

可是，當高僧取出金鼠的一剎那，他嚇呆了，這時捧在手心的已不是一隻老鼠，而是一條毒蛇！

原來，吐寶鼠藉著高僧的體溫，逐漸恢復了意識，牠在睜開眼之後，第一個反應就是要咬死面前的這個僧人，因為牠覺得只要是人，就不會善良。

高僧看著毒蛇凌厲的三角眼，心中舉棋不定。他知道毒蛇一定會咬死自己，還不如現在就扔掉蛇，任由其自生自滅。可是他又覺得在如此寒冷的季節，毒蛇肯定會被凍死，放任不管有違仁慈的本性。

最終，高僧決定遵從內心的選擇。他拿起毒蛇，將其裹進衣服裡，然後用雙手捧著貼在自己的胸口，說：「蛇啊蛇，即便我被你咬，我也不會讓你掉入冰冷的水中。」

吐寶鼠聽後有些不敢相信自己的耳朵，這時，高僧唸起心經，吐寶鼠醍醐灌頂，不禁為自己過去的想法感到極度羞愧。

高僧渡過河之後，想穿上衣服，當他打開衣物時，卻驚訝地發現吐寶鼠已經消失無蹤，取而代之的，是一塊如老鼠般大小的金塊。

吐寶鼠回到海底後，不再妄動邪念，而是虔心修行，想達到至真至純的境界。後來，龍王在觀世音面前發願，願解救天下蒼生於困境中，吐寶鼠也跟著一起發願，願為世間增添財富。

就這樣，吐寶鼠成為財神手中的象徵，無數珍寶從牠口中吐出，從沒有間斷。

正說財神

吐寶鼠和貔貅一樣，只吃不吐，不過牠不光吃金銀珠寶，任何東西都能做為牠的食物，而牠卻能將所有吃下去的東西變成摩尼寶珠吐出來。

吐寶鼠。

在唐宋之際，吐寶鼠不僅是財富的創造者，還是財神多聞天王的助手和合作者。在安西榆林窟裡，有多幅多聞天王與吐寶鼠在一起的壁畫，而在《大唐西域記》裡，也詳細記載了吐寶鼠助多聞天王保衛于闐國的神話傳說。

三界的具體指代

佛教中的三界是指慾界、色界和無色界三界。慾界有六道，分別為地獄、餓鬼、畜生、人、阿修羅、天；色界位於慾界之上，分初禪天、二禪天、三禪天和四禪天，那裡的眾生雖未擺脫肉體束縛，卻已脫離食色慾望，因而沒有性別之分；無色界是佛教徒的最終追求，那裡脫離一切慾望，眾生甚至連身體也不存在，一切都處於自由的狀態。

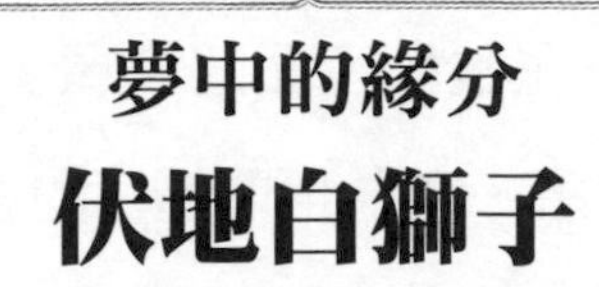
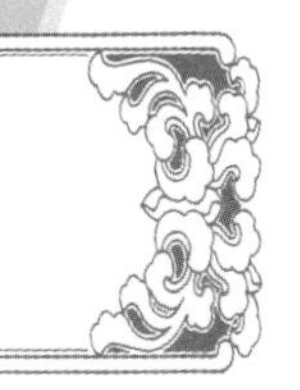

夢中的緣分
伏地白獅子

財神分很多類型，祂們的坐騎自然也是五花八門，在佛教中，有些財神騎一隻白色的獅子，這隻白獅張大嘴巴，模樣威嚴，也是一位非常重要的財富守護神。

白獅的前身是印度的一位渡津者，他的佛名叫筏馱摩那。

筏馱摩那是印度耆那教的創始人，也是降臨在世上的最後一位渡津者。

耆那教稱教主為「大雄」，意思即是「偉大的英雄」。他們認為入滅是大雄一生中最美好的時光，每逢一位大雄離世時，都要舉行盛大的慶典儀式，並認為天神也在同一時刻將珍寶、鮮花和香氣化作甘霖遍灑人間。

耆那教第一代教主勒舍婆那陀的孫子摩利支從小就聽祖父說，將來上天要命他做最後一位渡津者，所以從現在起，他就應該多做善事。

摩利支非常虔誠，他希望自己在轉世之後能投胎到婆羅門家族，成為與神界最接近的人。於是，他一心向善，不斷施捨財物給窮苦的百姓，得到了眾人的一致讚許，耆那教也為教派中出了這樣一位善人而感到自豪。

摩利支死後，果然如願以償投胎到一戶婆羅門家，然而天神帝釋天卻如雷轟頂，因為根據神諭，最後一位渡津者應該出生在剎帝利家族中，摩利支雖然是好心，卻違背了神的旨意。

帝釋天趕緊派命運之神去糾正這個錯誤，命運之神迅速將摩利支的魂魄移入一命剎帝利女子睹梨娑羅懷中。

睹梨娑羅是一個國家的王后，她與國王結婚後整整三年沒有孩子，心中十分焦急。

某日，她跪在聖泉旁邊，雙手合十，祈求上天賜給自己一個孩子。她虔誠地祈禱，乃至眼中不斷湧出淚水，沾濕了那張如百合花般純潔的臉龐。禱告完畢，她用金碗在聖泉中盛了一些聖水，喝了下去。

當天晚上，她作了一個漫長而離奇的夢。夢見天空中灑下皎潔的銀色月光，那光輝織成了一條長長的光帶，從天上傾瀉下來。無數鮮花在光帶中綻放，在花蕊的深處，無數的寶石閃耀著璀璨的光芒。

最後，一隻渾身雪白的獅子從光帶上走下，緩緩地伏在地面上，對著她微笑，似乎在等待著她的靠近。

睹梨娑羅知道這個夢預示著有重大的事情發生，果然，第二天她就懷孕了，十個月後生下了筏馱摩那。

多聞天王的坐騎 -- 伏地白獅子

多聞天王的坐騎白獅子。

筏馱摩那從小就英勇無比、智慧過人，他的狩獵技術全國第一，連戰神都起了好勝心，要跟他比試一番。

戰神交給筏馱摩那三支箭，要他去射一里地之外麋鹿的眼睛。筏馱摩那射了一支箭，就準確無誤地射中了。當他射第二支箭的時候，戰神舉起戰斧，扔向那支飛射在空中的羽箭。筏馱摩那趕緊射出第三支箭，將戰斧釘在樹幹上。

戰神表示羞愧，黯然離去。

此時，帝釋天覺得該讓筏馱摩那修行了，就喬裝成僧侶，去人間說服他。

筏馱摩那對佛經非常感興趣，他萌生了發菩提心的想法。可是他是一個非常孝順的兒子，為了不使父母難過，就立下誓言，不在父母在世時出家，還遵照父母的指示，結婚並生下一個女兒。

在筏馱摩那二十八歲時，他的父母先後去世了。筏馱摩那在此後的兩年間，不斷將家產分發給百姓，直到家產散盡為止。百姓們十分愛戴他，稱他為活財神。

筏馱摩那三十歲那年，終於如願以償地出家修行了。他在外雲遊十二年，終於功德圓滿，成為耆那教的大雄。

三十年後，他在白婆城歸天。

臨死前，筏馱摩那發誓要為世人創造更多的財富，上天感動於他的一番苦心，讓他的靈魂投射於一隻白獅子上，常伴在多聞天王左右，繼續為凡間行善積德。

正說財神

神獅來自南亞，並非中國本土產物。中國人雖然不是特別喜歡獅子，但中國人鍾愛的四大圖騰——龍、鳳、龜、麒麟，都由獅子的形象演化而來。

白獅子是財神的眷屬，也是財富的守護神，同時牠還是鎮宅的神獸。古人常在寺廟、官衙門口擺放一對雌雄石獅，以驅邪增福，保佑安康。

印度的四大種姓

古代印度將人分為四種階級，每級都有一個種姓，分別是：婆羅門、剎帝利、吠舍、首陀羅。婆羅門地位最高，由僧侶構成；剎帝利是戰士和統治者，用來保護婆羅門，吠舍是農民和商人，首陀羅地位最低，由奴僕構成。

千年降龍之寶

縛龍索

大家都知道，財神趙公明手中有一個極其厲害的法器叫做縛龍索。

縛龍索，顧名思義就是能抓住天龍的繩索。令人驚奇的是，這個法器雖然是神龍的剋星，最開始卻歸龍族所有，還直接導致了龍族勢力的一落千丈。

話說在數千年以前，天庭有四大天王：東天王神龍鼇烈、南天王三眼李霄、西天王美髯公姜祁和北天王大耳余檜。

鼇烈自恃神龍族勢力浩大，不把天帝放在眼裡，更別提其他三位天王了。南天王和西天王因此大為不滿，決定消滅忤逆的龍族。

某天上朝，鼇烈又被李霄和姜祁參了一本，心中火氣久久不能平息，祂咬牙切齒，決定先發制人，給天界一個血的教訓。

回到龍族後，鼇烈趕緊集結兵力，並對兒子鼇舫說：「快打起十二萬分的精神！我們很快就要攻破天庭，成為天界的王了！」

鼇舫卻擔心道：「如果攻不破怎麼辦？」

鼇烈心一沉，嘴上卻逞強道：「不會的，我們兵力雄厚，法力又高強，不會輕易被打倒的！」

實際上，鼇烈心中「咯噔」一下，因為祂想起了自己交給天庭保管的縛龍索。

上古之神軒轅帝為震懾龍族，在洪荒之初打造縛龍索，而後神索就一直懸掛在大雄寶殿之上。

鼇烈成為龍族的王者後，十分忌憚縛龍索的威力，因為一旦被神索套牢，就會立即喪失戰鬥力，淪為任人宰割的對象。

於是，鼇烈用法力將繩索封印在天牢石棺裡，若無他的解咒，誰也不能取出神索。

然而，鼇烈輕視了三眼天王的神眼威力，三眼破解了縛龍索的魔咒，將神索取出，把鼇烈打死。

龍宮裡的家眷也被殃及，成為天兵天將的刀下鬼，好在鼇烈的兒子鼇舫從小勤於修練，總算是殺出一條血路，衝出重圍。

可惜，縛龍索的威力過於強大，鼇舫再強大，也難逃神索的束縛。祂拼命掙扎，身中數箭後墜入海中，從此杳無音信。

不過，鼇舫並未死去，祂藏進了一處隱蔽的洞穴中。這洞穴是祂父親鼇烈生前祕密建造的，為的就是保護龍族的安危。

誰知，縛龍索實在是太堅不可摧了，鼇舫被結結實實地捆了幾千年，一直捆到力竭身亡，也無法逃出生天。

鼇舫的魂魄不甘心，便附在縛龍索上，每逢大雨天，海底的洞口就會發出絕望的哀鳴聲。

後來，財神趙公明有一次經過洞口的時候，聽到了魂魄的哭喊聲，就進洞將縛龍索取了出來。

趙公明發現這條神索能捆住世間一切事物，尤其是在天上飛的東西，就利用這條縛龍索降伏了很多鬼怪和神仙。

後來祂發現，縛龍索還能捆住世間財富做為己用。於是，趙公明就用縛龍索招來不少珍寶，為百姓創造了很多福利。

正說財神

縛龍索。

縛龍索因財神趙公明而為人所熟知，傳説這條神奇的繩索是由赤紅龍的龍筋打造而成，具有縛龍捆仙的神力。

赤紅龍是一種生活在海底火山裡的蛟龍，牠的口中能噴出熊熊烈焰，身上的鱗片則堅不可摧。據説牠若心情不好，就會攪動海水，從而引發劇烈的海嘯和海底地震。

趙公明得到了縛龍索後，曾用這條繩索與姜子牙作戰，結果被姜子牙施法術收走，不過後來，姜子牙又將縛龍索還給趙公明。

軒轅帝

軒轅帝是一般所說的黃帝，他是上古時代的一位著名首領。相傳，他生下來即能說話，十五歲便知曉天下一切事物，他打造了上古神器軒轅劍，此劍後來成為十大上古神器之首。

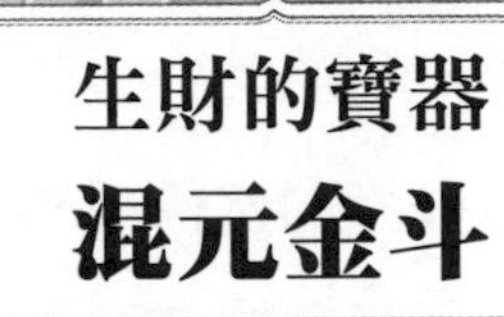

生財的寶器
混元金斗

財神招財，自然少不了法器。

相傳，財神有八大法器，其中一樣原本為財神趙公明的三個義妹三霄娘娘所有，名為混元金斗，可生出天、人、鬼等生命，也能變出無數金銀，是一件頗為厲害的法器。

在忻州地區西北部，曾有一座著名的古剎宏佛寺，在寺廟附近有一座三霄宮，宮裡供奉著三霄娘娘。三霄娘娘的混元金斗擺放在最顯眼的位置，彷彿在訴說著一個古老的傳說。

在五百多年前，中國的河曲縣有一位窮苦的農民，他每日起早貪黑地耕作，希望憑藉自己的勤奮，讓家庭富裕起來。

可是，就算他披星戴月地工作，把自己累出了一身病，一年到頭也賺不了幾個錢，變富的想法始終只是鏡花水月。生活的重擔壓得農民喘不過氣來。

有一天中午，他在田裡鋤草，鋤著鋤著覺得很熱，就坐在田裡擦汗休息，結果忍不住瞌睡蟲的侵襲，竟然睡著了。

在睡夢中，一位高大威猛、手執金鞭、坐於黑虎之上的元帥突然跳了出來，對農民說：「你若想發財，光靠工作是不夠的。」

農民一聽話裡有玄機，趕緊「撲通」一聲跪下，滿臉懇切地追問：

「元帥，請問我該怎麼做？」

那元帥哈哈大笑，將金鞭指向宏佛寺的方向，說：「這座山上的三霄宮裡有一具混元金斗，你將它放在宏佛寺的大殿內供奉，每天燒香磕頭，不能間斷。三年之後，將金斗打開，必有喜事發生！記住，不能告訴任何人！」說罷，元帥身形一閃，消失得無影無蹤。

緊接著，農民也醒了過來，他仔細回想著夢中人的話，覺得這一定是財神給自己指路來了，便不敢怠慢，放下鋤頭就往三霄宮跑。

他來到三霄殿後，果然發現有一具亮閃閃的金斗擺放在香案上。他虔誠地對著三霄像拜了又拜，然後用黃布將金斗包裹好，翻過山頭去宏佛寺。

當他到達寺廟之時，天色已黑。農民將金斗放在神臺上，在香爐裡點上香，磕了幾個頭，才下山去了。

此後的三年中，農民每日早晚來宏佛寺磕頭燒香，無論颳風下雨，從未間斷。因為要朝拜，他耽誤了不少的工作，也招來家裡人的很多埋怨，但他將苦水都往肚裡吞，從未將實情告訴任何人。

終於，三年的最後一天來到了。

這一天，農民激動地燒完香磕完頭，然後用顫抖的雙手打開包裹著金斗的黃布。

奇蹟果真發生了！只見一道五彩霞光從金斗中升起，剎那間，祥雲四起、鸞鳳齊鳴，三位美麗的娘娘站在彩雲之上，笑意盈盈地看著農民。

農民慌得心臟一陣亂跳，急忙撲倒在地上，磕頭如蒜搗，口中不停地祈禱：「求娘娘助我發財！」

混元金斗

三霄娘娘不禁莞爾一笑，和聲細語地對農民說：「你看看金斗吧！」

農民好奇地抬起頭，發現三霄娘娘已經消失無蹤，他趕緊去看金斗，頓時感動得熱淚盈眶。原來，金斗中裝滿了金銀財寶，那是農民工作幾輩子都賺不了的財富啊！

後來，大家都知道了金斗的祕密，就蜂擁來到宏佛寺。

可是當他們來到寺廟後，卻發現金斗已被三霄娘娘收回，再也沒有出現過。

正說財神

混元金斗的形狀與古代的米斗類似，是一個方體的法器，但卻是用黃金製成的，所以單從材質上來說，也是價值昂貴。

據《封神演義》描述，混元金斗是開天闢地時天地自然生長出來的法器，可以裝盡乾坤萬物，能將世間珍寶一併收藏。

古代計量單位——斗

斗，是中國古代的計量單位，一斗有十升，以人們食用的白米為例，每升米重約一．二五斤，所以一斗米約重十二．五斤。

剪財沒商量
金蛟剪

在財神的義妹三霄娘娘手中，另有一件神奇的法器——金蛟剪。這把金剪是一件極其厲害的攻擊性法器，為通天教主賜給三霄的鎮山之寶。

不過，此物跑到財神手中，自然還有招財的用處，這得從古代徽州的一個村莊說起。

南宋時期，在黃山腳下，有一個居住數百人的小村落，除了一位姓洪的財主，村裡的其他人都很窮。

幸好黃山裡有很多山珍野味，村民們平時在山上春挖野筍、夏捕石雞、秋採山菇、冬獵野兔，日子勉強還過得下去。

某天，有人在山裡的小溪邊發現了一隻娃娃魚，便將娃娃魚帶回了家。此事被洪財主得知後，馬上帶領家丁搶走了魚。

不僅如此，他還貪心地想：「山裡肯定還有娃娃魚，我要趕緊下手，不能讓其他人給捉走了！」於是，他下令封山，不准百姓再上山採掘捕獵。

村民們紛紛抗議，讓村長到洪財主家評理。

年邁的村長拄著枴杖來找財主，控訴道：「山腳下的田地你佔了大半，百姓們連飯都吃不到，這座山是他們唯一的生計來源，你現在還要強行斷了他們的活路，良心何在？」

洪財主勃然大怒，大罵村長：「你竟敢教訓我！來人，趕他走！」

幾個強壯的家丁，硬是把村長推出了家門。

洪財主是個心胸狹隘的小人，他對村長說過的話耿耿於懷，竟派人在半夜趁村長熟睡的時候放了一把火，妄想將村長燒死。

好在村長的兒子大牛很快就察覺，一家人才倖免於難。然而，村長的房子卻成了廢墟。

大牛懷疑是洪財主搞的鬼，就怒氣沖沖地去找他算帳。

洪財主囂張地說：「你又沒有證據，憑什麼說是我做的，豈有此理！」

他命人將大牛打了個半死，然後將他扔到了野地上。

大牛痛得無法動彈，趴在泥地上不斷呻吟。

這時，突然出現了一個老公公，他關切地問大牛發生了什麼事情。

大牛咬牙說明了原委，老公公若有所思，他攙住大牛的胳膊，說：「先回去吧！別讓你父親擔心。」

大牛硬撐著站起來，當他起身後，忽然覺得痛楚減輕了很多。

老公公笑著對大牛說：「我去幫村民討公道，你等我消息。」

未等大牛阻攔，老公公就往洪財主家走去，他來到洪財主家門口，說要為村長討毛竹建房子。洪財主本來就心裡有鬼，礙於情面接待了老公公。

他很不耐煩地說：「村長家著火跟我有什麼關係，憑什麼跟我要竹子？」

老公公笑著說：「誰都知道整座山都是你的，想蓋房子當然得找你啊！」

洪財主從鼻子裡發出一聲「哼」，不屑地說：「我可以給，但不能多給！」

「沒有關係。」老公公顫顫巍巍地從懷中掏出一把銅質剪刀，說：「我只要這把剪刀能剪掉的毛竹就夠了。」

洪財主啞然失笑，覺得這老頭瘋了！一把小小的剪刀，就是一根竹子也剪不斷啊！於是，他眉開眼笑地答應了老公公的要求。

令洪財主萬萬沒有想到的是，老公公來到山上後，拿出剪刀往空中一扔，那剪刀竟然越變越大，比整座山還要大，只見整個天空都閃耀著剪刀發出的金光，簡直比陽光還明亮。

洪財主慌了神，他知道這一剪下去，整座山都會成為不毛之地，到時他的損失就大了，趕緊向老公公求情。

老公公笑著捋一捋鬍鬚，讓洪財主下令解除封山的命令，洪財主不得不照辦。

村民們歡喜無比，感激老公公解除了他們的困境。

可是洪財主不甘心，暗地裡派出數十個家丁，來謀害老公公。

村民們都勸老公公逃走，老公公卻不慌不忙，又從懷裡掏出金剪。金剪旋即變大，將洪財主和他手下的爪牙全都剪成了兩半。

最後，村民們分了洪財主家的財富，過著幸福安定的生活。

正說財神

金蛟剪原是兩條太古時期的陰陽蛟龍，二龍由龍之始祖受陰陽雙氣孕育而成，實力不容小覷。偏偏這兩條龍為非作歹，在海裡四處作亂，惹來水族一片恐慌，後來通天教主親臨東海，將兩龍斬殺，又將二龍的屍體裝入九龍鼎，施聖人元力燒煉蛟龍，經九九八十一天後，終於煉成金蛟剪。

金蛟剪。

通天教主是何方神聖？

傳說盤古開天闢地後，祂的元神一分為三，大哥是太上老君，二哥是元始天尊，三弟就是通天教主。這三兄弟分別掌管人、闡、截三教。通天教主住在金鼇島碧遊宮，被稱為混元大羅金仙，其教派在三教中勢力最大。

盤古。

使用不當反招災禍
聚寶盆

若問百姓最渴望財神的哪件法器，不用說，一定是聚寶盆。因為此物的招財功能強大，且立竿見影，所以民間有不少關於聚寶盆的傳說故事。

財神自然知道百姓的心願，祂當年突發其想，想將聚寶盆送給一戶人家，看凡人是如何使用這個招財聖器。

祂來到了一個叫潘村的地方。

當時，村裡正巧來了一對逃荒的夫妻，丈夫叫華良，妻子叫梁花，帶著三個兒子，找了一間破舊的財神廟安定了下來。

梁花將財神廟打掃得煥然一新，連蒙了厚厚一層灰的木製財神像都被她擦得一塵不染。財神頓時對這戶人家有了好感，便開始留意起他們的一舉一動。

梁花做得一手好麵條，夫妻兩人，就借錢在家門口擺了一個攤子，專門賣麵條，雖然賺不了多少錢，卻也過得其樂融融。

財神很滿意，覺得將聚寶盆送給這對夫妻沒有錯，就託夢給華良，告訴他，水缸裡有個大瓦盆，可以聚財生寶，讓財富源源不絕。

不過，財神又告誡華良，這個寶盆要使用得當，若居心不良，則會給自己帶來災禍。

華良醒來後，趕緊告訴妻子這個消息。

夫妻二人好奇地來到水缸旁邊，果然在缸底撈出一個寶盆。

梁花放了一粒米進盆裡，盆裡開始霧氣升騰，緊接著，一整盆米出現在二人面前！

梁花記住了財神的話：不能居心不良。

於是，她立下家規，讓聚寶盆只當面盆使用，不得做其他事情。

誰知，華良卻趁妻子不在的時候，偷偷在盆裡放了一枚銅錢。第二天，梁花發現了整盆的銅錢，十分生氣，訓斥丈夫利慾薰心。

華良憨厚地笑道：「我以後不敢了，把這些錢用來裝修財神廟吧！」

一晃很多年過去了，靠著聚寶盆的神奇力量，華良夫婦賺了不少錢，他們早就搬出了財神廟，在寺廟的東面蓋了三間大房子。

他們的三個兒子也已成家立業，無需再依靠父母生活。

後來，梁花得了重病，不久就撒手人寰。華良想，大兒子開飯店，老三開布店，只有老二還在種田，不如將聚寶盆給老二，家產給老大和老三，也算公平。

可是，老大和老三見老二分了一袋穀子，卻依然很快樂的樣子，不禁起了疑心，追問父親實情。華良沒辦法，只得將聚寶盆的事情告訴三個兒子。

老大和老三不服，要搶聚寶盆，老二忠厚老實，覺得留著聚寶盆不一定就是福氣，就說自己不想要。

經過協商，聚寶盆歸三兄弟輪流使用。

老大第一個將聚寶盆拿回家，將一錠銀子放進盆中，不一會兒，就收穫了一盆銀子。他激動得兩眼放光，不停往盆裡放銀子，連飯也不吃了。

一直忙到半夜，老大那間房子裡全堆滿了銀錠，可是他還是不滿足，紅著眼睛繼續讓聚寶盆變銀子。

只聽「轟隆」一聲巨響，老大的房子因承受不住重負，一下子坍塌了。

老大家附近的老二和老三聽到響聲，急忙去救人。

可是，他們一直找到天亮，也不見老大的影子，而那滿屋的銀錠也變成了一塊一塊的石頭。

華良這才想起財神的話，不由得痛哭流涕，悔恨自己沒有教育好兒子，才釀成今日的結局。

正說財神

聚寶盆是民間傳說中普遍流行的一個寶物。清康熙年間，知府周人龍還在自己的著作《挑燈集異》中，特地描述了聚寶盆的生財功能。

在關於聚寶盆的諸多傳說中，最為人所知的是沈萬三的聚寶盆。相傳，明太祖朱元璋嫉恨沈萬三有聚寶盆相助，就挖破南京皇城內的城牆，用聚寶盆堵住缺口，所以，皇城內迄今為止還埋著那個聚寶盆。

聚寶盆的擺放位置通常是按照家中賺錢最多的人的出生年份找出財神方位，然後把風水法器放在這位置上即可。

聚寶盆。

三清宮聚寶盆

在江西上饒三清山三清宮景區內，龍首山龍虎殿後側的南方約二十公尺處，有一處明朝開鑿的圓形洞穴。此洞並不深，卻終年積水不乾涸，被人們稱為聚寶盆。該地的旁邊原本長有一株小葉奇樹，沒有人知道該樹的品種，便稱其為搖錢樹。

觀音賞賜的防小人武器
量天寶尺

財神趙公明司天下財富的分配，必然要求其公平、公正，那祂該如何合理分財呢？不用擔心，祂用手中的量天寶尺就能輕鬆解決這一難題。

要說趙公明能得到這件法器，還得感謝觀世音菩薩。

當初，觀世音菩薩仗義相助，才讓祂化解了小人之災。所以，想讓小人退散的人，可以請一把量天寶尺放在家裡避邪。

話說，當年趙公明在羅浮洞修練的時候十分忘我，一晃幾千年過去了，祂竟渾然不覺。

某一日，祂正閉目冥思，忽覺自己已修成了大羅神仙，不由得大喜。可是祂掐指一算，算出自己以後將遭遇封神之劫，而姜子牙就是祂的頭號敵人。劫數註定躲不過。

後來，趙公明下山，果然和姜子牙對決，結果被姜子牙使用詭計暗算致死。

趙公明縱然失去肉身，元神依然存在，被姜子牙封於封神臺內。

姜子牙並不想封趙公明為神，祂陰險地想：「封神臺這麼堅固，不如就讓那姓趙的在裡面待下去吧！」

趙公明當然知曉姜子牙的心思，祂冷哼一聲：「就憑這小小的封神臺，能封得住我嗎？」

祂環顧四周，發現封神臺裡除了有自己的義妹和徒弟外，還有很多戰敗而亡的將領。

趙公明立刻興奮起來，祂自建組織，取名為「拔牙幫」，號召大家推翻封神臺，重獲自由。

眾元神一呼百應，齊心協力去碰撞神臺。

一連數日，姜子牙見封神臺搖搖晃晃，知道必有巨變，祂算了一卦後，大驚失色，急忙去請女媧娘娘幫忙。

女媧娘娘唸起咒語，用四塊補天石黏住封神臺的四個方位，趙公明就再也無法掙脫封神臺的束縛了。

姜子牙暗自冷笑，以為從此可以高枕無憂。誰知陰差陽錯，趙公明還是被封了神，祂的元神投胎到一個姓趙的清貧之家，結果又被父母命名為趙公明。

趙公明雖具有凡人的肉身，可是心裡仍然明白自己是神仙。祂從出生之日起就尋思著要去修練，無奈顧及父母養育之恩，只能暫且幫家裡做點事，以盡孝道。

趙家以賣油為生，趙公明從小就幫父母做賣油的買賣。

有一天，正當祂在攤位上歇息時，忽然來了一個老人，提了一個空瓶子說要買油。

趙公明細細一看，發現此人正是姜子牙，不由得氣得咬牙切齒。

祂本不想搭理姜子牙，無奈周圍的百姓太多，祂不想引起眾人的注意，就陰沉著臉問：「祢要買多少油？」

姜子牙假裝老實地笑道：「不多不多！只要能裝滿這瓶子就可以了！」

趙公明沒好氣地取來油和漏斗，開始往姜子牙的瓶子裡倒油。誰知姜子牙又使詭計，祂的瓶子是個法器，無論趙公明倒多少油進去，始終不能倒滿。

這下趙公明再也忍不住，大罵姜子牙耍花招。姜子牙卻反將一棋，說趙公明昧著良心做生意。

兩個人在鬧市吵得不可開交，這時一個慈眉善目的女人走過來，遞給趙公明一把鐵尺，說：「吵也無用，反而傷了和氣，這把尺能量出你到底倒了多少油，你去量一下吧！」

趙公明接過了尺，往瓶身上一靠。

這下不得了了，瓶子裡的油「蹭蹭蹭」往上漲，不一會兒就湧出了瓶口，溢得滿大街都是。

原來這個女人是觀世音菩薩，還沒等趙公

量天寶尺。

明向她表示感謝，就消失不見了。

圍觀的人們紛紛指責姜子牙貪小便宜，姜子牙自知理虧，只得灰頭土臉地逃走了。

後來，這把鐵尺就一直留在趙公明身邊，祂還給尺取了個名字，叫「量天寶尺」，用來分配財富。

正說財神

量天寶尺是財神趙公明的招財八寶之一，其主要功能為辨是非、防小人，它能助財神公正廉明地處理財源的分流，從而實現世人希望的財富均勻分配的願望。

大羅神仙

大羅神仙也叫大羅金仙，是道教的最高等級之神，居於道教三十六天的最高層。在大羅境界中，一切永恆自在永恆不滅，代表神仙有玉帝、廣成子等。所以，修道之人的最高追求，就是能修成大羅境界。

玉皇大帝。

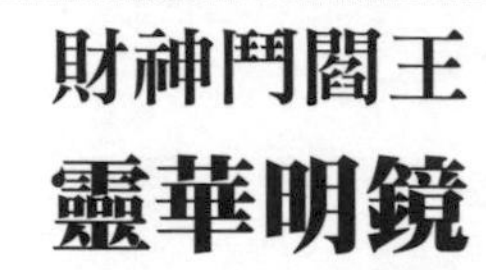

財神鬥閻王

靈華明鏡

財神手中有一面銅鏡，叫做靈華明鏡，此物非同小可，它能消災解厄、護身保宅。

財神經常拿這面鏡子來幫助百姓，久而久之，就和專勾人性命的閻王成了死對頭。

有一次，閻王查看生死簿，發現凡人越來越長壽，不禁疑團滿腹，就變成一個算命先生，去人間查探情報。

他來到街上擺攤，一個老婆婆過來算命，說自己兒子上京趕考都兩個月了，一點消息也沒有，想問問閻王究竟是怎麼回事。

閻王向對方要了生辰八字，一算，頓時喜不自勝，對老婆婆說：「妳兒子活不成了！」

老婆婆一聽，如五雷轟頂，哭著求閻王想辦法化解，可是閻王要她兒子的命都來不及，怎麼可能幫忙呢？最後，老婆婆只好一路哭著回家。

她在回去的路上恰好碰到了財神，財神見老婆婆很可憐，就問她發生了什麼事。

老婆婆如實相告。

財神拿出一面鏡子，看了看，當即明白了事情的原委。祂笑著安慰老婆婆：「妳不用擔心，我有辦法救妳兒子，妳只要每天傍晚跑到村子的東南口燒紙錢，然後大喊三聲妳兒子的名字，不要間斷，就可以了。」老婆婆忙點頭照做。

話說老婆婆的兒子科考完畢，已啟程趕往回家的路上。

這天傍晚，天一下子變得漆黑無比，豆大的雨點頃刻間落下，老婆婆的兒子慌忙跑到路邊的一座破廟裡避雨。

連日來的辛勞使他昏昏欲睡，正當他迷迷糊糊快睡著時，耳邊忽然聽到母親在喊自己的名字。他猛地驚醒，四下張望，發現身邊空無一人。

緊接著，母親的喊聲再度響起，他站起身，往門口走去，以為母親就在門外。接下來，又是一聲，兒子怕母親淋壞了身子，急忙衝出破廟去找母親。

就在兒子剛離開破廟的一剎那，屋頂轟然倒塌。兒子驚出一身冷汗，再也不敢躲雨，連夜趕回家。

閻王得知此事後，對財神恨之入骨，祂只得再度尋找陽壽快盡的人。

這一天，祂在路上碰到一個拾糞的老人。閻王一眼就看出老人命不久矣，不由得眉開眼笑地告訴對方：「我見你印堂發黑，是陽壽已盡之兆，不如回家安心休養，等待歸西吧！」

老人一聽，臉色大變，整個人宛若被抽去了靈魂，連話都說不出來了。

他回家後，就直挺挺地往床上一躺，閉著眼睛等死。老人的兒子急得不知如何是好，這時候，家裡忽然來了一個中年男子，說他能幫助老人延年益壽。眾人大喜，急忙懇求男子出主意。

男子掏出一面銅鏡，看了看，笑道：「後天是六月初六，王母娘娘的生日，你們要一早在西山山口擺放一桌酒席，然後耐心等待。」

老人一聽，激動得兩夜沒睡好，到六月初六那天，就擺好酒席，等待奇蹟來臨。

不一會兒，天上飄下來八個神仙，見路邊有一桌好酒好菜，就大吃大喝起來。

很快，八仙就醉得不知所以，老人趕緊從桌底下鑽出來，說：「祢們不能白喝我的酒，要拿壽數來換！」

八仙爛醉如泥，口中胡亂應答:「好好好，我們每人給你一百歲！」

結果，老人不僅沒死，還一下子增加了八百歲的壽命，成為日後人們供奉的壽星。

閻王見財神屢次阻撓自己的勾魂，氣得怒火直冒，祂找到財神，要跟祂鬥個你死我活。

財神不慌不忙掏出懷中的靈華明鏡，神鏡霎時放射出刺目的光芒，照得閻王眼前白茫茫如雪花。祂是地獄之神，本就不喜歡光明，當下受不了神鏡的威力，只好大叫一聲，回地府去了。

從此，閻王再也不敢輕易索人性命了。

正說財神

靈華明鏡的功能為消災解難，護身保平安，它還能照出三界之中的任意情境，能感知過去、預知未來，可以提前告知人們災難是否到來，是一件極其厲害的吉祥聖器。

靈華明鏡。

銅鏡

銅鏡是古人用來鑑形照影的器具，基本功能和現代的玻璃鏡一樣，只是材質不同，由銅、錫或銀、鉛製成。中國歷史上最早的銅鏡出自距今四千多年前的齊家文化，銅鏡的應用在唐、宋兩代達到高峰。

羨煞世人的聚財寶物
如意金鉤

在財神的法器中，有一個法器是祂親自煉製的，而冶煉的過程也頗為艱辛，這便是能鉤出一切財富的如意金鉤。

據說，財神為了煉出金鉤，花費了三年時間。

三年前，祂經過苦縣縣城的時候，發現當地的農田異常貧瘠，山上寸草不生，可謂是窮山惡水，便決定造出一隻金鉤，讓百姓脫離水深火熱的生活。

剛開始，他是想造一個金鋤的，可是後來一想，金鋤不如金鉤，不能鉤住很多珍寶，就打消了這個念頭。

財神在山下找來一個十三四歲的少年，雇他給自己打工。

少年聽說財神想讓老百姓過著好日子，激動萬分，表示願意無償為財神服務。

於是，少年每日在造金鉤的石屋裡拉風箱，而財神則去山上挖掘石頭。

財神已經看出來，苦縣的山之所以不長植物，是因為山體內部有頑石。這些頑石是鑄造金鉤的極佳材料，所以他堅持不懈地在山上採挖石塊。

終於有一天，財神挖著挖著，只聽「轟隆」一聲響，一個山洞露了出來。山洞頂部扣著一塊黑色的寶石，這便是第一塊頑石。

財神正要進洞，頑石張大嘴巴，向財神咬了過來，財神迅速閃到一邊，舉起钁頭，對準黑色頑石用力一劈，就見一顆銀灰色的寶珠從頑石腦中迸裂出來。

財神撿起寶珠，放進了衣兜。

此時，第一年過去了。

第二年夏天，財神又在山裡挖出了第二個山洞。那山洞有一戶人家的院子那麼大，洞頂依舊有一塊頑石，那頑石通體碧綠，照得洞裡如綠油油的草地。

那頑石看見財神，立刻撲了過來，將財神撲倒在地。

財神的肩膀被抓得疼痛不已，但祂忍住疼痛，伸手掐住頑石的脖子，硬生生將頑石摁倒。這時，石頭自動裂開，一顆比紅棗還要大的綠色寶珠跳了出來。

財神趕緊收起寶珠，繼續採石。

到了第三年，他又開鑿出一個山洞。

在洞中，長了好幾棵樹，其中一棵樹紅葉紅枝，上面結了一顆紅色的果實。

見財神過來，紅果發出一道金光，「啪」地一聲掉在地上，消失得無影無蹤。財神猜測這顆果實就是煉鉤的寶珠，心中十分高興，就想將寶珠挖出來。

突然，一個藍紫色的矮小石人從地下鑽出，張牙舞爪地向財神撲過來。

財神好不容易制伏了小石人，正想取出寶珠，卻見小石人忽然跳上枝頭，長到了樹上。緊接著，一顆鴨蛋般大小的紅色寶珠從樹上掉下來，正巧落到財神的手心裡。

財神見大功告成，頓感一身輕鬆，來到冶煉的石屋，將三顆寶珠放入煉爐中。

這一回，祂親自動手拉風箱，將煉爐的火勢加大。

七七四十九天後，如意金鉤從火中飛出，它金光四射，照得世間一片光明。

財神將如意金鉤往空中一扔，只見金鉤長得比大山還要寬闊，它往山頂猛地一撞，將整座山一劈為二。

財神又向江邊扔出金鉤，只見一條大河突然流出，引來江河之水灌溉萬物。

最後，財神向荒蕪的土地扔出金鉤，頓時，農田長滿莊稼，樹上結滿纍纍果實。苦縣在這一年，終於迎接了五穀豐登。

百姓們不再愁眉不展，特地為財神的如意金鉤造了一座塑像，以此感謝財神的慷慨幫忙。

正說財神

財神的如意金鉤和古代的如意鉤有所不同，如意鉤呈長條形，柄端是「心」形模樣。

而財神的如意金鉤卻是環狀模樣，且造型酷似一條龍，金鉤上有二十六枚銅錢，象徵勾住世間一切榮華富貴。

「如意」的作用

如意，梵語稱其為阿娜律，它有多種用途，既可防身，又能成為作戰工具，還能成為高僧講經的道具。因為如意代表一帆風順之意，所以常被贈送給遠行的人。而在最初，人們用如意來搔手指搆不到的癢處，覺得此物能盡人意，所以命名為「如意」。

如意。

秦始皇趕山填海的工具

鎮海神鞭

說到財神趙公明最喜愛的法器，必定是鎮海神鞭。

相傳，秦始皇統一六國後，野心無限膨脹，竟想著要把東海填平，讓國土無邊無際。

當時，北方的匈奴經常騷擾秦國邊境，秦始皇便抓來大量的壯丁去北方修築長城。

他殘暴無度，逼著壯丁沒日沒夜地修城牆，有些壯丁扛不住，活活累死在工地上，監工就命人將屍體填進城牆，然後繼續趕工。

在這場長年累月的壓迫中，無數壯丁變成累累白骨，北方的遼闊大地上哀鴻遍野。此情此景讓天上的財帛星君大為不忍，他變成一個年邁的老公公來到長城邊上，說要找自己的兒子。

壯丁們都很同情老公公，紛紛表示要幫助他。

老公公感動不已，取出一捆又細又長的鐵筷子，給每個工人發了一根。他說：「你們拖不動千斤重的石頭，就用筷子撬！」說完，他又走到其他地方發筷子去了。

壯丁們啞然失笑，有人開玩笑地用筷子撬了一下石頭，那石頭竟然骨碌碌地滾動起來！

大家這才知道自己遇到了神仙，心情頓時輕鬆起來，紛紛拿著鐵筷效仿。

有了神仙的幫忙，大家不再苦不堪言，每日都充滿了歡聲笑語。

可惜這個祕密讓秦始皇知道了，他按捺不住興奮，心想：「一根筷子就能趕走千噸大石，若將這些筷子鑄造成一條鞭子，豈不是能趕動大山、移山填海嗎？」

他迫不及待地收集鐵筷，重新燒鑄成一條鞭子，還為其取了一個孔武有力的名字：鎮海神鞭。

神鞭鑄成後，秦始皇來到中國的西域疆土，威風凜凜地舉起鞭子，對著崑崙山脈狠狠一揮。山脈痛地叫了一聲，被迫往東走去。

秦始皇還不滿足，他一路把沿途的大山都往東趕，就這樣，高山越聚越多，從遠處看宛若黑壓壓的烏雲，蔚為壯觀。

東海龍王很快知道了這件事情，急得差點沒暈過去。

祂想去求財帛星君收回神鞭，可是天上一日地下一年，等祂請來星君，東海早就一馬平川了。牠也不能直接跑去找秦始皇，因為牠也架不住鎮海神鞭的神力。

龍王最小的女兒知道父親的難處，就主動來找龍王，胸有成竹地保證一定能阻止秦始皇填海。

老龍王愁眉苦臉看著這個自己最疼愛的女兒，擔憂道：「可是妳不是神鞭的對手啊！」

龍女微微一笑，安慰父親道：「怕什麼！我可比秦始皇聰明多了！」

於是，龍女變成一個美麗的回鶻女子，來到貴州平壩的高峰山下，她拔下自己的金簪，在山腳下一畫，立刻變出一間草屋和一桌熱氣騰騰的飯菜，然後耐心等待秦始皇的到來。

不多久，秦始皇果然來到龍女這裡。他連日趕山，早已飢渴難耐，不由得垂涎欲滴地走進草屋裡。

龍女嫵媚地笑著，左勸一杯酒，右勸一杯酒，讓秦始皇喝得暈頭轉向。最終，秦始皇醉倒呼呼大睡。

龍女欣喜萬分，摘下一片棕櫚葉，吹了一口氣，變成一隻假的神鞭，然後帶著真鞭向龍王報喜去了。

鎮海神鞭。

第二天，秦始皇迷迷糊糊地醒來，發現自己躺在草地上，四周全是荒野。他大感不妙，急忙在懷裡一摸後，鬆了一口氣，還好，鞭子還在。

可是，當他起身想繼續趕山時，群山卻紋絲不動，他這才知道鞭子被少女偷樑換柱了，只得悻悻地回到咸陽。

至於那些被他趕過來的山，從此就留在了廣西、貴州一帶，形成了今日的十萬大山。

正說財神

財神的鎮海神鞭應屬硬鞭一類，不過既然屬於財神的法器，則具備多種功能，除了能趕山外，還能趕出世間財富，為人們合理分配。

十萬大山的範圍

十萬大山西起中越邊境，東至欽州市貴臺，是喜馬拉雅造山運動的產物。因其山脈綿延達一百多公里，看上去綿延不盡，故稱十萬大山。不過，十萬大山普遍不高，很少有超過一千公尺的高峰。

第二卷

放眼寰宇話財神

第一章 印度、日本、埃及等國以及印第安的財神

眾神創造的美麗天女
拉克什米

印度是眾佛之國，據說神明有三億三千萬，這其中，大小財神自然是不計其數。不過，在整個印度，公認的財神僅有兩個，一個為吉祥天女拉克什米，另一個則是象鼻財神。

拉克什米是一位非常美麗的女神，她的美貌令眾神傾倒，不過她並非由自然孕育而成，而是經眾神之手創造出來的。

據印度神話記載，在世界的中央矗立著一座須彌山，這座寶山是天神、阿修羅、乾達婆和阿卜婆羅的家園，山上鳥語花香，是凡人無法觸及的神聖殿堂。

可是神仙也終有死亡之日，天神與阿修羅就誰的壽命更長展開了激烈的爭論。

天神之首毗濕奴為制止衝突，就勸大家安靜下來，尋找「不死甘露」，如此，就可獲得永生永世的壽命。不過，他又強調，甘露一定要均分，不能偏私。

天神和阿修羅渴望得到不死甘露，就答應合作，一起去乳海作法。

毗濕奴便帶上法螺、金輪等法器來到乳海上方，把草藥投入乳海中，又拔下曼荼羅山為攪海地杵，以龍王婆蘇吉為攪杵的纜繩，自己沉入海底，保持杵的平衡。

毗濕奴讓阿修羅執龍尾，可是對方性格多疑，祂們馬上要求執龍頭，讓天神執龍尾。沒想到，阿修羅們中了計，當龍王的身體被絞緊時，龍口中噴出大量的火焰和毒氣，將阿修羅薰得苦不堪言。

如此攪動了數百年，終於，寶貝一個一個地從乳海中出現了。

最先出現的是香潔牝牛，接著是谷酒女神梵琉尼，然後是樂園香樹。

當月亮出現時，濕婆將其撈出，安放在額頭上做為頭飾。這時，災難發生了，龍王筋疲力盡，噴吐出了大量毒液。

在這千鈞一髮之際，濕婆將毒液盡數喝了下去，挽救了三界的性命，而祂自己的咽喉卻被毒液灼燒成了青紫色。

攪海仍在繼續，手托「不死甘露」的天醫川焰終於出現，大家以為乳海中再也無神物，誰知在最後時刻，一位渾身散發著金光、手持蓮花的天女從乳海中冉冉升起。她秀美如玉，雙唇宛若嬌嫩的花蕊，風姿有如春日的和風，令眾神迷醉。

毗濕奴也看呆了，不禁萌生出要娶天女的念頭。

阿修羅志不在此，祂們眼疾手快，一把搶過甘露，就想逃走。

情急之下，毗濕奴變成一個比天女還要漂亮的女人，跑到阿修羅前扭動身軀，跳起誘人的舞蹈。阿修羅以為大功告成，就陶醉在女人的舞姿裡，連甘露被拿走都渾然不覺。

毗濕奴將甘露分給眾神喝下，阿修羅發覺後後悔莫及，他們的實力已不足與天神對抗，只得灰頭土臉地回去了。

吉祥天女被毗濕奴命名為拉克什米，祂們二人結成了夫妻，乘著金翅鳥回到神界最高天，從此結伴拯救世界，賜福世間。

吉祥天女拉克什米。

正說財神

在印度，拉克什米是集財富、榮華和美貌一身的女神，她掌管的財富不僅包括物質財富，還包括人類的精神財富。因她在月亮之後從乳海中誕生，所以又被稱為「月亮的姐妹」。

拉克什米的形象非常富貴，她穿一襲鑲金邊的紅色紗麗，站於盛開的蓮花之上，她有四隻手臂，上方的兩手持蓮花，下方一手持金罐，另外一隻手的手心為眾生撒下無數金幣。

在印度神話中，拉克什米總是與毗濕奴形影不離，她象徵著眾生之母，因而教徒在叫她的名字時，總會加上「母親」的尊稱。

印度的「排燈節」

排燈節是印度最大的財神節，據說是為了慶祝財富女神拉克什米的到來而訂立的。在每年的十月至十一月間，拉克什米都會降臨人間佈施財富，因此家家戶戶都要點燈，並打掃房屋，吸引女神的來臨。在排燈節時，大街小巷張燈結綵，連最黑暗的地方也有燈光，堪比印度的新年。

命途多舛的嬰兒

象鼻財神

印度是一個熱愛大象的國家，在當地人的心目中，大象是神聖不可侵犯的神明，就連最重要的財神，也長著象頭，那就是象鼻財神。

做為財神，非得經歷一些苦難方能磨練出修為。

象鼻財神從一出生就命途多舛，雖然祂出生於最尊貴的天神之家，卻受到了生死考驗。

相傳，在遠古時期，有一天，毀滅之神濕婆的妻子雪山女神在恆河中沐浴，她感受著南風的溫柔吹拂，情不自禁地哼起美妙的歌曲。

頓時，萬物為之傾倒，鳥兒開始和聲，樹枝跳起舞蹈。在恆河上方的樂園大香樹也被歌聲深深吸引，它採集了葉面上的水珠，凝聚成一滴甘露，滴落人間，以表達對雪山女神的熱愛之情。

甘露正好滴進女神的口中。雪山女神瞬間覺得口中充滿馨香，旋即腹中便有了動靜。她興奮起來，知道自己已經懷孕，便趕緊將這個喜訊告訴丈夫。

濕婆神也很高興，夫妻兩個開始置辦孩子的物品，日日盼望著新生命的到來。

數個月後，一個皮膚如白雪、渾身充滿馨香的孩子出生了。

濕婆和雪山女神歡欣異常，為兒子取名為迦尼薩，計畫籌辦一個慶生宴來邀請諸神慶賀。

宴會舉辦的當天，幾乎所有的天神都來了，祂們為嬰兒準備了很多禮物。然而，雪山女神忙中出錯，忘了邀請土星神沙尼。

沙尼當然知道眾神的去向，也聽到了濕婆神家裡的喝采聲，他怒氣沖天，不請自到。

當沙尼黑著一張臉過來時，雪山女神仍舊沒有注意到這個突然降臨的客人，她實在太忙了，無暇顧及一個不說話的天神。

沙尼更加生氣，祂憤恨地走到嬰兒床邊，瞪著那個如冰雪般胖嘟嘟的孩子。突然，祂的眼中噴出兇猛的火焰，立刻讓嬰兒嬌嫩的頭部灼燒起來！雪山女神發出一聲尖叫，撲上前去救自己的兒子。可惜晚了一步，孩子的頭顱已經被神火燒掉。

濕婆雷霆震怒，攔住肇事者沙尼，用三昧真火將其化為灰燼。

雪山女神因為失去兒子而慟哭不已，眾神也沉浸在悲痛的情緒裡。

毗濕奴大為不忍，告訴濕婆：「不要難過，祢的兒子還有救，祢從家裡出去，把遇到的第一個生物的頭顱砍下，安在祢兒子頭上，他就能活了！」

濕婆神按照毗濕奴的指示，帶著一把長刀走出家門。走著走著，祂看到了一隻小象，濕婆神嘆息一聲，將象頭砍下，裝在了兒子的身上。

從此，雪山女神之子迦尼薩就成了象頭人身的神，祂長大後開始為人們發放財物，造福凡間，後來被世人尊稱為象鼻財神。

正說財神

象鼻財神。

在印度教中，象鼻財神又被稱為象鼻天，祂一般的形象是一面四臂，擁有大象的頭顱，容貌恬靜安詳，手中執各種法器，右足蜷曲，左足踏於神鼠之上。

傳說，象鼻財神善於理財，是經商者的守護之神，又因為其是濕婆神之子，受濕婆的保護，因此供奉象鼻財神還能得到諸神的庇佑，從而避邪保平安。

象鼻財神腳下的鼠

腳踏老鼠的象鼻財神。

和其他財神不同的是，象鼻財神的腳下踩著一隻穿金絲衣物的老鼠。據說在印巴地區，老鼠是招財的吉祥物，所以和財神擺在一起，更能增添招財的能力。另有說法稱，老鼠是小人的象徵，象鼻財神踩踏老鼠，就是幫助人們防止小人作亂，讓財富來得更加順利。

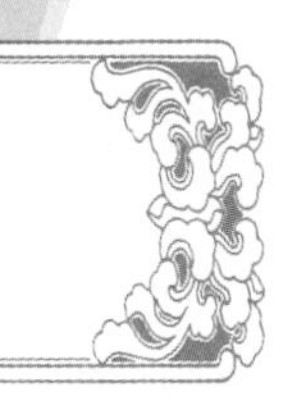
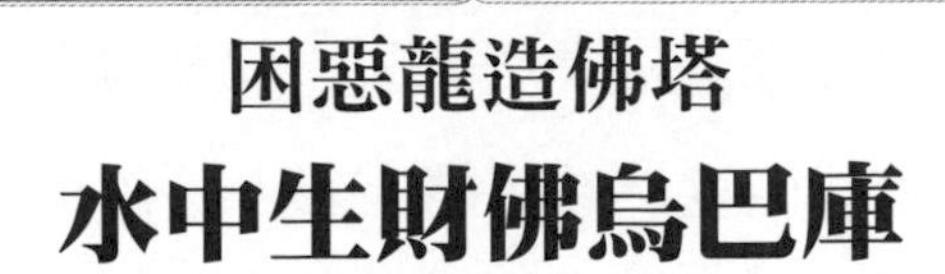

困惡龍造佛塔
水中生財佛烏巴庫

在東南亞地區，特別是泰國、緬甸和柬埔寨，有一位財神人盡皆知，祂就是烏巴庫。祂一直在海底修行，且能讓所有人和動物坐在水面上，所以人們又稱祂為水中生財佛。

烏巴庫出生於孟加拉西南部一個名為馬古拉的村莊，他的父親是個生意人，家裡非常有錢。

不過，烏巴庫的家庭之所以富裕，主要原因是他父親曾答應過一位高僧，要讓家中的一個兒子出家修行，財富才得以滾滾而來。可是烏巴庫三兄弟，誰都不願意當和尚。

一天，機緣巧合，父親出門辦事，烏巴庫獨自看守店鋪，那個與他父親有過約定的高僧再度前來拜訪。

烏巴庫一見那高僧，立刻發自肺腑地對高僧產生好感。高僧說了一些佛經給烏巴庫聽，烏巴庫聽得入了神，在高僧講完後，決定出家修行。

高僧欣慰地唸了聲「阿彌陀佛」，告訴烏巴庫，若想修成正果，需在海底修行。烏巴庫謹記教誨，他努力鑽研佛法，練就一身出神入化的本領，還收了一萬八千名弟子，成為當時最有影響力的法師之一。

後來，有一位信徒極為信奉烏巴庫，就在每週三給烏巴庫供養食物。一年之後，這個信徒竟然越來越有錢，最終成了一個大富翁。此事在世間廣為流傳，人們認為烏巴庫是個大財神，便紛紛效仿，在每週三以食物供奉烏巴庫，希望他能帶給自己源源不斷的財富。

佛曆二一八年，印度的阿育王虔心修佛，想在全國建造八萬四千座佛塔，期間需用七年時間開展一場法會，為佛塔進行施咒加印。

此次法會的職責重大，縱然是佛陀，也不敢擔當如此重任，於是，修持者們便去海底請烏巴庫上岸，求他協助建造佛塔。

烏巴庫一心弘揚佛法，沒有推辭，毫不猶豫地設壇講法。

就在法會剛開始沒多久，天空忽然烏雲滾滾，接著狂風大作，一條烏黑的惡龍在雲間穿梭，將傾盆大雨化作洪水，向烏巴庫尊者湧來。

原來，法會設立的地點恰好在這條惡龍的老巢附近，惡龍成天聽尊者唸經，聽得頭昏眼花，不禁惡從膽邊生，要發洪水淹死尊者。

只見烏巴庫尊者不慌不忙，伸出一隻手掌，舉向前方。

神奇的事情發生了，洶湧的波濤瞬間湧入尊者的手掌，不到一炷香的時間，那鋪天蓋地的洪水竟然連一滴水都沒有留下。

惡龍又喚出驚雷，想把佛塔劈碎。

烏巴庫尊者眉頭微蹙，他手掌翻動，變出一條死狗，然後將狗屍向空中扔去。那狗屍正好落在惡龍的脖子上，惡龍狂亂地甩動身體，卻始終無法將狗屍甩掉。

惡龍發現自己忽然施展不出法力了，知道烏巴庫尊者在懲罰自己，只好掉下幾滴眼淚，假裝羞愧地請尊者放過自己。

尊者知道惡龍本性難改，沒有中計，而是取下自己的袈裟，往惡龍身上一蓋。

惡龍立刻被壓在袈裟所變成的山下，直到七年之後，佛塔全部建成，尊者才將惡龍放了出來。

人們感激烏巴庫尊者所做的一切，將尊者奉為萬能的財神。

據說，拜了烏巴庫佛陀後，就能馬上致富，一切願望都能得到滿足。

正說財神

烏巴庫佛陀是東南亞傳說中超級會招財的財神，在古代，泰國北部和緬甸很多寺廟都會建造烏巴庫的佛像，讓信徒們朝拜。

財神烏巴庫。

烏巴庫財神具有很多神奇的法術，比如瞬息移動和幻影隨行，因為祂在水中修行，所以人們在供奉祂的佛像時，都會將佛像置於池水之上。

供養烏巴庫的信徒們相信，只要佩戴烏巴庫的雕像，就能招財和防小人。在早些年，烏巴庫的雕像用沉香木和檀香木製成，而今，已大量使用金屬或聖粉製造。

如何供奉烏巴庫？

供奉烏巴庫財神需準備幾樣物品：三炷香、黃玫瑰、一對佛燈、一杯純水。將這些供品擺放於烏巴庫法像前，訴諸心願，即能求財神保佑生意興隆、遠離小人。

一隻能銜來金幣的貓
招財貓

很多店舖都會擺放一隻伸著右爪的貓，此貓模樣十分伶俐可愛，而它的功能也十分強大，可以為主人招來相當多的財富，所以人們也把這隻貓喚為招財貓。

招財貓起源於日本的江戶時代，牠本是一隻叫小玉的寵物貓，牠的主人是當地的望族越後屋。越後屋有一家染坊，可是他不愛做生意，每天不是和貓玩，就是把錢扔在賭坊裡，結果家族一天一天地衰敗下去。

管家勸主人勵精圖治，以免落下悽慘的結局。可是越後屋不聽，反而抱起小玉，嘻笑著說：「神話裡不是有個仙鶴報恩的故事嗎？我對小玉好，小玉也會給我送金幣的！」

管家見主人一副不以為然的樣子，只得重重地嘆了一口氣，不再進行徒勞的勸說。

沒過多久，越後屋的家產果然被敗光，他被迫搬出宅院，住進了一間破屋子裡，所有僕人都走了，只剩下忠心的管家陪在主人身邊。

管家看主人非常頹廢，就勸他想開一點，越後屋強顏歡笑，抱起小玉，開玩笑地說：「小玉一定沒忘記當初的約定吧？給我拿一些金幣回來吧！」

小玉惆悵地看著主人，牠「喵喵」叫著，彷彿在應允此事。

第二天，牠一早就離開家門，不見蹤影。到了傍晚時分，越後屋到處找不到小玉，正在傷心不已，卻見小玉慢悠悠地踱了回來，嘴裡還銜著一枚金幣！

越後屋又驚又喜，直誇小玉能幹。正當管家以為主人從此會東山再起時，越後屋卻拿著金幣衝進了賭坊。

這枚金幣很快就輸掉了。

管家唉聲嘆氣，越後屋又說：「我家小玉這麼能幹，再給我銜一枚金幣回來吧！」

這一次，小玉顯得有些猶豫，但牠還是按照主人的意思，在第二天帶來了金幣。

越後屋欣喜若狂，以為有了小玉就不愁沒財發了，他拿著金幣，再次在賭場裡輸了個精光。

越後屋重新陷入對賭博的狂熱愛好中，當他拖著疲憊的身軀回到家裡時，管家焦急地對他說：「不好了！小玉好像病了，牠消瘦得好多！」

越後屋急忙去撫摸小玉的頭，小玉費力地睜開眼，舔了舔主人的手。越後屋以為愛貓沒事，竟然又說出貪婪的話語：「小玉這麼乖，再為我拿些金幣來吧！」

翌日，小玉歪歪斜斜地往屋外走去。

越後屋心想，不知道小玉的那些金幣從何而來，不如我跟著牠，也許能拿到更多的金幣呢！

於是，越後屋悄悄跟在小玉身後。小玉走了很久，來到一座廟前，只見牠雙手合十，口中發出喃喃的祈禱聲。

越後屋覺得奇怪，急忙走近去聽小玉的祈禱。當他聽到小玉在說：「拿走我的一點皮毛，拿走我的手和腳，給我一些金幣」時，大吃一驚，從樹後跳出來，想阻止小玉的行為。

小玉愛戀地看了一眼主人，沒有停止祈禱，反而唸得更勤了。當越後屋衝到愛貓的面前時，小玉已經變成了三枚金幣。

越後屋悔恨不已，他拿著小玉用生命換來的金幣放聲痛哭。從此以後，他不再玩物喪志，而是利用那三枚金幣起家，重振了家族的聲望。

為紀念小玉，他在門前放了一尊拿著金幣的貓的雕像。

人們認為是這隻貓為越後屋招來了財富，於是紛紛效仿。

正說財神

至今，招財貓已經成為亞洲風行的招財吉祥物。它風行四百年，來到中國後，手中的金幣變成了一幅書寫著「招財進寶」的條幅。

日本人認為貓不僅聰明可愛，還能通靈。所以在神話中賦予貓很多神力，令其變成財富的守護神。

如今招財貓一般用陶瓷製作，公貓右手高舉至頭頂，意為招財；

招財貓。

母貓左手高舉，意為招緣。日本的生意人通常放母貓，因為他們相信好的人緣才能帶來財富。招財貓的胸前還掛有金鈴，有開運、招財、納福、緣起的意思，而它的身下則鋪著紅色布墊，非常喜慶。

招財貓為何要舉手？

據說，招財貓舉右手是招白天的生意，舉左手是招晚上的生意，而右手是招財，左手是招緣。有些商家遂改良招財貓，讓其雙手都舉，肚子上還加個金元寶，模樣看起來還滿奇異的。

財神也愛玩東渡

日本七福神

日本在早期吸收了很多異國文化，所以他們的財神顯得特別另類。在日本，財神並非是單獨的一個神仙，而是一個群體，由七個財神組成，且這七神分別來自於道教、佛教、印度教，合稱為七福神。

這七福神的宗派類別如此複雜，便可知祂們並非出自於日本本土。

話說七福神在日本紮根，還要感謝一個人，那便是秦始皇的使臣徐福。

秦始皇在登基之後，一方面擴大疆土，另一方面內心的恐慌日益加深。他知道人終有一死，自己花費幾十年好不容易打下來的江山，卻要在未來白白地送給別人，他怎會甘心？

於是，他想得到長生不老藥，渴望能千秋萬代地統治下去。

這時候，徐福粉墨登場了。

徐福是鬼谷子先生的關門弟子，修為深厚，他對秦始皇說，東海有三座仙島，分別為蓬萊、方丈和瀛洲，島上有神仙居住，肯定能求到長生不老藥。

秦始皇一聽，大喜過望，準備了船隻，便派遣徐福去尋仙。徐福帶了童男、童女各一千人，乘船向東進發。

其實，徐福是一個騙子，他根本就不知道哪裡有仙島，結果東渡失敗了。一年後，他裝出一副失魂落魄的樣子，跑到秦始皇面前哭訴，說在海上遇到了一條前所未見的大魚，結果船翻了，未能尋藥成功，懇請皇帝派些弓箭手一起東渡。

秦始皇尋藥心切，就信了徐福的鬼話，派了很多弓箭手給徐福。

九年後，徐福帶上三千童男童女，再次向東海進發。

這一次渡海，徐福隱隱覺得不太對勁，因為天氣狀況實在是太好了，海面上一場雨也沒有下過，一次大浪也沒有打來，平靜得有些古怪。

某天深夜，他翻來覆去睡不著，不知此番出行是凶是吉，乾脆走上空無一人的甲板，去吹海風排解心情。

孰料，當他來到甲板上時，忽然聽到一片喝酒猜拳的聲音，不由得好奇地向前方望去。

這一看可不得了，他赫然發現福、祿、壽三星正跟其他幾位佛陀一起喝酒呢！

徐福不由得暗自竊喜，覺得自己總算歪打正著遇到了神仙，可以要來仙藥向皇帝交差了！想到這裡，他急忙朝著七位神仙跑過去。

不料，那些神仙彷彿知道他的心意似的，當徐福衝出來時，七位神仙竟離奇地消失了。

徐福不死心，繼續東渡，渴望能再見到神仙，好重返祖國。可惜，船行多日，來到了東瀛四島，神仙卻始終不露面，徐福求藥的計畫終成泡影。

徐福害怕回國後被秦始皇問罪，就乾脆在東瀛定居下來，自立為王。而他仍念念不忘那七位神仙，就將七神命名為七福神，希望能有再見之日，以滿足自己的心願。

正說財神

七福神是日本民間供奉的七位財神，祂們分別是惠比須、大黑天、毗沙門天、弁財天、福祿壽、壽老人和布袋和尚。

惠比須是七神之首，祂是一位手拿釣竿和魚的神，傳說能為人們

七福神。

帶來福氣，而日本人也將鯨魚和鯊魚叫做惠比須。因為鯨和鯊的身後必定跟著魚群，所以漁民們看見鯨鯊，就能捕到很多魚；大黑天是灶神；毗沙門天來自印度教，具有增強智慧和招財進寶的作用；布袋和尚被日本人認為是彌勒佛的轉世，因而備受尊敬；福祿壽是一個個子矮小、童顏鶴髮的老人；壽老人就是壽星，祂的身旁常伴有一隻梅花鹿；弁財天和其他福星不同的是，她是一位彈琵琶的女神，能帶給人們敏捷的口才和養家糊口的技能。

徐福

徐福，字君房，原名徐市，他上通天文，下知地理，是秦國的著名方士。他是著名道士兼縱橫家鬼谷子的關門弟子，在修仙、氣功、武術上的成就卓越。他出山之際正值秦始皇即位，因而很快被秦始皇派去東渡尋求仙藥，後一去不復返。

照出財富的神器
阿拉丁的神燈

在中東國家裡，有一個著名的財神，祂因《一千零一夜》而廣受矚目，祂就是燈神。

燈神與一名叫做阿拉丁的少年有緣。

阿拉丁在很小的時候父親就去世了，只能跟母親相依為命，日子過得很艱難。

一天，他在路上遇到一位巫師。巫師自稱是阿拉丁的叔叔，要帶他去王城學手藝，阿拉丁信以為真，就跟著「叔叔」走了。

巫師將阿拉丁帶到王城郊外的一座山上，他唸動咒語，大地轟鳴著，裂開一條大縫，隨即地上出現一道石門。

巫師將石門打開後，吩咐阿拉丁：「這下面是個地窖，裡面有盞油燈，你把它拿上來。」

阿拉丁見門裡黑漆漆的，十分害怕，不敢進去。巫師就遞給他一個戒指，安慰他：「這戒指能避邪，你戴著它會十分安全的，去吧！孩子！」

說完，巫師將阿拉丁猛地一推，推進無邊的黑暗裡。阿拉丁摸索著來到地窖中，果然看見了一盞點燃的油燈，在油燈周圍，還有很多價值連城的珠寶。

阿拉丁看得眼花撩亂，忘了還要往地面上走。

此時，巫師在洞口拼命催促阿拉丁上來。

阿拉丁見巫師口氣兇狠，以為對方要打他，就沒敢應答，巫師氣得即刻把門關上了。

只聽「砰」地一聲巨響，阿拉丁被關在密不透風的地窖內。他焦急萬分，無意間擦到巫師給的戒指，頓時一個巨人出現在他面前。

阿拉丁嚇了一跳，巨人甕聲甕氣地說：「我是戒指神，有什麼能為你效勞的？」

阿拉丁儘管慌張，卻急於想逃離地窖，就讓戒指神帶自己回家。

一眨眼，阿拉丁果然已在家中。他家裡正好缺一盞油燈，於是阿拉丁想將油燈擦乾淨再使用。誰知他剛擦了三下，一個比戒指神更巨大的精靈突然出現在他面前，精靈彷彿知曉阿拉丁的驚訝之情，祂解答道：「我是燈神，就住在你手中的油燈裡，有什麼能為你效勞的？」

阿拉丁已經不再那麼慌張，他想了一下，對精靈說：「祢先給我弄點吃的來！」

話音未落，他面前已經出現一桌飯菜。阿拉丁很高興，從此和母親過著衣食無憂的生活。

母親見阿拉丁到了婚嫁的年紀，就催著兒子結婚。阿拉丁正巧聽說國王要招駙馬，就招來燈神，吩咐道：「給我一座城堡，讓我變成一個王子。」

燈神一一照辦，阿拉丁又把地窖裡的珠寶盡數拿出，獻給國王。國王龍顏大悅，以為阿拉丁真的是一個王子，就把公主嫁給了他。

巫師得知此事後，氣得捶胸頓足，他化妝成一個賣油燈的商人，整天在阿拉丁的城堡附近叫賣：「油燈以舊換新！」

公主聽後，就讓侍女將阿拉丁的神燈拿給巫師，換了一盞新油燈。

巫師一拿到神燈，立刻喚出燈神，他奸邪地笑道：「把阿拉丁的城堡給我搬到非洲去！」

國王一看公主不見了，又是傷心又是生氣，他命令阿拉丁在一個月內將公主找回來，否則就要對阿拉丁以極刑論處。

阿拉丁也是心急如焚，他在四處找尋無果的情況下，喚來戒指神。戒指神告訴阿拉丁公主的下落，可是他的法力沒燈神大，只能將阿拉丁送到非洲。

阿拉丁歷盡艱辛，終於找到了公主，商量著要把神燈奪回來。於是公主在巫師向她求婚的時候，假意同意，並遞給巫師一杯下過蒙汗藥的酒，說：「我們喝完這杯酒，就當是訂下了終身。」

巫師見公主終於接受了自己，欣喜萬分，毫不猶豫地將酒喝了下去。不一會兒，他就摔倒在地，呼呼大睡。

於是，阿拉丁又重新擁有了神燈和城堡，他從此和公主過著幸福的生活，而那神燈則成為財富的象徵，被億萬人夢寐以求。

正說財神

燈神可實現主人的所有願望，卻不能為自己服務，被永世困於燈中。據說，燈神被真主從黑色的火焰中創造出來，因此祂的鮮血即是火焰。祂的壽命相當長，可以活到人類滅絕的那一天。

阿拉丁在阿拉伯語裡的意思為「尊貴的信仰」，表達出人們對財富的信仰和渴望。阿拉丁的故事以窮苦的年輕人最後擁有大量財富，並迎娶全國最富有的公主為結局，展現出世人熱切希望自己鹹魚翻身、發跡致富的心理。

「一千零一夜」的由來

古阿拉伯傳說，薩里亞的國王曾因妻子與自己的弟弟受到極大傷害，變得不再相信任何人。他訂下一個殘酷的規矩：每隔一段時間迎娶一名女子，然後在新婚的第二天將其殺掉。宰相的女兒桑赫萊札德為救助那些女子，毅然嫁給國王。新婚之夜，她給國王講了一個故事，但沒有講完，國王想知道結局，就沒有殺她。她的故事一直講了一千零一夜，國王終於被感動了。

披著羊皮的財神

故作神祕的阿蒙

根據埃及傳說，阿蒙是宇宙中最古老的神。

在太古時代，世界上有八位超級魔獸，牠們被稱為奧古杜獸。奧古杜獸雖然面相醜陋，心地卻很善良，牠們覺得世間一片荒蕪衰敗，需要一個神祇帶來光明，便在極地造了一個土丘，每日讓陽光直射在土丘上。

待七七四十九天之時，一個嬰孩從土丘中破土而出，祂有著陽光般的笑容，且剛落地就開始成長，不出十日便長成一個強壯的少年，祂就是眾神之首阿蒙。

和奧古杜獸不同的是，阿蒙的面容英俊，渾身散發著一股威嚴之氣，後來祂遇到了一位美麗的女神穆特並和她結了婚，兩個人定居在底比斯的卡爾納克神廟內。

在那裡，阿蒙有了一個同樣英俊聰明的兒子洪蘇，洪蘇長大後成了月神。

一家三口看似其樂融融地生活在一起，可是阿蒙的妻子和兒子卻有一個痛心的祕密，那就是祂們從未見過阿蒙的真正容貌。因為阿蒙非常神祕，祂不想讓任何人知悉自己的真實形象。

月神洪蘇非常難過，祂從小到大就不知自己的父親長什麼樣子，這讓祂和其他天神的孩子在一起時，總覺得非常自卑。

洪蘇逐漸消沉起來，大多數時刻都在沉默。

阿蒙逐漸得知了兒子的想法，開始為自己的行為感到後悔。

有一天，洪蘇站在神廟的屋頂上靜默，祂頭頂上空的月亮灑下清冷的光輝，在大理石地面上照出一個白晰的身影。

「我的兒子，祢在找我嗎？」熟悉的聲音忽然響起，驚得洪蘇心頭一震。

洪蘇急忙轉過頭去，發現一隻用後肢直立行走的公山羊。

祂驚訝極了，因為山羊的聲音和父親如出一轍。

「祢是我的父親？」洪蘇還是不敢相信，反問道。

蒙在山羊皮裡的阿蒙連忙點頭，故作哀傷地說：「這下祢知道我為什麼不見你和祢母親了吧？」

洪蘇畢竟是孩子，祂竟然相信了父親的話。祂不僅沒有感到難過，反而為父親的現身雀躍不已。

第二天，祂趕緊將父親是一隻山羊的祕密告訴了所有人。

有一個埃及人突發其想，他殺了一隻公山羊，然後在晚上偷偷將山羊皮蒙在神廟的阿蒙神像上，然後緊閉雙眼祈禱阿蒙賜給自己財富。

微涼的月光灑在阿蒙神像上，一個威嚴的聲音忽然在埃及人的頭頂響起：「凡人，你找我？」

埃及人一驚，趕緊睜開眼睛，發現裹著山羊皮的阿蒙真的降臨了！

他又是激動又是興奮，對著阿蒙訴說自己想要財富的願望。

阿蒙冷笑一聲：「你可真會投機啊！」埃及人頓時嚇得渾身顫抖。

可是阿蒙又說：「看看你的口袋吧！你的心願會實現的！」

埃及人一看，自己的兩個口袋裡都裝滿了金幣，他立刻對著阿蒙行大禮，感謝神祇施捨財富。

後來，人們都去膜拜披羊皮的阿蒙神像，希望財富能滾滾而來。

正說財神

阿蒙是古埃及底比斯的主神。

在埃及第十一王朝時，隨著底比斯王子成為埃及的統治者，阿蒙的地位迅速提升，成為當時埃及最重要的神祇。後來，人們將祂與太陽神拉相結合，稱其為眾神之王。

雖然阿蒙神喜歡玩神祕，但祂在埃及人心目中的形象為一個頭戴頭箍，頭箍上有兩根長長的平行尾羽的神祇。

埃及人如何供奉阿蒙神？

埃及人並不喜歡山羊，認為這種家畜不潔淨。可是他們覺得阿蒙神的頭顱很像羊頭，就會在阿蒙神生日的那天，剝去一隻羊的皮，蒙在神殿裡的阿蒙神像上，對著神像捶胸禱告，祈求阿蒙神賜福保平安。等祈禱完畢後，再將死去的羊埋到聖墓裡。

千里尋夫的魔女
伊西斯與奧西里斯

埃及的女神有很多，大多容顏嫵媚，但其中有一位女神，她不僅美麗，且擁有無上的智慧，甚至比太陽神都聰明，她就是豐產女神伊西斯。

伊西斯曾用拉神的唾沫造出一條毒蛇來毒害拉神，迫使拉神說出祂的真實姓名，並以此要脅對方交出統治權，可謂是個亦正亦邪的魔女。

然而，拉神十分器重伊西斯的丈夫、豐產之神奧西里斯，祂在奧西里斯一出生，即將對方視為萬物之主。後來，拉神臨死前將自己的權力交給奧西里斯，讓其成為大地的統治者。

奧西里斯長大後當上了埃及的法老，祂發現人類仍以捕獵維生，生產力十分低下，且頻繁的戰亂讓大家苦不堪言，便決定改革。伊西斯做為王后，也深知改革的必要。她採來野生的種子，教人類種植瓜果、蔬菜，從此，百姓們都過著安定的生活。

奧西里斯夫婦得到了人民的愛戴，也受到了法老的哥哥賽特的強烈嫉妒。賽特趁奧西里斯外出巡遊時，幾次三番要下毒手，好在伊西斯女神智慧超群，一一挫敗了賽特的陰謀。

賽特恨得咬牙切齒，想出了一個狠毒的詭計，祂舉辦了一場盛宴，說要慶祝弟弟奧西里斯巡遊歸來。

伊西斯明白賽特不懷好意，就阻止丈夫前往，可是奧西里斯心地善良，祂禁不住哥哥「誠懇」的邀請，還是參加了宴會。

賽特奸笑著，在宴會上搬出一個精美的箱子，說誰能躺進去，就將箱子送給誰。

奧西里斯感到好奇，就躺進箱子裡。

說時遲那時快，賽特猛地扣上箱蓋，將箱子釘住，然後扔進尼羅河裡。

奧西里斯沒多久就斷了氣，伊西斯得知此事後悲痛萬分，她剪下自己的一束頭髮，穿上喪服，發誓要將丈夫找回來。

賽特如願登上了王位，祂命令任何人不能幫助伊西斯。

拉神很同情伊西斯，就派阿努比斯給伊西斯帶路，指引她尋找箱子。

裝有奧西里斯的箱子在海上飄盪了很久，來到敘利亞的比勃洛斯海灘，長成了一棵大樹。敘利亞國王見這棵樹粗壯無比，且生長速度極快，覺得非常神奇，就砍來做為自己宮殿的柱子。

此時，伊西斯也來到敘利亞，她一眼就看到皇宮大殿的柱子裡藏著她的丈夫。她流著淚請求國王將柱子賜給她，國王同意了女神的要求。

伊西斯將箱子從柱子裡挖出來，她打開箱子，終於見到了丈夫冰

伊西斯和奧西里斯。

冷的屍體，不由得放聲痛哭，不停親吻丈夫的臉頰。

賽特聽到了伊西斯的哭聲，惱羞成怒，派人搶走箱子，將奧西里斯的身體切成十四塊，再度扔進尼羅河中。

可憐的伊西斯重新踏上尋夫的漫漫征程，她每找到丈夫身體的一部分，都要在當地建一座墓。

後來，人們就在十四座墓上建了十四座廟宇，供奉奧西里斯和伊西斯這對豐產之神。

當伊西斯將丈夫的身體拼合完整後，她乞求拉神給予自己幫助。

拉神就讓阿努比斯把奧西里斯的身體拼接好，用白布裹上，復活了奧西里斯。

埃及人據此學會了木乃伊的做法。

奧西里斯重生後來到冥府，成為冥王，伊西斯依舊和祂在一起，繼續為人們創造出無數的財富。

正說財神

在埃及，伊西斯和奧西里斯是一對重要的富足之神，祂們司管水土、繁殖和生產，為尼羅河邊的居民提供了豐富的食物。

埃及人將奧西里斯視為四季更替的原因，認為奧西里斯一死，尼羅河水位就會下降，這時需要舉行哀悼儀式，來祈禱奧西里斯復活。人們在儀式上殺死神牛，並跳起慶祝豐產神回歸人間的舞蹈，希望來年能大獲豐收、消災解難。

木乃伊是什麼？

古埃及人認為人死後靈魂不滅，依舊會附於屍體或雕像上，於是他們將法老或大臣的屍體取出內臟，然後將阻止屍體腐爛的香料填進死者的頭顱和腹腔，再用白色繃帶裹好死者，放入木盒內。當時，木乃伊製作成風，展現出埃及人高超的醫學水準。

沙漠中的公正執法者
敏

在埃及神話中，強大的豐產女神伊西斯育有兩子，一子是法老的守護神荷魯斯，另一子則為同樣是豐饒之神的敏。

當年奧西里斯成為冥王後，伊西斯也隨丈夫來到冥府，在那裡，她生下了敏。

敏不喜歡住在地府，祂嚮往一望無際的沙漠，覺得在那片金黃色的海洋中，能讓自己的心胸更加開闊。

況且，祂的妻子、愛與美的女神奎特也喜歡金黃色，她覺得那片金色比自己首飾的顏色還明亮，充滿了令人陶醉的美感。

如此一來，伊西斯女神很不高興，她希望兒子能留在自己身邊，根本不想讓敏跑到荒蕪人煙的大沙漠裡去。

她對敏說：「祢父親是冥王，掌管一切的靈魂，祢做為祂的兒子，也該具有衡量靈魂的能力。若祢能證明祢有這個能力，我就讓祢到沙漠去！」

敏有些慌張，因為祂的專長是幫助作物生長，並沒有神力來管理靈魂。

未等敏想出對策，伊西斯就傳喚進一個身穿白色亞麻布衣服的法老，讓敏評判法老是否該走上復活之路。

敏急得汗流浹背，祂偷偷讓自己的妻子奎特去找智慧之神托特，以尋求解決良方。

奎特走後，伊西斯給敏規定了一個極短的時間，讓兒子迅速做出判定。

敏唯有祈求托特能早點到來。

此時，奎特已找到托特，她心急如焚地將情況告知對方。托特凝視著自己的妻子、頭飾上有一根公正之羽的女神瑪特，微微一笑，答應道：「我和我的妻子將助祢們一臂之力。」

奎特備受鼓舞，帶著托特夫婦來到地府。

此刻，敏正在伊西斯的監視下熬時間，正當祂快要放棄時，托特快步走到他面前。

「尊貴的女神，敏請我來幫助評判死者的靈魂。」托特謙卑地向伊西斯行禮。

因為托特是一位令人尊敬的神祇，且祂曾幫助過不少天神，甚至連伊西斯的外公拉神也曾受到托特的相助，所以伊西斯無法動怒，只能笑臉相迎。

「祢能來也好，我想請問一下祢如何進行靈魂的判定？」伊西斯極力讓自己別露出不悅的表情。

托特胸有成竹地說：「這沒有問題！」

祂拿出一個天秤，然後伸手將法老身軀內的心臟取出，置於天秤一端的托盤上。

這時，托特的妻子瑪特摘下她頭上的羽毛，置於天秤的另一端。

敏一下子明白過來，祂趕緊對母親解釋：「如果天秤能保持平衡，說明法老生前是個明君，未做出欺壓百姓之事；若心臟重於羽毛導致天秤向心臟的一段傾斜，則說明法老作惡多端，可將其心臟給地獄神獸吃掉。」

伊西斯陰沉著臉聽完敏的講述，法老則嚇得腿一軟，跌坐在冰冷的地上。

於是，眾神聚精會神地盯著天秤。只見裝有羽毛的托盤慢慢下沉，而心臟那頭卻在緩慢上升，最後，天秤兩端達到了同樣的高度。

法老鬆了一口氣，祂終於可以走向復活之路，轉世投胎，再度為人。

伊西斯不能食言，只好憤恨地瞪了托特一眼，同意讓兒子去沙漠定居。

不過做母親的畢竟疼愛孩子，敏臨行前，伊西斯準備了很多種子，有小麥、棉花、沙棗等，她交代敏到了沙漠裡，將這些作物種下，即可形成綠洲。

敏與母親依依惜別，祂和妻子來到尼羅河畔後，將作物種下，果然收穫了很多糧食，讓尼羅河沿岸變成了日後富饒的綠色走廊。

正說財神

敏是埃及神話中的生產與收穫之神，因其生活在沙漠中，因而也是道路和沙漠旅行者的守護神。

至今，在埃及的一些道路和沙漠附近，仍可看到敏的雕像。

在埃及傳說中，敏被塑造成一個頭飾尾羽的普通男子，不過祂手中執有能指示方向的手杖，能夠為路人指點迷津。

據說，敏和妻子奎特居住於可布特斯，二人的感情很好，經常會一起旅行，或沿著寧靜的小路散步，幾乎從未有過爭執。

埃及人如何祭拜敏神？

因為敏能保護迷途的人們，所以埃及人常在旅行或探險前對敏進行祭拜。另有說法稱，敏可以讓少男少女成年，所以在每年的成人禮上，即將成年的孩子們會給敏獻上萵苣，等待敏享用完畢後再自行吃掉，來證明自己從此邁入成年人的行列。

貪戀美酒的豐饒女神
哈托爾

人們都嚮往快樂和富饒，尤其是在戰亂頻繁的古埃及，百姓們更希望有一位豐饒之神能給他們帶來幸福，於是豐饒女神哈托爾應運而生。

本來哈托爾是一位和善的女神，有時候她會變成一棵巨大的無花果樹，樹幹上流出白色的乳汁，讓貧苦的百姓能吃飽喝足；偶爾她也會變成一頭母牛，去哺育尚在襁褓中的法老。人們敬重她，希望她能經常來到人間。

可是哈托爾有個不良嗜好，就是特別愛喝酒，而她一喝起酒來就沒完沒了，喝醉後就陷入昏睡中，視丈夫拉神為空氣。

太陽神拉非常生氣，祂決定讓妻子改掉這個毛病，於是祂施展法術，讓妻子迷上了鮮血的味道。

受到迷惑的哈托爾一下子變得狂暴嗜血，儘管人們仍舊敬重她，卻驚恐地發現，這位富足女神再也不能給人間帶來幸福安康。

某日，拉得知尼羅河上游和沙漠裡的百姓企圖脫離祂的控制，十分不悅，就派哈托爾去給當地人一個教訓。

哈托爾一聽說要打仗，頓時興奮不已，感覺血管裡的血液都沸騰起來了，她拿起武器，箭一般地衝到造反的地域，將當地的軍隊殺得落花流水。

當哈托爾將軍隊消滅殆盡後，她仍舊不滿足，對鮮血的渴望讓她停不下殺戮的腳步。她的眼睛變得猩紅，口中發出瘋狂的咆哮，足以讓所有人都膽顫心驚。

這時，拉感到事態嚴重了，祂消除了妻子身上的咒語，然而哈托爾仍舊停不下來。拉沒有辦法，只好派祭司將整缸的紅葡萄酒倒在地上。

正在瘋狂砍殺的哈托爾聞到醇厚的酒香，不由得放慢了動作，她見整片大地上流淌著紅色液體，以為是美味的鮮血，就貪婪地喝起來。

當她喝完後，很快就醉了，倒在地上沉睡不醒，人類因此得救。

幾天之後，哈托爾醒來，她知曉了丈夫對自己所做的一切，頓時怒不可遏，憤然離家出走。

拉太愛妻子了，祂日夜思念哈托爾，就開始去找妻子。

哈托爾發現丈夫出現在自己面前時，仍舊很憤怒，瞬間將自己變成一隻貓，不顧一切地攻擊拉。

拉無可奈何，只好去求天神圖特調停，圖特頗有智慧，對著哈托爾好說歹說，終於讓哈托爾回心轉意。

哈托爾回到埃及後，又回復了往日的溫柔和煦，她全力保護著人們的生產和生活，再度成為人們崇拜的富足女神。

哈托爾女神（右）和瑪特女神。

在埃及神話中的所有女神中，哈托爾是最美的，她經常幻化成一頭美麗的母牛，跑到人間去嬉戲。她也是埃及最古老的女神之一，被人們稱為「天空女神」。

她幾乎掌管女性的一切，如快樂、愛情、浪漫、舞蹈、音樂和香水，無論是物質上還是精神上，她都能滿足人們的願望。

至今，對哈托爾的崇拜仍舊影響著埃及人的生活，人們仍會去她的神廟中祈禱，希望這位女神能賜給自己保護和治癒之力。

尼羅河——埃及紅色的葡萄酒

哈托爾在尼羅河邊上喝到的葡萄酒，實際上象徵著尼羅河氾濫時洪水從上游帶來的紅礦石粉。數千年來，每年的六～十月份，尼羅河都會定期氾濫，待洪水消退後，土壤會變得更加肥沃，人們得以在沙漠地區種植水稻、 小麥等農作物，所以尼羅河被稱為是埃及的母親河。

雅利安人的守護神
阿納希塔

在波斯的雅利安族部落裡，有一位聖潔而強大的女神，她守護著人間的江河，哺育著萬千百姓，受到人們狂熱的崇拜和愛戴。

這位女神名叫阿納希塔，名字中即有「純潔而偉大的河流」之意。

她出生時，正值逐水草而居的雅利安人遭遇百年不遇的乾旱，眼見河床成了龜裂的硬土，牛、羊接連不斷地渴死，百姓們欲哭無淚。

正當大家一籌莫展之際，某一天，遠方忽然飄來悠揚的歌聲。

雅利安人感到好奇，紛紛走出自己的帳篷。

天色在剎那間暗沉下來，接著降下大雨，乾涸的江河裡終於充盈了豐沛的雨水。只見一個光芒四射的女神從河水中徐徐升起，她容顏秀麗，頭戴金冠，身披由三百張海狸皮縫製的長袍。

女神揮舞手中的枝條，暴雨驟然停歇，而她也消失在雨後清新的空氣裡。雅利安人知道一個新的神祇降生了，就感激地稱女神為阿納希塔。

後來，凱揚王朝統治了波斯，國王凱卡烏斯聽說馬贊德郎十分富饒，就不聽勸告，想去征服這個王朝。

馬贊德郎國王驚恐萬分，竟使用了黑魔法，請求白鬼幫忙。白鬼張開利爪，捂住凱卡烏斯和他的士兵的眼睛，凱卡烏斯從馬背上摔下來，不幸被俘。

凱卡烏斯的兒子們得知消息，急得不知所措，這時，巫師提醒王子們可以去向阿納希塔女神求助，但沒有任何人知道阿納希塔在哪裡。

王子們的心頭剛燃起一絲希望，轉瞬又熄滅了。

凱卡烏斯的大兒子夏沃什王子跑到河邊悲傷地流淚，祈禱父親能平安歸來。

忽然，河流響起了嘩嘩的水聲，女人柔和的聲音在王子耳畔問道：「英俊的王子，你是在找我嗎？」

王子驚愕地抬起淚痕滿面的臉龐，看到了阿納希塔女神。他滿腹欣喜，將自己的願望告訴女神。

女神笑道：「我能救你的父親，但你得讓他下次不要如此冒失，否則我不會再出手相救。」

王子忙不迭地點頭。

於是，阿納希塔在馬贊德郎降下洪水，沖垮了王宮和敵軍，又用溫和的水流包裹住凱卡烏斯，讓河水沖走捂在凱卡烏斯眼睛上的白鬼，將他送回了波斯。

波斯國上下歡欣鼓舞，大家紛紛擊掌慶賀。可是凱卡烏斯並不滿意，他立刻發兵征服了馬贊德郎，接著又去攻打哈馬瓦蘭國。

哈馬瓦蘭國的國王無力抵抗，提出要和凱卡烏斯聯姻，藉機騙得對方的信任。

凱卡烏斯果然信了敵人的鬼話，單槍匹馬去娶公主，結果又被俘虜。

夏沃什王子沒有辦法，只得再去找女神。

阿納希塔本不想出現，可是她實在不忍讓王子流淚，便同意再幫他一次。

很快，凱卡烏斯被女神送回波斯。

國王感激女神的相助，建造聖殿來膜拜對方，百姓們也紛紛對女神行禮，感謝女神讓他們豐衣足食。

正說財神

在古波斯神話裡，生產女神阿納希塔容顏極其美麗，服飾也華麗無比。她頭戴八角形金冠，冠上鑲有數百顆閃閃發亮的明珠，耳戴四角形的金耳環，頸部套有鑲嵌著無數寶石的銀項圈。她的長袍由三百張海狸皮製成，海狸皮是世界上最珍貴的皮毛，稍加觸摸，便宛如海面上湧起銀色的波濤。

純美的阿納希塔對自己的祖國波斯十分忠貞，她多次幫助皮什達德王朝和凱揚王朝的帝王和英雄，卻對非波斯國的首領非常苛刻，這反映出古雅利安人對振興本部族的美好願望。

雅利安人

雅利安人，屬高加索人種（白色人種）之一，這一種族的特徵為高大膚白、鼻高多毛、瞳孔色淺、髮色多變，他們由俄羅斯南部烏拉爾山脈附近的古人演進而來，使用印歐語系的語言，其中金髮碧眼的白種人被納粹認為是純種的雅利安人。

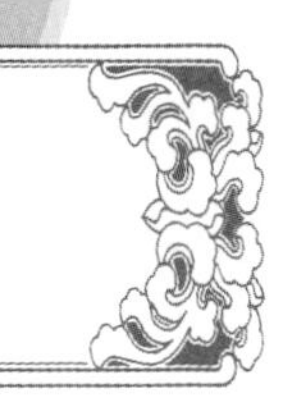
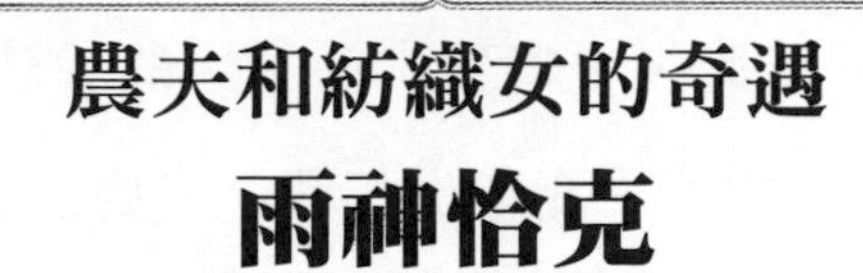

農夫和紡織女的奇遇
雨神恰克

在印第安文化中，有一位最受人們崇拜的神，祂掌管著風、雨、雷和萬物生長，直接影響著農業的收成。印第安人無比仰慕祂，稱祂為雨神恰克，並尊祂為豐饒之神。

作為掌管農業的神祇，恰克經常下凡視察民情，他看見有蝗災，會喚來旋風吹走蝗蟲；看見烈日烤得土地龜裂，會降下大雨來滋潤農田，如此種種，為各個部落做了不少好事。

不過，恰克有一個不太好的毛病，就是有點虛榮，有時祂會想，我為世人勞心勞力，他們將如何感激我呢？

因為想知道大家對自己的評價，祂化身成一個戴著草帽的農夫，來到凡間。

祂先是在玉米田裡遇見了一個光著上身的農夫。農夫在烈日下揮汗如雨，正在用雙手拔草，卻收效甚微，當雨神跟他打招呼時，他都無暇搭話。

雨神看到農夫那雙被野草割破的手，笑著說：「你怎麼不知道變通方法呢？你可以用一根木頭加上一塊鐵片，做成一把鋤頭，這樣就省力多了！」

農夫愕然，他還是第一次聽到「鋤頭」的說法，他記下了雨神的話，感激地對雨神恰克說：「謝謝你，我一定會試著做一把鋤頭的。」

恰克知道農夫尊敬自己，覺得很滿意，便得意地離開了。

祂又來到一戶紡織女的家裡，發現一個女孩正在織布，累得雙手都抬不起來了，織好的布卻沒有多少。

雨神再度笑起來，祂告訴紡織女：「祢怎麼不做一個中間空，兩頭尖的梭子呢？把梭子安放在紡車上，就能快速織布了。」

紡織女瞪大雙眼，她從未聽過「梭子」這個物品，不過既然眼前的這個男人說可以節省時間，那她不妨試一下吧！

於是，紡織女感激地說：「謝謝你的建議，我會做到的。」

恰克再度得意洋洋，祂覺得這次到人間來是正確的，於是雀躍地回到天上去了。

過了一段時間，雨神想看看農夫和紡織女的成果，就再度下凡，去尋找那二人。

祂看到農民正在用新做的鋤頭翻土，不禁大為欣慰，和對方打招呼。

農民一見恰克，急忙放下農具，開心地對恰克說：「多虧你的指導，我現在省力多了！」

恰克忍住得意，問農夫：「你覺得雨神恰克怎樣？」

農民一臉虔誠地說：「祂是一個值得尊敬的神，多虧了祂，我們才有好收成！」

恰克點頭，笑著說：「不錯，你是個老實人，會有好報的！」

當雨神離開後，農民繼續翻土，很快，鋤頭碰到了一個硬硬的東西，農民把那個東西出來一看，不禁連連驚呼。原來，他挖到了一個罈子，罈子裡全都是金幣！

雨神又去看紡織女，發現對方也聽話地使用了梭子，於是打招呼道：「好久不見！」

紡織女卻連頭也不抬，反而傲慢地說：「別打擾我，沒見我在忙嗎？」

雨神恰克。

雨神的眉頭頓時皺起來，他竭力不讓自己露出不滿的神情，而是平靜地問對方：「妳覺得雨神恰克怎樣？」

「煩死了！」紡織女尖叫起來，抱怨道，「那個神明太可恨了！他一下雨，我就心情不好，也不能出去玩了！」

雨神頓時氣得火冒三丈，祂詛咒道：「那妳就永遠織布，一輩子也別做其他事！」

當雨神怒髮衝冠地走掉後，紡織女發現自己的手腳片刻都停不下來，她只能不停地織著布，一直織到自己死為止。

雨神恰克是一位「移民」到印第安的神，祂來自墨西哥中部，引入到印第安部落後，受到當地人的熱烈歡迎，成為一位後來居上的農業保護神。

恰克長著尖鼻子，嘴裡彎曲的獠牙凸出唇外，頭上戴有打結的箍帶。

祂負責為印第安人帶來豐沛的雨水。祂的神殿的東、南、西、北四個角落裡放置有四個不同顏色的大水缸，每當他想要降雨時，祂就從紅、黃、黑、白四個缸裡取水，然後降下雨露。在瑪雅神話中，祂最受人們崇拜，在存世經卷中，祂的名字出現了兩百一十八次，為所有神祇之冠。

雨神恰克的圖騰

在瑪雅傳說中，雨神恰克的圖騰為一隻眼睛，眼睛的兩邊畫有一正一反的空心「T」形，象徵眼淚，也有雨水之意。印第安人認為有雨水就有豐饒，所以對雨神頗為敬重。雨神不僅象徵了豐饒的作物，祂還直接代表了印第安人的生命之源——玉米田。

人神之戰

玉米神

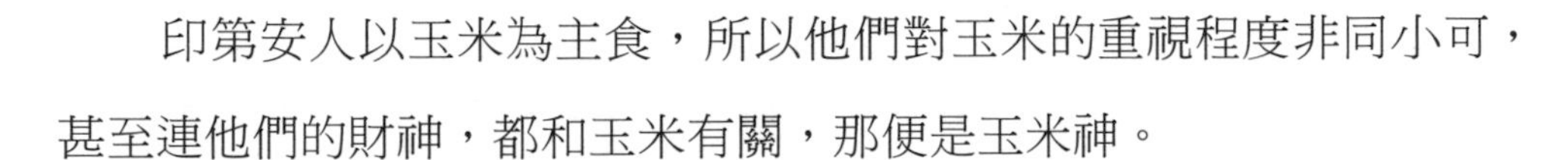

印第安人以玉米為主食，所以他們對玉米的重視程度非同小可，甚至連他們的財神，都和玉米有關，那便是玉米神。

玉米神名叫尤姆．卡克斯，祂誕生於洪荒之時。

當時，天地之間只有幾位神祇，根本沒有人類，時間一長，眾神就覺得很孤獨。後來，天神們決定要創造人類。

一位心細如髮的女神第一個動手，她去河床挖河泥，然後捏成和自己相似但個子矮小很多的泥人。

捏完後，她吹了一口氣，頓時，那些泥人都變成了黃皮膚的真人，且容顏俊美。

女神非常得意，向眾神誇耀。誰知，當天晚上天空驟降暴雨，那些泥人還沒來得及學會保護自己，就被雨水沖得現出原形，成了一灘一灘的爛泥。

女神沮喪不已，其他天神安慰她，說肯定還有其他辦法。這時，一個力壯如牛的大力神拍著胸脯說：「大家不用發愁，我有辦法造出堅固的人！」

祂搬來大塊的石頭，然後用手指在石塊上進行雕刻。不久之後，祂雕出了一些石人。大力神也吹了一口氣，石人立刻活了過來。

可是，石人的動作和表情很僵硬，而且他們還不會說話。因為大力神雕刻得比較粗糙，石人都長得很難看，一點都不討天神們喜歡。

天神們嘆了一口氣，只好去尋求其他辦法。

這時，有個叫尤姆．卡克斯的天神站出來說：「我有個辦法，保證能造出堅固有力又靈活的人類。」

祂說完，拿出一把玉米秸稈，開始編織成人類的形狀，然後祂在這些玉米人身上灑下神水，唸動咒語。

轉瞬之間，玉米人睜開眼睛，紛紛站起身，和天神們打招呼。見這些人能說會笑，表情生動，眾神不由得鬆了口氣，效仿尤姆．卡克斯，創造出更多的人。

因為尤姆．卡克斯是第一個讓人類誕生，所以祂被稱為玉米神。

從此，人們修築起了房屋，開闢荒地做為良田，玉米神還教會人們種植玉米，以維持人們能豐衣足食。於是，大地上一派繁榮景象。

時間一長，人類仗著數量眾多，就想挑戰天神的權威，他們妄想將天界也歸入自己的領地。

玉米神得知人們的荒唐想法後，告誡大家不要以卵擊石。可惜，所有人都像紅了眼的狼，根本不聽勸告。

這時，玉米神也生了氣，祂降下特大洪水，淹向大地。人們的房屋被沖塌，田地被沖毀，有很多人為此丟掉了性命。

這時，人們幡然醒悟，懺悔自己的罪行，乞求玉米神的寬恕。

其實，玉米神也痛心人間的劫難，畢竟那些人類是祂親手打造的，宛若祂的子女。

最後，玉米神褪去洪水，幫助眾人重新蓋起住所，祂又施展神力，讓土地變得更肥沃，便於作物能迅速生長起來。

從此，大地煥然一新，人神不再交戰，而是和平共處，友好地生活在一起。

正說財神

玉米神是瑪雅神話中的九聯神之一，祂掌管著五穀作物和森林的生長，還創造了玉米神族，是神族中的王。

玉米神。

在南美洲的印第安部落，玉米是寶貴的口糧，因而玉米神應運而生，用來保護玉米的成長，而玉米在生長過程中遇到的自然災害，就成為神話中玉米神的敵人。

在神話中，玉米神長相清秀、慈眉善目，祂總是面帶微笑，手捧玉米，盤腿而坐，象徵給人類帶來豐饒。

印第安人非常崇拜玉米神，在世經卷中，玉米神的名字出現了九十八次，即便在瑪雅神話後期，玉米神族被伊特薩姆納神族取代，玉米神的地位也依舊沒有動搖。

瑪雅文明

瑪雅文明是南美洲印第安人文明，約形成於西元前一五〇〇年，至十五世紀衰敗。瑪雅人創造了瑪雅曆法，還建有奇琴伊薩金字塔等著名遺跡，另外，他們還發表了很多預言，其中最著名的，莫過於西元二〇一二年的「世界末日」論。

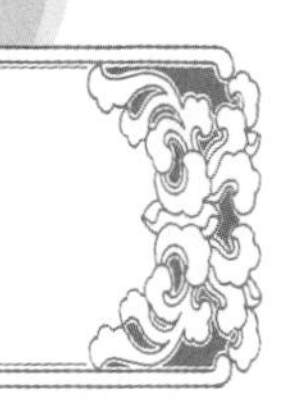

受迷惑而自責的天神

羽蛇神

在中美洲的瑪雅文明中，掌管收成的羽蛇神佔有重要地位，祂是瑪雅人信奉的造物神，能為印第安人帶來滋潤作物的雨季。

相傳，羽蛇神住在印第安的國都圖蘭城，祂管理著天下的神祇，如玉米神、花神等，因為有祂在，萬物欣欣向榮、人們生活富足，大量的金銀器物被製造出來，成為家家戶戶的必備品。

然而，這種繁榮景象令戰神、黑暗之神和妖神嫉妒不已。

黑暗之神詭計多端，想出了一個令天下大亂的伎倆。

此時，羽蛇神身體微恙，黑暗神就變成一個白髮駝背的老翁，來到羽蛇神的宮殿前，說自己有辦法治癒眾神之王。

羽蛇神信以為真，就召見了黑暗之神。黑暗神拿出一瓶液體，假裝關切地對羽蛇神說：「我有一瓶萬能神水，喝了它就能消除百病。」

備受疾病困擾的羽蛇神大喜過望，祂喝了一點藥，果然覺得精神有些振奮。於是，黑暗之神就不停勸羽蛇神喝藥，直喝得祂口角流涎、神志不清。

其實，那些「藥」是黑暗之神釀製的龍舌蘭酒，誰喝下去就會成為黑暗之神的傀儡，結果羽蛇神不幸失去意識，任由對方擺布。

黑暗之神得意地大笑，祂拋下羽蛇神，轉而去勾引威馬克王的女兒。威馬克王是羽蛇神派來管理人間的國王，祂的獨生女非常漂亮，也非常高傲，她拒絕了很多王公貴族的求婚，卻被黑暗之神所迷惑，結果害上了相思病，眼看就要一命嗚呼。

威馬克苦惱不已，只好找來黑暗之神，讓祂和公主結婚。

大臣們紛紛表示不滿，覺得喬裝後的黑暗神地位卑微，根本不配當駙馬。國王為轉移眾人注意力，決定讓黑暗之神領兵去攻打鄰國。

黑暗之神大顯神威，很快征服了鄰國。百姓們歡呼雀躍，為黑暗之神舉辦了一場盛大的慶功宴，在宴會上，戰神唱起動聽的歌曲，催促著民眾瘋狂地跳舞，最終使得宴會上的所有人滾進山谷，變成了嶙峋突兀的石頭。

為了徹底破壞威馬克王在人們心目中的威信，黑暗之神和戰神又連續殺戮無辜的百姓，讓圖蘭城成為血腥與恐慌之地。

托爾特克人忍無可忍，盲目地相信妖神，消滅了黑暗之神和戰神。然而，兩個天神死後，屍體散發出毒氣，毒死了數以萬計的托爾特克人。

托爾特克人感到絕望，他們知道，王國的末日即將到來，所有人都將遭到毀滅。

此時，羽蛇神終於從酒醉中清醒，祂看到自己的國家已變得一塌糊塗，不由得又驚又氣。祂失望透頂，燒毀了自己的宮殿，藏起所有的財寶，決定回到故鄉特拉巴蘭國去。

當祂行至柯阿潘時，遇到了一些不懷好意的天神，天神們假意對祂表示同情，並請求羽蛇神將祂的神力傳給自己。

彷彿一下子蒼老了十歲的羽蛇神緩緩地搖了搖頭，黯然說道：「祢們只會用我的神力來搞破壞，我是不會給祢們的。」說完，祂踏上一條由蛇群纏繞組成的筏子，獨自飄向了遠方。

正說財神

以上故事中，圖蘭特的沒落象徵著瑪雅文明的衰落，而羽蛇神的離去，則代表曾經繁榮的文明已經漸漸遠去。

在瑪雅文明中，羽蛇神是一條長有羽翼的巨蛇，祂起源於奧爾梅克文明，後因阿茲特克人的入侵，被帶到瑪雅文化中。

相傳，羽蛇神能帶來雨季，而雨季又正值印第安人種植玉米的時候，所以羽蛇神是印第安人最崇拜的神。在現存最大的瑪雅古城奇琴伊察，人們仍可以觀看到「羽蛇飛升」的奇特景象。

中美洲有很多羽蛇神的傳說，阿茲特克人還認為羽蛇神可

羽蛇神。

以變成一個頭戴王冠、能夠呼風喚雨的戰士。即便是非印第安種族的摩門教和天主教徒，也認為羽蛇神的地位與耶穌基督相當。

羽蛇飛升的奇景

在奇琴伊察中，有一座以羽蛇庫庫爾坎命名的金字塔。金字塔的北面兩底角雕刻有兩條眼鏡蛇的蛇頭。一年中只有春分、秋分兩天，可以看到蛇頭的影子與地面上許多三角形陰影重疊在一起，其形狀有如兩條不斷向上飛升的巨蛇，所以成為墨西哥的著名景點。

第二章 風靡全球的歐洲財神

聖誕老人的原型
聖人尼古拉

聖誕老人是全世界人都熟知的財神，人們對這位坐在馴鹿車裡的白鬍子老人情有獨鍾，因為他總喜歡趁人們睡覺的時候鑽進每戶人家的煙囪，然後將禮物塞進襪子裡。

每一年的耶誕節，人們都會在以各種方式迎接他。歷數全球的財神，還有哪位能比聖誕老人更惹人喜愛的呢？

聖誕老人的故鄉在歐洲的極寒地帶，他住在聖誕老人村裡，每年聖誕夜，他都會坐在鈴兒響叮噹的馴鹿車內，在天空中行走，為人們分配禮物。

在歐洲的民間傳說中，聖誕老人是一位叫做聖 - 尼古拉的大主教，他樂善好施，尤其對孩子們特別好，人們親切地喊他為聖人尼古拉。

在尼古拉生活的地區，有一位貴族，他很喜歡發明一些小東西，可惜都失敗了。這個貴族很有錢，卻不太會經營，又總在發明創造中一次又一次地浪費金錢，最後，他破產了，全家人被迫從別墅搬到了一間破敗的農舍裡，每天含辛茹苦地過日子。

貴族有三個女兒，這幾個女孩從小就錦衣玉食，如今突然生活潦倒，非常不適應。好在，三個女孩和父親一樣樂觀，且意志很堅強，雖然她們必須像所有的窮苦百姓一樣洗衣、做飯、打零工，卻依舊過得很快樂。可是貴族卻漸漸地憂傷起來，女兒們都已到了待嫁的年紀，但他沒有錢給女兒們買嫁妝置辦婚禮。

大女兒喜歡上了一個牧師，可是牧師的家境並不寬裕，這對小情侶為此很發愁。到年底的時候，大女兒的婚事還是遙遙無期，牧師的心情非常抑鬱，終於讓尼古拉窺出了端倪。

當尼古拉得知此事後，特地在夜晚來到貴族的家門口。

當天晚上，貴族的女兒們洗完衣服後，將長筒襪放在壁爐前烘乾，然後拉上了窗簾。

站在屋外的尼古拉見窗內的燈光熄滅，知道這家人已經睡著，就爬上屋頂，將口袋裡的三包黃金從煙囪裡投了進去，不偏不倚都落入長筒襪裡。

第二天，當女孩子們醒過來時，她們驚訝地發現了襪子裡的金子。這些金子足夠三個女孩置辦豪華的嫁妝，風風光光地嫁出去了。

貴族終於釋懷，他心滿意足地看到三個女兒都有了一個好歸宿，心裡非常感激那個送黃金的財神。

後來，關於聖人尼古拉的傳說越來越多，他逐漸成了一個在聖誕夜乘著鹿車去漫遊的神仙。他把獎品賞給好孩子，而對壞孩子施以懲罰。全世界的孩子都喜歡他，有些小孩甚至給他寫信，訴說自己的美好遠願望。某些國家的郵局為了不使孩子們失望，還會專門派人去回覆這些信件。

聖誕老人。

聖人尼古拉是流傳最廣的聖誕老人的原型，他生活在四世紀的小亞細亞地區。十一世紀末期，義大利傳教士將他的遺物帶回國，還特地為他建造了一座教堂。接著，基督教徒從世界各地蜂擁而至，前來朝見這位聖人。當教徒們回國後，聖人尼古拉的神奇傳説就在全球流傳開來。

十二世紀，歐洲出現了尼古拉紀念日，荷蘭人率先模仿尼古拉互相饋贈禮物，這種節日逐漸在全球流行開來，終於成為如今的耶誕節。

在芬蘭，有一個聖誕老人村，據説聖誕老人就住在那裡，不過專家們認為丹麥屬地格陵蘭，才是聖誕老人的真正故鄉。

紅鼻子魯道夫

在聖誕老人的九隻馴鹿中，為首的那隻頭鹿最特別，因為牠有一個紅鼻子。紅鼻子馴鹿名叫魯道夫，某一個聖誕夜，天降大霧，在天空遊走的聖誕老人無法看清前方的路，因此十分著急。這時，魯道夫的紅鼻子就像燈塔一樣發出紅色光芒，引領其他馴鹿安全降落。
從此，魯道夫就成為了領頭鹿。

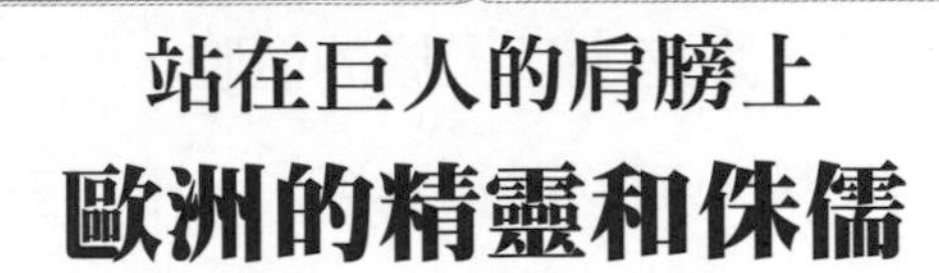

站在巨人的肩膀上
歐洲的精靈和侏儒

在歐洲，有一群特殊的神仙，祂們介於天神和人類之間，能為世間帶來大量的財富，但也能造成巨大的痛苦，祂們便是風靡歐洲的精靈和侏儒。

精靈和侏儒是同時出生的兄弟姐妹，但性格卻大相徑庭，因為祂們是被巨人的不同部位孕育出來的，而這個巨人，就是洪荒始祖伊米爾。

相傳，在很久以前，世界的北邊有一片巨大的冰雪王國，南邊則是熾熱難耐的火焰之國。在冰與火的萬年交融中，巨人伊米爾誕生了。

伊米爾體型巨大，出生之後就到處尋找食物，後來祂找到了一頭巨大的母牛。母牛美味的乳汁源源不斷地流淌出來，匯集成四條白色河流。伊米爾便依靠吸食乳汁為生，在經歷了無數個歲月後，有一天，祂的雙臂突然長出了一男一女，祂的雙足也生出了一個男巨人。此後，伊米爾又陸續生下其他巨人，這些巨人被統稱為冰霜巨人，祂們的勢力越來越大，逐漸成為世界的主人。

某一天，伊米爾的母牛在舔食冰雪的時候，忽然舔出一個小男孩，伊米爾見這個孩子俊美可愛，非常喜愛，為孩子取名為布里。但祂卻不知道，正是這個小孩，斷送了巨人族的血脈。

布里長大後，娶了伊米爾的孫女為妻，生下了三個兒子——奧丁、威利和維。隨著年齡的增長，三子越發強壯偉岸，他們有思想有智慧，還有非同尋常的野心。

他們不想困在這樣一片不毛之地，就聯合向伊米爾發動進攻，並成功地將對方置於死地。

世界之王伊米爾轟然倒地，他的血液如洪水般從傷口處湧出，將冰霜巨人全部淹死，只有巨人貝格爾密和他的妻子坐上石船逃出這場劫難。

當血液的洪水逐漸平息後，伊米爾的身軀上最後一次生出了兒女。他們是一群比人類稍矮的生物，且吸收了巨人的精華，因而擁有強大的魔力。

在伊米爾身軀的向陽部位誕生的，是精靈，他們喜愛幫助人們解決各種難題，人們親切地稱呼他們為光明精靈。巨人身軀的背光部位誕生的，是黑暗精靈，因為他們總愛搗亂，人們乾脆就稱他們為侏儒。

人類之母夏娃看到精靈和侏儒後，頓時生出無盡的母愛，她收養了精靈和侏儒，讓他們與人類一起嬉戲。

上帝得知此事，也對精靈和侏儒產生了興趣，就來到夏娃面前，說要看看孩子們。

夏娃有點擔心，怕上帝不接納精靈和侏儒，就把他們藏了起來。

上帝一眼就發現露面的只有人類，不由動了氣，問夏娃：「這些是全部的孩子嗎？」

「是的。」夏娃垂著眼瞼，不敢看上帝，撒謊道，「祢看到的已經是所有的孩子了！」

上帝勃然大怒，喝道：「既然這些是可以露面的孩子，那麼那些未出現的孩子就永遠不能活在人類當中！」

於是，精靈和侏儒只能在人跡罕至的地方出現了。

不過，由於精靈太善良了，祂們仍會經常出現在人類世界中，為人們提供各種物品，實現世人的一切願望。

正說財神

在歐洲傳說中，精靈是一群長著尖耳朵、喜歡住在森林裡的種族。祂們的皮膚白晰細膩，髮色很淡，眼睛宛若寶石般晶瑩剔透，臉型多為瓜子臉。祂們擅長魔法和射箭，能輕易變出各種奇珍異寶，所以在人們的眼中顯得很神奇。祂們的壽命也相當長，能活七百年以上。祂們是天生的音樂家、詩人和舞蹈家，有祂們出現的地方，總有歡笑和歌聲。

相反，侏儒就不是很討喜，祂們愛惡作劇，甚至讓人們過得很不愉快，而且祂們的面容也很醜陋，所以總是遭到人們的嫌棄。

眾生之母夏娃

在希伯來文中，「夏娃」的意思是生命。據《聖經》中說，上帝創造了世上的第一個男人亞當，亞當則取出他的一根肋骨，創造了第一個女人夏娃。夏娃被蛇引誘，和亞當一起吃下生命之樹上的智慧果，結果被上帝趕出伊甸園，從而來到人間。

夏娃。

點亮灰姑娘的公主夢
小仙子

在精靈種族中，有一族被稱為小仙子，祂們最喜歡出現在剛出生的嬰兒身邊，賜給新生兒多種祝福，如「智慧」、「美麗」、「富有」等。可是如果不好好接待他們，祂們就會生氣，給孩子的未來命運製造阻礙。

不過，總體而言，祂們非常和善，是孩子們的福星。

小仙子的故事有很多，其中的灰姑娘的傳說最為流行。

據說在很久以前，有一個非常漂亮善良的小女孩。她的母親很早地去世了，留下她和她父親相依為命。

有一次，她父親要出遠門，就問女兒要什麼禮物。女孩說要碰到父親帽子的第一根樹枝。父親答應了，回來後，他果然給女兒帶來了一根樹枝，女孩就把樹枝種在屋後的花園裡，經常澆水，時間一久，那樹枝竟然長成了一棵小樹。

後來，父親又結了婚，繼母還帶來兩個女兒。

從此，女孩就經常被繼母和姐姐欺負。她被勒令住在廚房裡，還整天做家事。可憐的女孩累得眼睛都睜不開，整天灰頭土臉的，所以人們就叫她為「灰姑娘」。

某日，繼母聽到一個消息：城裡的王子要舉辦舞會，並當場選出未婚妻。灰姑娘的兩個姐姐非常高興，在舞會那天打扮得花枝招展，灰姑娘也想參加舞會，繼母卻不准她去。

灰姑娘很難過，就跑到屋後的那棵小樹旁哭起來。

突然，一個頭戴金冠、手拿一柄金杖的小仙子出現了，好奇地問：「什麼事讓妳這麼傷心？」

灰姑娘停止哭泣，看著這個長著翅膀、渾身散發著金色光芒的小人，反問道：「你是誰？」

「我是這棵樹的精靈，我可以幫助妳！」小仙子安慰淚痕滿面的灰姑娘。

於是，灰姑娘將自己的遭遇告訴了小仙子。

小仙子聽後，揮舞金杖，剎那間，灰姑娘的舊衣服變成了一襲鑲鑽的禮服，禮服的裙裾上還有一圈一圈的蕾絲花邊和蝴蝶結。

小仙子又唸了段咒語，將一個南瓜變成了南瓜馬車，將四隻老鼠變成了車伕。她拍拍灰姑娘的肩膀，催促道：「快去參加舞會吧！不過妳要記得，午夜十二點前一定得回來。」

灰姑娘感激地點頭，坐上南瓜馬車，趕往舞會現場。

當晚來了很多女孩，可是王子一個都沒看上。正當他感到失望的時候，忽然看到門口進來一位美麗動人的少女。王子頓時被迷住了，不由自主走上前去，握住灰姑娘的手，邀請她跳舞。

灰姑娘羞澀地同意了。

由於她的裝束與平時截然不同，繼母和姐姐不僅沒認出她來，還以為她是哪個國家的公主呢！

王子沒再跟別的女孩跳舞，一直待在灰姑娘身邊。

眼看午夜即將到來，灰姑娘急忙說自己有事，必須要離開。

但王子不肯放灰姑娘走，灰姑娘只好衝出了會場，匆匆走向路邊的南瓜馬車。

灰姑娘試穿水晶鞋。

在逃跑的過程中，她走得太急，不小心把一隻水晶鞋遺落在臺階上。王子拾起水晶鞋，看見灰姑娘已經絕塵而去，內心不禁惆悵不已。

灰姑娘在淩晨十二點時回到了家，小仙子又把她變回了平時的模樣，一切好像從未發生過。

可是王子對灰姑娘念念不忘，他拿著水晶鞋到處找人。

一天，他來到灰姑娘家裡，繼母大喜過望，讓她的兩個女兒去試鞋，兩個女兒都不合適，直到灰姑娘走出來，王子才驚喜地發現，他要找的人找到了。

多虧了小仙子的幫助，灰姑娘和王子結了婚，從此過著幸福的生活。

正說財神

小仙子起源於義大利，祂們無論男、女，都十分矮小，據説只到普通人膝蓋的高度，不過祂們也可以隨意改變自己的身高。

小仙子喜歡去人類的家裡送祝福，或者幫助人們達成心願。祂們不會隱身，所以能被人們看到。

祂們分為獨居和群居兩種類型，每個群居的小仙子部落均由一個仙后統治，若一個小仙子犯了錯，祂就會被仙后處罰去幫人類做一樁好事，以此來贖罪。

中國版「灰姑娘」

在《酉陽雜俎》中，有位中國版「灰姑娘」叫葉限，葉限養有一條金魚，結果金魚被葉限後母所殺。天神指示葉限將魚骨拾起，魚骨化為華服，被葉限穿上。葉限得以參加某個盛會，不料她在回家時丟了一隻鞋。陀汗國國王撿到了鞋子，最後和葉限喜結良緣。

點石成金

瓶裡的精靈

在歐洲的精靈中，有一類精靈可謂亦正亦邪，祂們擁有點石成金的魔力，但祂們又非常吝嗇冷酷，和人類相處得並不和諧。不過，祂們的頭腦比較簡單，所以經常被人們利用。

祂們是瓶裡的精靈，是燈神的近親，被人們俗稱為瓶中怪。

話說，從前有一個貧窮的樵夫，他含辛茹苦地供養自己的獨子，想讓兒子上學，可惜家裡實在太窮了，兒子不得不輟學回家，幫父親一起砍柴。

樵夫唉聲嘆氣，少年卻安慰他說：「爸爸，不要難過，也許砍柴也是一件好事呢！」

樵夫卻苦著一張臉，說：「家裡實在沒錢給你買第二把斧頭了，你要怎麼砍柴呢？」

少年笑著說：「可以向鄰居借一把，砍完了再還。」

於是，父子二人就一同進山伐木去了。

父親擔心深山老林裡不安全，讓兒子不要走得離自己太遠。可是少年不聽勸，他一邊啃乾糧，一邊興致勃勃地往遠處走，最後連父親的呼喊聲都聽不到了。

當他走近一棵千年老橡樹時，忽然聽到地下有個沉悶的聲音在叫嚷：「快放我出去！」

他好奇地四處搜索，這時那聲音又響起來：「我就在樹下的土裡，快放我出去！」

少年在樹根周圍挖起土來，他到處找尋，終於掘出了一個玻璃瓶，只見瓶中有個綠色的小青蛙在拼命蹦跳，還瘋狂地叫喊：「快放我出去！」

少年沒有多想，就把瓶塞拔起來，一瞬間，瓶子裡的綠色精靈出來了，且越變越大，不一會兒，就變成一個頂天立地的綠色巨人。

「你竟然讓我困在瓶子裡這麼久，我要殺了你！」巨人不僅沒有感激少年，反而兇狠地對著少年咆哮。

少年先是吃了一驚，不過他很快就冷靜下來，然後迅速想出了一個對策。

「我知道讓祢受委屈了。」他平靜地說，「不過我很好奇，這麼小的一個瓶子，怎麼能把祢裝進去呢？祢肯定在騙我！」

「這有什麼奇怪的！」巨人哈哈大笑，不以為然地說，「我現在就讓你看看，什麼叫精靈的魔力！」

巨人的身體瞬間縮小，化成一縷青煙，又鑽回了瓶子裡。等祂一回到瓶中，少年立刻把瓶塞塞回瓶口，然後對瓶裡的精靈說：「祢這個恩將仇報的傢伙，我要把祢重新埋進地下，讓祢永遠也不能出來！」

精靈立刻悽慘地叫起來，求少年饒過祂，還鄭重其事地發誓，如果少年救祂，祂就賜給少年巨大的財富，且再也不會傷害自己的救命恩人。

少年的膽子很大，他心想，不妨就相信這個傢伙一次，也許祂這次不敢了呢！

於是，少年又把精靈放了出來。

這次，精靈沒有變成巨人，而是變成了人類的模樣，只是身體還是綠的。

祂遞給少年一塊橡樹皮，吩咐道：「你用這頭碰觸傷口上，傷口立刻癒合，用那頭碰觸鋼鐵，鋼鐵就能變成銀子。」

少年把橡樹皮放在斧頭上一碰，鐵斧果然變成了一柄銀斧。

少年很高興，他感激地與精靈作別，然後去找他的父親。

從此，父子二人再也不用為生計發愁了。

正說財神

瓶中怪是歐洲的精靈之一，也為人們所熟悉。十九世紀的新浪漫主義作家羅伯特．路易士．史蒂文在自己的作品《瓶中魔王》中對瓶中怪進行了描述。在他的筆下，瓶中怪待在一個大肚長頸的白色瓶子裡，瓶子閃爍著五彩斑斕的光芒，精靈則像一團火焰的陰影，而瓶子有如皮球一樣，是無論如何也摔不破的。

瓶中怪能幫助瓶子的主人夢想成真，但祂也需要主人給予幫助，就是讓主人在有生之年以低於瓶子賣價的價錢來賤賣瓶子，否則瓶中怪會在死後受到煉獄之火的焚燒，據説那酷刑將會是永生永世的考驗。

最美麗的精靈——水隱

水隱是水澤精靈中的一族，祂們也是最美麗英俊的精靈。傳說祂們曾與愛與美的女神阿芙洛狄特打賭，結果獲勝，從而擁有了無雙的美貌。可是阿芙洛狄特懷恨在心，她拒絕給水隱愛情，結果水隱總是為愛憔悴，常常悲傷過度而導致早夭。

營救伊娥仙子

宙斯的寵兒赫爾墨斯

古希臘神話中，有一位商貿保護神，祂雖然力量不如阿波羅、波塞冬，卻有著世間罕有的靈活頭腦和高超的狡辯技能，深得人們的膜拜。

相傳，在古希臘創建之初，彼拉斯齊人是這方土地的主人，他們的公主名叫伊娥，長得傾國傾城。

宙斯慕名而來，化作一團雲霧引誘伊娥。伊娥對宙斯產生了莫名的恐懼，她拔腿就跑。

但宙斯怎麼會讓心儀的姑娘逃脫呢？祂使出神力，將伊娥周邊十里以內的區域用雲霧包裹住。可憐的伊娥身處黑暗之中，伸手不見五指，不由得放慢了腳步，最終落入宙斯手中。

這時，宙斯的妻子、好嫉妒的赫拉正在到處尋找自己的丈夫。她發現人間有一處平原在大晴天也煙霧繚繞，便疑心頓起，來

被雲霧包裹的伊娥。

到宙斯身邊。

情急之下，宙斯將伊娥變成一頭美麗的小母牛，可是赫拉不是省油的燈，她一眼便識破了宙斯的伎倆，於是假意喜歡母牛，要宙斯送給她。

宙斯是出了名的「妻管嚴」，祂只好暫時將伊娥交給赫拉。

赫拉命令長有一百隻眼睛的巨人看管伊娥，還不讓伊娥在同一個地方久待。時間長了，伊娥都快忘了自己還是個人類了。

宙斯不忍讓情人如此受苦，找來赫爾墨斯，讓祂救出伊娥。赫爾墨斯帶上一根能催眠的神杖，來到伊娥被軟禁的地方。

巨人見有人來了，立刻警覺，瞪著一百隻眼睛嚴密監視赫爾墨斯。

裝扮成牧童的赫爾墨斯故意裝出一副輕鬆的樣子，祂拿出牧笛，開始吹奏樂曲。這樂曲比人間最動聽的音樂都要好聽一百倍，巨人聽著聽著，忍不住就打起了呵欠，祂的眼睛一隻一隻地閉起來，最後，沉入夢鄉呼呼睡去。

這時候，赫爾墨斯用神杖輕觸巨人的眼睛，讓巨人睡得更香。隨後，祂用劍砍下巨人的腦袋，終於解救了伊娥。

赫拉怒不可遏，她讓牛虻去叮咬伊娥。伊娥無法忍受叮咬，一路狂奔至埃及，實在累得走不動了，只好對著奧林匹斯聖山的方位跪下，眼中充滿哀求的淚水。宙斯被打動了，請求赫拉原諒伊娥，赫拉這才得以恢復原形，她生下了兒子厄帕福斯，母子倆後來成為了埃及的君主。

正說財神

在神話中，赫爾墨斯是一個穿著飛鞋的年輕人。祂的頭飾一半是隱形盔，一半是太陽帽，手持象徵信使身分的手杖，杖上有兩條蟒蛇。

赫爾墨斯與雅典娜。

有關赫爾墨斯的傳說有很多，營救伊娥只是其中之一。祂是宙斯與阿特拉斯之女邁亞的兒子，深得宙斯喜愛，被宙斯任命為奧林匹斯山的財務主管，負責掌管締結條約、發展商業、保障旅行者權益等專案，因此祂同樣成為了人間的商業之神，深受商人們的愛戴。

宙斯為何怕老婆？

赫拉本是宙斯的姐姐，她有著無雙的美貌和高貴的氣質，在未結婚前，宙斯常變成杜鵑鳥藏進赫拉懷裡。後來，經宙斯的不懈追求，赫拉以分得宙斯一半的權力為條件，同意了宙斯的求婚。赫拉是掌管婚姻的女神，她極度忠貞，但也極度善妒，因此對花心的宙斯極為不滿，常使用非常手段打擊丈夫的情婦，但宙斯因赫拉的身分與忠貞，總是加以忍讓。

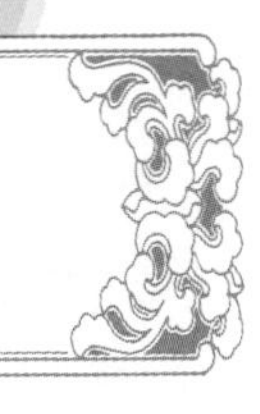

用頭腦擊敗太陽神

阿波羅的神牛

阿波羅是古希臘神話中最英俊、最有才藝的天神，祂掌管著音樂、詩歌，是光明的象徵，同時還擁有無邊的神力。

不過，商業之神赫爾墨斯卻只留意到阿波羅擁有的那五十頭神牛。那些神牛吃完了草，會拉出金子，而母牛的乳汁一落地，會變成大顆雪白的珍珠。

這些神牛是宙斯做為給自己長子的禮物，送給阿波羅的。阿波羅平時不是只顧談情說愛，就是發動戰爭，雖然擁有神牛，卻只把牠們當成炫耀品。

話說赫爾墨斯剛出生不久，祂就在打那些神牛的主意。祂時常去接近神牛，阿波羅當祂是個小孩，也沒怎麼在意，就任由赫爾墨斯在草地上和神牛嬉戲。

某個下午，赫爾墨斯趁阿波羅去天空巡視，又溜到牛群裡。祂將樹皮綁在神牛的蹄子上，然後揮舞鞭子趕牛。那些神牛因為跟赫爾墨斯很熟悉，也不反抗，任由赫爾墨斯驅使，結果全都被偷走了。

阿波羅回來後，發現神牛沒了，頓時大發雷霆，祂知道神牛有靈性，不會輕易跟陌生人走，就覺得小偷肯定是赫爾墨斯。

於是，阿波羅跑到宙斯面前去指控弟弟，赫爾墨斯很害怕，躲在祂母親邁亞的身後不肯出來。

邁亞心疼兒子，就故作驚訝地撒謊稱兒子前兩天都和她在一起，連外出的機會都沒有，怎麼可能偷牛呢？

然而，宙斯是明察秋毫的宇宙之神，一切都逃不過祂的眼睛。祂盯著邁亞，厲聲喝道：「妳怎麼能顛倒黑白是非不分呢？赫爾墨斯明明偷了神牛，妳還這樣袒護他！」

邁亞很羞愧，沉默不語。

阿波羅怒不可遏，渾身散發出刺目的金色光芒，到處找赫爾墨斯算帳。

赫爾墨斯急得團團轉，祂一路沉思對策，沒留神腳踩了一個硬梆梆的物體，結果摔了一跤。

祂懊惱地抓起那個物體，發現原來是一隻空的烏龜殼，殼上還纏著一根筋。

赫爾墨斯剛想扔掉龜殼，孰料龜殼迎風而響，竟發出悅耳的聲音。

赫爾墨斯靈機一動，將烏龜殼蒙上牛皮做為底座，然後在上面支起兩隻牛角，又在牛角中間架上四根牛筋，於是乎，世界上第一架豎琴誕生了。

當阿波羅氣勢洶洶來找赫爾墨斯時，祂聽到了一陣陣悠揚的琴聲。在動聽的音樂聲中，阿波羅逐漸打消了怒氣，內心變得愉悅起來。

赫爾墨斯開始歌唱，歌頌阿波羅多才多藝，又稱如果祂能擁有這架豎琴，一定能奏出世間最美妙的樂曲。

阿波羅不禁深深陶醉，當赫爾墨斯一曲奏畢，祂請求弟弟將豎琴送給自己，同時祂可以用五十頭神牛做為交換。

赫爾墨斯欣然同意，從此，他用這五十頭神牛做為資本拓展商業，成為商人們崇拜的天神。

阿波羅也得到好處，祂將赫爾墨斯的豎琴加以改進，變成了七弦琴。祂接受潘神的才藝挑戰，用七弦琴彈奏出動人的樂曲，結果奪得冠軍，被譽為天下最優秀的音樂師。

正說財神

和牧人在一起的阿波羅。

阿波羅是文藝之神，是赫爾墨斯同父異母的哥哥。祂的額頭中央鑲嵌著一顆耀眼的太陽，一出生即令眾神驚嘆不已。祂也是希臘神話中為數不多的沒有髯鬚的神祇，因為祂是最俊美的男子，又天生貴氣逼人，完全不用依靠髯鬚來表示威嚴。

祂對弟弟赫爾墨斯頗為照顧，不僅送給弟弟神牛，還幫助赫爾墨斯避開天后赫拉的迫害，讓其住進天神谷。

赫爾墨斯則非常聰明，祂懂得資本流通的重要性，僅用一隻龜殼和幾根牛筋就換回了能帶來巨大財富的神牛，足見其擁有強大的生意頭腦。

潘神是何人？

潘，是希臘神話中的半獸神，祂擁有人的軀幹，長有羊腿、羊耳和羊角。祂掌管林地、田地和畜牧業，喜歡吹奏有催眠作用的排笛，曾經挑戰阿波羅，卻以失敗告終。祂非常好色，常躲在樹叢裡，等美女靠近，然後跳出來求愛。祂也是摩羯座的守護神。

牧羊神潘。

讓大地荒蕪的肇事者

地獄財神哈得斯

宙斯做為希臘神話的萬神之王，最為人們所熟知，而祂的哥哥、冥王哈得斯的知名度就小很多。與現代人想像中的地獄之神不一樣的是，哈得斯在希臘人眼裡並非是一個惡神，因為祂能發掘出地下的礦產，還被人們稱為地獄財神。

哈得斯守護著地下的財富，他喜歡躲在黑暗中，嚴密地監視著周圍的一切。每天，祂都會乘坐由四匹黑色駿馬拉的戰車，手持雙叉戟，一絲不苟地檢查是否有陽光透進黃泉裡。

據說在哈得斯的地府裡，藏匿著數不盡的財富，甚至連宙斯都感到好奇。然而，人們不敢貿然來到地獄，因為進去之後，就再也無法出來了。

而且，大家也對威嚴冷酷的哈得斯心生畏懼。這位地獄之神總是公正嚴明，滿臉冰霜，彷彿對任何情感都不感興趣似的。

最後，連愛神都看不下去了。她對兒子厄洛斯說：「我就不信哈得斯那個榆木腦袋會抗拒得了祢的愛情弓箭，祢快去給祂一箭！」

厄洛斯就真的向哈得斯射出金箭，又向豐饒女神的女兒、春天女神珀耳塞福涅射出一支鉛箭。

哈得斯立刻感到心中有什麼東西開始燃燒起來，可是祂一時不能明白，只好來到人間散心。

祂來到一個鳥語花香的山谷中，在那裡，祂一眼就看到正和智慧女神雅典娜、月亮女神阿爾特彌斯嬉戲的珀耳塞福涅。頓時，祂那顆沉默多年的心猛烈地跳動起來，祂凝視著春天女神，暗中撒下地獄聖花水仙花。

冥王哈得斯搶走珀耳塞福涅。

珀耳塞福涅被一股奇異的花香所吸引，她扭動著靈活的腰肢，走到水仙花面前。正當她想伸手摘花時，大地忽然發出轟鳴之聲，冥王戴著隱身盔，駕著戰車從地底下騰空而起，一把抱起珀耳塞福涅，就鑽進了地府。

頃刻間，大地恢復原貌，彷彿什麼事情都沒發生。

豐饒女神一聽自己的女兒被掠，急得放聲大哭，她發誓要找回女兒，連自己的基本職責都棄之不顧。

結果，大地一片荒蕪，人間寸草不生。百姓們沒有糧食吃，沒有木柴取暖，快要活不下去了。

在地獄中的珀耳塞福涅哭鬧著要回家，哈得斯怎麼哄她都不行，只好取出一顆石榴給她吃。石榴是秋天的果實，珀耳塞福涅從未見過，她好奇地掰開石榴，一顆一顆吃起來。

這時，太陽神阿波羅發現了珀耳塞福涅的行蹤，趕緊告訴豐饒女神。豐饒女神立刻追到地府去，可是她被冥王的忠犬刻耳柏洛斯攔住了，無法來到死神的宮殿。

珀耳塞福涅聽說母親來了，就想奔向宮外，可是冥王牢牢抱住她，不讓她出去。

宙斯見鬧得不可開交，只好親自來找自己的哥哥談判，讓冥王交還珀耳塞福涅。可是珀耳塞福涅已經吃下地獄裡的六顆石榴籽，註定每年要有六個月的時間陪在哈得斯身邊。

從此，春天女神有半年時間和豐饒女神在一起，那個時候大地復甦，萬物興旺，而當母女倆分開後，豐饒女神就逐漸沉浸在悲傷之中，大地就跟著變得一片荒涼。

正說財神

希臘人認為冥界是所有死者的唯一去處，所以在他們心目中是沒有天堂和地獄之分的，因而冥王哈得斯也不像東方神話中描述的那樣，是奪人性命的死神。

儘管哈得斯身上的死亡氣息揮之不去，但卻有一個英雄的形象，祂手握權杖，身旁蹲坐著長有三個腦袋的忠犬，統治著地獄眾神和亡靈。因其能發現並擁有寶藏，人們認為祂也是一個具有開拓性的商人，後來就把祂當成商業保護神來加以膜拜。

冥王哈得斯。

古希臘傳說中的「入地獄」

古希臘傳說中，人死後需從地獄門渡過克隆河，去接受正義女神的審判，然後善者去快樂之境生活，而惡者則墮入煉獄受苦。克隆河上擺渡的船伕名叫卡隆，在古希臘時代，人們會在下葬時，在死者口中或眼瞼上放置錢幣，這錢幣就是支付給卡隆的渡河費用。

遭眾神詛咒的財神

普路托斯

在古希臘，有一位名副其實的財神，祂的職責就是給人送錢，照理說祂應該一身貴氣被萬人景仰。可是事實恰恰相反，這位羅馬財神較倒楣，因為他掌管了天下財富，為免祂分財不均，一出生宙斯就讓祂雙目失明，並使祂雙腿殘疾，所以祂總是姍姍來遲。

殺死九頭蛇的大力神赫拉克勒斯。

這位財神名叫普路托斯，祂被眾神詛咒不算，還遭受同伴的歧視。

有一次，宙斯在家中舉辦宴會，邀請眾神前來參加，大力神赫拉克勒斯和財神普路托斯也在邀請名單中。赫拉克勒斯到達宴會現場時，祂熱情地與各位天神打招呼，相談得十分愉快。然而，當普路托斯走過來時，祂卻故意轉過身去，假裝看不見財神。

宙斯非常驚訝，問大力神為何要怠慢財神，大力神瞥了財神一眼，不屑地說：「我就是不喜歡祂，因為我發現祂總是跟人間的一幫惡棍混在一起！」

大力神並沒有壓低音量，結果讓普路托斯聽了一清二楚。祂感到十分哀傷，在宴會還沒結束就黯然離去。

普路托斯覺得既然大家都這麼討厭自己，乾脆遠離奧林匹斯山。

祂來到人間的一個小鎮上，看前方有一座阿波羅神廟，就躺在神廟的牆角下睡著了。

此刻，教堂裡正有一個農民跪在地上禱告。農民辛苦了一生，他勤勤懇懇地工作，卻依舊食不果腹、衣不蔽體，然而，那些奸邪的商人、強搶豪奪的官員卻過著富貴的生活，實在讓農民覺得不可理喻。

「太陽神啊！祢能否告訴我，既然惡者得財，善者受苦，我是否該把我唯一的兒子教育成一個壞人啊！」農民跪倒在地，喃喃自語，眼中充滿淚水。

忽然，阿波羅的神像發出耀眼的光芒，頃刻之間，阿波羅站在農民面前。

農民誠惶誠恐，趕緊去吻太陽神的腳。

阿波羅知道普路托斯就在附近，就笑著對農民說：「你從這裡出門後，遇到誰，就邀請誰回家，然後你就能知道致富之道了！」

這個農民依照太陽神的指示，小心翼翼地往門外走。很快，他就發現了牆角下那個衣衫襤褸的瞎子。雖然覺得有些匪夷所思，農民還是邀請普路托斯去自己家裡。

普路托斯也需要一個容身之處，立刻答應了。

一路上，兩個人聊得還算投機，最後，普路托斯告訴農民，自己就是財神。

農民這才明白太陽神為何會指示自己帶普路托斯回家，不由得激動萬分。他給普路托斯洗漱，並為祂換了一身乾淨衣服，讓這個失明的財神看起來煥然一新。

接著，農民又跑到天醫神廟裡，幫普路托斯治好了雙眼。普路托斯重見光明，內心的激動難以言喻，雖然祂以前只幫助富人，可是現在祂覺得，眼前這位雪中送炭的窮人更應該發財。

於是，普路托斯讓農民成了一個富甲一方的大財主，很多人都來投靠，甚至連商業之神赫爾墨斯也跑到農民家裡來。

農民的僕人問赫爾墨斯：「祢為什麼不去奧林匹斯山呢？」

赫爾墨斯這樣回答：「你們家比那裡好多了！我在這裡覺得非常幸福！」

正說財神

普路托斯是英雄伊阿西翁和大地之母德墨特爾的兒子，據說祂父母在腓尼基王子卡德摩斯和哈爾摩尼亞的婚禮上一見鍾情，婚後生下財神。

普路托斯的名字即有富裕之意。

普路托斯的形象通常是：一個頭戴桂冠、肩生雙翼、手持豐饒角的少年。祂的母親是豐饒女神，象徵只有堅定的大地才會生出財富；他的父親是英雄，象徵只有智勇雙全的人才能擁有財富；祂由和平女神撫養成人，象徵只有在充滿關愛與和平的環境下才能滋生財富。

豐饒角

神話中，宙斯被海仙女阿瑪耳特亞用山羊奶餵大，宙斯成神後為感謝阿瑪耳特亞，就賜給她一隻山羊角。這隻角可以提供任何物品，且用之不竭。後來，人們用柳條編成羊角形籃子，在裡面裝上鮮花和水果，將其命名為豐饒角。如今，豐饒角是感恩節的重要慶祝物之一。

擁有點金術的豐饒女神
德墨特爾

古希臘人重視農業，極其崇拜豐饒女神德墨特爾。

德墨特爾現身時，總會帶來大量的糧食和財富，因此她是當之無愧的財富女神。

做為萬物之母，德墨特爾的影響力越來越大。當她的愛女珀耳塞福涅被冥王奪走後，她因悲傷過度，使得萬物不再生長，甚至連宙斯也無法恢復凡間的綠色。

天上的眾神一時對德墨特爾頗為忌憚，覺得這位和善的女神神力過於高深，恐怕會威脅奧林匹斯山的統治秩序。

德墨特爾很快洞悉眾神的心理，決定先發制人，聯合酒神狄奧尼索斯一起反對宙斯，企圖奪取奧林匹斯山的最高統治權。

這場戰役最終由宙斯獲勝，面對眾神的指責，德墨特爾輕蔑一笑，離開了自己居住多年的聖山。

她變成一個老婦，來到位於雅典西部的埃琉西斯，在那裡，她被國王克勒奧斯聘用，受命照顧兩位王子——德摩豐和特里普托勒摩斯。

德摩豐王子聰明仁厚，深得德墨特爾的喜愛。德墨特爾想把德摩豐變成神祇，就在暗地裡舉行了一個儀式。她在王宮深處的地下室裡設下神壇，每晚趁德摩豐睡熟後就將他帶至神壇，放在火上烘烤。

德摩豐的妻子發現自己的丈夫經常在半夜失蹤，不禁起了疑心，悄悄跟著德墨特爾到地下室。當她發現德摩豐被架到火上時，頓時發出淒厲的叫聲。

德摩豐一下子驚醒過來，他立刻感覺到火焰在瘋狂地撕咬自己的身體。他痛苦地叫著，不久就化為灰燼。

德墨特爾幾乎被哀傷的情緒擊倒，她哀嘆一聲，離開了埃琉西斯。

這時，佛里亞治國王邁達亞向她表達出狂熱的崇拜之情，讓德墨特爾的心情平復了一些。

邁達亞見女神開始微笑，才說明來意。原來，他想要德墨特爾手中的點石成金手杖。

因為邁達亞曾經幫助自己找過女兒，德墨特爾很感謝他。但女神不能將神杖送給凡人，只答應讓國王擁有點石成金的本領。

於是，德墨特爾讓邁達亞的右手食指具備神力，這根手指點到的任何東西都能變成黃金。

邁達亞歡天喜地，感謝完豐饒女神後，就匆匆回國了。

他覺得在不久的將來，自己一定會成為全世界最富有的人。

當邁達亞來到宮殿門口時，公主們前來迎接他。

邁達亞高興地伸出雙手，去拉自己的女兒。一瞬間，幾位公主全都變成了金人。猶如一盆冷水劈頭蓋臉地潑下來，邁達亞呆若木雞，他撫摸著金色的公主，心裡充滿了悲傷。

從這之後，他不敢再擁抱別人，也拒絕和他的妻子親近。當他吃飯的時候，無論他怎麼小心，碗筷盤勺都會變成金子。邁達亞沒有辦法，只好讓僕人餵他吃飯。

漸漸地，邁達亞發現他無法親自完成任何事情，一刻都離不開僕人的服侍。他的親朋好友因畏懼他的神力，都遠離了他，甚至連他的妻子也拒絕見他。

這下，邁達亞沮喪至極，縱然他擁有再多的財富，也不能感到快樂。他開始害怕孤單，而他的女兒們，至今仍站在冰冷的大殿裡，無法動彈。

邁達亞痛苦萬分，再度去尋找德墨特爾，懇求女神收回神力。

女神見國王如此悲傷，居然感覺到一絲安慰，於是讓邁達亞重新變成了普通人。

正說財神

除了冥后珀耳塞福涅，德墨特爾還是很多天神的母親，她與伊阿西翁生下了財神普路托斯和菲洛墨洛斯，與海神波塞冬生下了詩人阿里翁。

德墨特爾深受人們的崇拜，以致於人們認為她可與宙斯相提並論。

希臘曾有很多紀念德墨特爾母女的節日，而

豐饒女神德墨特爾。

豐饒女神短暫居住過的埃琉西斯則是膜拜德墨特爾的聖地。

在傳説中，德墨特爾頭戴穀穗做成的頭冠，手持火炬和裝滿蔬果的竹籃。她雍容華貴，坐在龍車的王座上，巡視地表萬物的生長，確保人們都能豐衣足食。

德墨特爾的碎片

大地之母德墨特爾教會人們種植穀物，讓人們都能填飽肚子，因而穀物也被稱為「德墨特爾的碎片」。

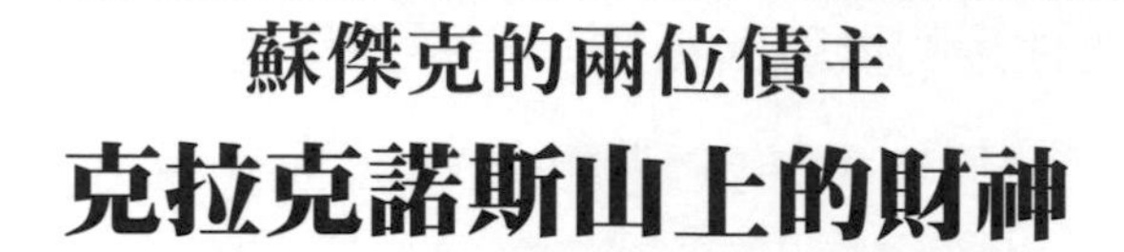

蘇傑克的兩位債主
克拉克諾斯山上的財神

在捷克境內，有一座克拉克諾斯山，據說山上有一位名叫克拉克諾斯的財神，偶爾會出現在窮人的身邊。

山下住著一個叫蘇傑克的莊園主。

本來蘇傑克有一座富麗堂皇的莊園和萬頃良田，可是天有不測風雲，有一天，他的莊園被一場大火焚為灰燼，接下來，天空又降下雞蛋大小的冰雹，將農田裡的莊稼打得七零八落。

蘇傑克破產了。他離開了他的莊園，穿著又黑又破的衣服坐在路邊的廢墟上，痛苦地嘟囔著：「唉，這下該怎麼辦啊！」

正當他在沮喪之時，一個拄著枴杖的老人蹣跚地來到他面前，關切地問道：「年輕人，出了什麼事？」

蘇傑克抬起頭，見自己面前站著一個慈祥的老人，就勉強擠出一絲笑容，說：「我曾經樂善好施，給窮人衣服和糧食，可是神明卻要我接受磨難。不過，我相信神明一定會再度垂青於我！」

老人和顏悅色地聽蘇傑克把話說完，點頭道：「你是對的。我也曾受過你的幫助，現在我可以幫你一下。」

說著，老人從懷中掏出了一袋金幣，對蘇傑克說：「這一百個金幣借給你，不過你不能兌換它，因為這些都是古錢幣，換成現在的金幣就太浪費了。」

蘇傑克的嘴張成O形，他不敢相信自己的耳朵，激動得語無倫次：「謝謝您！等我賺了錢，我一定會還給您的！」

老人欣慰地點點頭，告訴他：「以後等你來還錢時，就到克拉克諾斯山的樹林裡來，叫一聲『蘇傑克還債來了』，我就會出現的。不過，這些錢你一定要如數歸還。」

蘇傑克感激涕零，他剛想道謝，老人卻消失不見了。

有了這些錢，蘇傑克開始盤算如何利用金幣來賺錢。

既然不能兌換，他就決定去抵押這一百個金幣。

恰巧，他剛到鎮上，一個戴著帽子的隱士就來找他，說能抵押給他一百個銀幣。

蘇傑克驚訝萬分，他萬萬沒想到好運會來得這麼快！他想把金幣給隱士，隱士卻用低沉的聲音拒絕了：「你留著吧！我相信你！」

接連遇到兩位好心債主的蘇傑克為了不辜負大家對他的期望，從此努力工作。他重新蓋起了莊園，又在農田上種下了綠油油的莊稼。

一年後，他獲得了豐收，便尋思著要去還債。

他走到克拉克諾斯山的樹林裡，叫一聲：「蘇傑克還債來了！」果然見到了借給他金子的老人，老人見蘇傑克誠實守信，快慰地說：「神會保佑你的，孩子！」

蘇傑克又找到鎮上去找隱士，他找了很久，終於在一個教堂裡看到了戴帽子的隱士。

當蘇傑克將一百個銀幣交給隱士時，隱士點頭道：「以後你要多做善事，好運一定會加倍到來的！」

當隱士說完這些話，他與教堂一起消失了。

原來，那個老人和隱士，都是克拉克諾斯山上的財神變的。

從此，蘇傑克一心向善，幫助窮人，且從未忘記給自己帶來財富的恩人——克拉克諾斯山上的財神。

正說財神

捷克是東歐的一個美麗小國，在這個古老而優美的國度，流傳著很多的神話故事，因此捷克又被稱為「童話王國」，如著名的卡通《鼴鼠的故事》，就是捷克人創作的。

捷克的財神故事總帶有濃郁的童話色彩，而該國的財神，均是森林裡的精靈，祂們的造型為手持弓箭和梭鏢的獵人，無論是外形還是體力上，都比人類完美很多。

捷克與斯洛伐克

自西元一九九三年一月一日起，捷克斯洛伐克分成捷克共和國和斯洛伐克共和國。捷克比斯洛伐克經濟要發達，而斯洛伐克勝在風景優美、歷史文物眾多，是世界上古堡最多的國家之一。

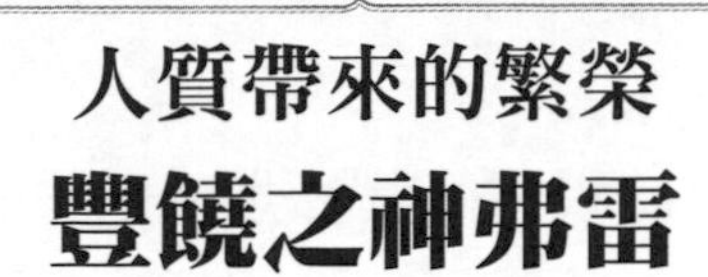

人質帶來的繁榮
豐饒之神弗雷

在北歐神話中，有一位豐饒之神，名叫弗雷，掌管天下的收穫、生育和愛情。不過一開始，弗雷並非財神，祂以好戰聞名，曾經參與過無數的戰役，可想而知，祂的性格一定非常暴躁。

弗雷是華納神族中的一員，經常和阿薩神族打仗。往往在經歷一場激烈的廝殺之後，廢墟橫亙，很多無辜的百姓喪生，而兩大神族也是死傷甚重。兩族的戰爭拖了很長時間，雙方勝負難分，彼此早已喪失對戰鬥的熱情，想重新過著安定的生活。最後，兩族決定互相交換人質，來做為和解的條件。

弗雷身先士卒，對父親尼約德說：「讓我去吧！我身邊有擅長釀造啤酒和蜂蜜的天神貝依拉和貝格維爾，我能幫助阿薩族重建國度！」

尼約德點頭，若有所思地說：「可以，我們將一起過去，相信這場戰爭很快就能結束！」

「父親，也帶我去吧！」一陣銀鈴般的聲音響起，一個美麗的少女輕盈走來。她就是弗雷的妹妹，北歐最美的女神弗蕾亞。

弗蕾亞說完，用她那雙迷人的大眼睛熱切地盯著哥哥的臉。弗雷知道妹妹對自己有傾慕之情，心裡並不贊成妹妹的想法，可是他又不忍讓妹妹失望。

尼約德見兒子沒有反對，便帶著弗雷兄妹一起來到阿薩國的神域阿加斯特。祂們的到來在阿薩族中引發了劇烈的回應，阿薩族對祂們既表示懷疑，又歡欣相迎。

阿薩族的主神雷神托爾為顯示自己的和解之心，將神船斯吉德普拉特尼送給了弗雷。這艘神船由惡神洛基委託侏儒打造，用來向托爾的妻子希芙賠禮道歉。

希芙擁有一頭如麥浪般金黃色的美麗捲髮，洛基因此十分嫉妒，就趁希芙熟睡時，將她的長髮剃個精光。

托爾雷霆震怒，手握霹靂，誓將洛基劈得灰飛煙滅。洛基十分害怕，就派侏儒用金絲做了一頂比真髮還要漂亮的假髮，同時又造了一艘神船斯吉德普拉特尼和一把永恆之槍。

雷神索爾與巨人戰鬥。

弗雷得了神船後，簡直如虎添翼。祂被托爾派往精靈國度亞爾夫海姆，在那裡，祂一改急躁的脾氣，變得既慷慨又和善。祂管理著精靈們，讓精靈幫助萬物生長，使得大地很快呈現出一派繁華景象。

弗雷利用神船裝載了很多木材和石頭，運往各地去建造房屋。這艘神船能裝下世間所有的東西，裝完後還能縮小，放進口袋裡，非常神奇。

弗雷用神船進行海外運輸，賺了不少錢，當祂再度回歸精靈國時，船裡裝滿了金銀珠寶。弗雷將那些財富搬出來，分送給當地的百姓們。

很快，大家都知道精靈國出了一個財神，紛紛跑過來定居，精靈國越來越興旺，阿薩神族也一天比一天地壯大起來。

正說財神

弗雷是掌管海與風的華納神族中的英雄，當祂來到阿加斯特時，受到曾經敵國的熱烈歡迎。除了有神船外，祂還擁有一隻金毛的野豬和一把勝利之劍。野豬的金毛酷似金色的陽光，也暗喻了成熟的穀物，因此牠是豐收之神的象徵。弗雷的勝利之劍擁有巨大的魔力，手持這把劍的人將在戰場上無往不利。

可惜，弗雷為贏取冰凍女巨人吉爾達的芳心，將劍做為禮物，送給了為祂説媒成功的史基爾尼爾。後來，在諸神之戰中，失去勝利之劍的弗雷不敵火焰巨人，不幸身亡。

弗雷是北歐地區非常受崇拜的財神，人們根據祂的故事，結合歷史人物創造出了很多傳説，不過性質已與天神弗雷有了天壤之別。

雷神索爾

索爾負責保護國家的安全，並守衛農業，祂力大無窮，並擁有一個非常厲害的武器──「雷神之錘」，此錘扔出去後仍能回到索爾手中。

國家圖書館出版品預行編目資料

關於財神的100個故事／彭友智著.
－－第一版－－臺北市：宇河文化 出版；
紅螞蟻圖書發行，2015.06
面 ； 公分－－(Elite；43)
ISBN 978-986-456-005-9（平裝）

1.財神 2.民間信仰 3.通俗作品

272.29　　104009267

Elite 43

關於財神的100個故事

作　者／彭友智
發行人／賴秀珍
總編輯／何南輝
責任編輯／韓顯赫
校　對／鍾佳穎、周英嬌、賴依蓮
美術構成／Chris' office
出　版／宇河文化出版有限公司
發　行／紅螞蟻圖書有限公司
地　址／台北市內湖區舊宗路二段121巷19號(紅螞蟻資訊大樓)
網　站／www.e-redant.com
郵撥帳號／1604621-1　紅螞蟻圖書有限公司
電　話／(02)2795-3656（代表號）
傳　真／(02)2795-4100
登記證／局版北市業字第1446號
法律顧問／許晏賓律師
印刷廠／卡樂彩色製版印刷有限公司
出版日期／2015年 6 月　第一版第一刷

定價 320 元　港幣 107 元

ISBN 978-986-456-005-9　　Printed in Taiwan